庆祝改革开放 40 周年丛书

迈向贸易强国之路

——40 年改革开放大潮下的中国对外贸易

商务部国际贸易经济合作研究院　编

执行主编　李　钢

中国商务出版社
CHINA COMMERCE AND TRADE PRESS

图书在版编目（CIP）数据

迈向贸易强国之路 : 40 年改革开放大潮下的中国对外贸易 / 商务部国际贸易经济合作研究院编 . -- 北京 : 中国商务出版社，2018.10（2019.5 重印）

（庆祝改革开放 40 周年丛书）

ISBN 978-7-5103-2604-2

Ⅰ . ①迈… Ⅱ . ①商… Ⅲ . ①对外贸易—研究—中国 Ⅳ . ① F752

中国版本图书馆 CIP 数据核字 (2018) 第 199727 号

庆祝改革开放 40 周年丛书

迈向贸易强国之路——40 年改革开放大潮下的中国对外贸易

MAIXIANG MAOYI QIANGGUO ZHILU

商务部国际贸易经济合作研究院　编

执行主编　李　钢

出　　版：中国商务出版社

地　　址：北京市东城区安定门外大街东后巷 28 号　　邮编：100710

责任部门：国际经济与贸易事业部（010-64269744　gjjm@cctpress.com）

责任编辑：李　炜　张高平

总 发 行：中国商务出版社发行部（010-64266119　64515150）

网　　址：http://www.cctpress.com

邮　　箱：cctp@cctpress.com

印　　刷：廊坊市蓝海德彩印有限公司

开　　本：787 毫米 ×1092 毫米　1/16

印　　张：17.25　　　　　　　字　　数：232 千字

版　　次：2018 年 11 月第 1 版　　　印　　次：2019 年 5 月第 2 次印刷

书　　号：ISBN 978-7-5103-2604-2

定　　价：60.00 元

庆祝改革开放 40 周年丛书编委会

主　　任　顾学明

副 主 任　曲维玺　李　钢　张　威　于广生

成　　员　（以姓氏拼音排序）

安　宁　程　慧　崔卫杰　董　超　关利欣

郭周明　韩家平　郝宝生　李　俊　李　伟

李志鹏　梁桂宁　梁　明　梁艳芬　林　梦

刘华芹　马　宇　钱　欢　宋志勇　王　泺

袁晓慧　张建平　张　莉　赵玉敏　周　欣

本书编写组

执行主编　李　钢

参编人员　（以姓氏拼音排序）

崔艳新　高宝华　李　俊　李西林　梁　明

孙铭壕　王　拓　闫实强　袁　波　章海源

张　琼　朱福林

总　序

2018 年是中国改革开放 40 周年，也是商务部国际贸易经济合作研究院（以下简称研究院）建院 70 周年。改革开放 40 年，是中国和世界共同发展进步的 40 年，是中国特色社会主义理论体系得以创立的 40 年，是中国特色社会主义道路得以开辟的 40 年，是科学的指导思想在中国得以形成和中国小康社会得以发展的 40 年。

在这 40 年中，研究院秉承"为政府决策服务、为地方经济服务、为企业发展服务"的宗旨，锐意进取，开拓创新，为政府决策和社会大众提供了许多既有战略性和学术性又有实用性和可读性的研究成果。进入新时代，作为国家高端智库之一，研究院不仅继续肩负着服务商务中心工作的重担，更承担着服务党中央、国务院决策的重大使命。

为宣传中国改革开放 40 年的伟大成就，研究院决定编纂出版庆祝改革开放 40 周年丛书。本丛书包括：《迈向贸易强国之路——40 年改革开放大潮下的中国对外贸易》《外资助推工业化之路——40 年改革开放大潮下的中国利用外资》《"走出去"全球拓展之路——40 年改革开放大潮下的中国对外投资与国际经济技术合作》《国际发展合作之路——40 年改革开放大潮下的中国对外援助》《参与全球经济治理之路——40 年改革开放大潮下的中国融入多边贸易体系》《迈向流通强国之路——40 年改革开放大潮下的中国流通》《消费发展升级之路——40 年改革开放大潮下的中国消费》。丛书凝聚了研究院科研人员的心血，是研究院对中国改革开放 40 年伟大成就的致敬和献礼！

当前，国际形势波谲云诡，世界经济和国际贸易环境正处于大变革时期，中国的改革开放也进入了新时代。面对复杂多变的外部环境和新时代国内经济快速发展所带来的问题，我们必须深入研究并提出切实可行的应对之策，这是时代赋予我们的使命。

今天，我们为研究院 70 年辉煌历史和不平凡的贡献而自豪！未来，我们将不忘初心，砥砺前行，为崭新的时代奉献我们的智慧和力量，谱写研究院历史的新篇章！

商务部国际贸易经济合作研究院院长　顾学明

2018 年 11 月

前　言

对外贸易是我国开放型经济发展的重要基础。改革开放的总设计师邓小平高屋建瓴地把发展对外贸易作为对外开放的一项重大战略问题，他指出："中国是一个大的市场，许多国家都想同我们搞点合作，做点买卖，我们要很好利用。这是一个战略问题。"[1] "要大力发展对外贸易"，"扩大进出口"。[2]

改革开放 40 年来，我国对外贸易由小到大，我国目前已经成长为世界第一大货物贸易国和第二大服务贸易国，在推动我国国际化、市场化、工业化进程，促进经济社会发展，提升国际地位、扩大国际影响力等方面做出了不可替代的巨大贡献。在改革开放 40 年之际，总结我国对外贸易的发展成就和历史经验不仅具有重大的历史意义，对于今后推动对外贸易高质量发展、建设贸易强国也具有重要的现实意义。

改革开放 40 年来，我国成功地走出了一条具有中国特色的对外贸易发展之路。40 年来，我国大刀阔斧推进对外贸易体制改革，高屋建瓴地谋划对外贸易发展战略，创造性地运用加工贸易深度参与国际价值链分工，顺应国际潮流加入世贸组织，全方位构建贸易伙伴关系，与时俱进地加大进口贸易和服务贸易发展力度，在新时代背景下，积极推进"一带一路"对外贸易合作，努力探索贸易强国之路。这些外贸改革发展的实践，是落实党中央改革开放思想和相关决策的具体行动；同时，外贸改革发展的成就也凝结了广大外贸系统干部职工和企业经营管理人员的智慧与心血，他们的历史功绩应当永远铭记！

鉴此，在我院组织编撰"庆祝改革开放 40 周年丛书"中，专门撰

---

[1] 邓小平 . 邓小平文选（第 3 卷）. 北京：人民出版社，1993 : 32.

[2] 邓小平 . 邓小平文选（第 2 版，第 2 卷）. 北京：人民出版社，1994 : 29，257.

写《迈向贸易强国之路——40年改革开放大潮下的中国对外贸易》一书，旨在系统梳理总结过去40年我国对外贸易改革发展过程中的探索实践与成就经验。本书共分十章，分别从思想解放、管理和经营体制改革、外贸战略演进、货物贸易发展阶段、加工贸易、服务业开放和服务贸易、"一带一路"与中国对外贸易、进口贸易、外贸对国民经济的贡献、建设贸易强国的未来展望等方面进行了梳理和总结。全书以重大历史事件为脉络，以翔实的文献资料和数据为支撑，力求全面系统、实事求是地展现我国对外贸易发展的历史图景。

当前，我国对外贸易发展已经站在新的历史起点，正在迈向建设贸易强国的新征程。新时代，对外贸易发展将不断面临新情况、新矛盾、新挑战。在本书完稿之际，正值中美贸易摩擦不断升级之时。也许只有经过这场"贸易战"的洗礼，我国才能逐渐成长为真正意义上的贸易强国。展望未来，培育对外贸易合作竞争新优势，推动外贸高质量发展，继续巩固贸易大国地位，努力建设贸易强国将是新时代外贸发展的主旋律。我们坚信，在习近平新时代中国特色社会主义思想的指导下，坚定不移走中国特色对外贸易强国之路，中国对外贸易必将对我国经济社会乃至世界经济贸易发展与人类福祉做出更大贡献。

李钢

2018 年 9 月

目　录

第一部分　总论篇

第一章　对外开放与发展对外贸易的思想基础…………………… 2
第一节　邓小平关于对外经济贸易的基本思想………………… 2
第二节　新时期我国对外贸易发展思想的进一步发展………… 8
第三节　我国对主要西方国际贸易思想的借鉴………………… 21

第二章　对外贸易管理体制与经营体制改革………………………25
第一节　中国对外贸易宏观管理体制改革…………………… 26
第二节　中国对外贸易经营体制改革………………………… 32
第三节　中国对外贸易法制建设进程………………………… 36
第四节　中国对外贸易管理体制展望………………………… 41

第三章　对外贸易战略的发展演进………………………………43
第一节　从"以质取胜"到对外贸易高质量发展…………… 43
第二节　"市场多元化"战略推动形成全球贸易伙伴网络 …… 53
第三节　从"科技兴贸"到"创新强贸"…………………… 57
第四节　"走出去"战略推动对外贸易与对外投资协调联动 ……… 65
第五节　实施自由贸易区战略………………………………… 79

第二部分　分论篇

第四章　货物贸易的历史性跨越 ·················· 90

第一节　起步阶段（1978—1992 年） ············· 90

第二节　快速发展阶段（1993—2001 年） ·········· 95

第三节　跨越发展阶段（2002—2012 年） ·········· 100

第四节　巩固贸易大国地位阶段（2013—2017 年）······ 106

第五章　加工贸易的独特作用 ·················· 113

第一节　从"三来一补"到加工贸易 ··············· 114

第二节　中国加工贸易政策与实践 ················ 123

第三节　加工贸易的历史性贡献 ················· 135

第六章　服务业开放与服务贸易发展 ··············· 142

第一节　服务业开放与服务贸易发展的政策实践 ········ 142

第二节　中国服务贸易发展的历史性成就 ············ 150

第三节　中国服务外包政策实施与发展成就 ··········· 157

第七章　"一带一路"与中国对外贸易 ·············· 167

第一节　"一带一路"对中国外贸的机遇 ············· 167

第二节　中国与"一带一路"相关国家和地区的货物贸易 ····· 175

第三节　中国与"一带一路"相关国家和地区服务贸易 ······· 184

第八章 扩大进口促进贸易平衡发展·················· 198

第一节 扩大进口对我国经济与社会发展的作用·················· 198

第二节 我国进口贸易发展之路·················· 204

第三节 我国进一步扩大进口的未来趋势·················· 215

第九章 对外贸易对国民经济社会发展的贡献·················· 223

第一节 拉动国民经济增长·················· 223

第二节 促进产业结构升级·················· 220

第三节 创造税收与就业·················· 233

第四节 改善国际收支·················· 235

第五节 提升综合实力与影响力·················· 239

第三部分 展望篇

第十章 建设贸易强国的未来展望·················· 244

第一节 新时代进一步扩大开放·················· 244

第二节 建设贸易强国面临的国内外环境·················· 246

第三节 建设贸易强国的目标与路径·················· 248

第四节 贸易强国建设的主要任务·················· 251

参考文献·················· 260

表 目 录

表 3-1　1999 年国务院及相关国家部委出台的支持境外加工贸易的
系列政策措施 ·· 67

表 4-1　1978—1992 年中国进出口情况 ··························· 92

表 4-2　1993—2001 年我国外贸进出口情况 ······················ 96

表 4-3　1994—2001 年国有企业和外资企业出口占比及增速 ········ 98

表 4-4　1993 年和 2001 年中国对外贸易伙伴的分布情况 ·········· 100

表 4-5　2002—2012 年我国外贸进出口情况 ····················· 102

表 4-6　2002—2012 年贸易经营主体出口情况 ··················· 104

表 4-7　2013—2017 年世界进出口平均年增速对比 ··············· 107

表 4-8　2013—2017 年我国外贸进出口情况 ····················· 108

表 4-9　2013—2017 年我国出口货物按照 SITC 分类表 ············ 109

表 4-10　2013—2017 年我国进口货物按照 SITC 分类表 ··········· 110

表 4-11　2013—2017 年我国出口企业性质情况 ·················· 111

表 5-1　1980—1985 年我国来料加工贸易情况 ··················· 122

表 5-2　1981—1988 年我国加工贸易进出口情况表 ··············· 125

表 5-3　1989—2003 年加工贸易进出口情况 ····················· 128

表 5-4　2004—2010 年加工贸易进出口情况 ····················· 131

表 5-5　2011—2017 年加工贸易进出口情况 ····················· 135

表 7-1　2016 年中国对"一带一路"相关国家和地区出口的前十类
六位码商品分布情况 ··· 182

表 7-2　2016 年中国从"一带一路"相关国家和地区进口的前十类
六位码商品分布情况 ··· 183

表 8-1　进口商品结构 ··· 206

表 8-2　2008—2011 年我国进出口情况 …………………………… 207

表 8-3　中国进口前十大来源国 ………………………………… 208

表 8-4　2012 年以来我国进口贸易发展状况 ………………… 209

表 8-5　2017 年各国进口结构比较 ………………………… 211

表 9-1　1978—2017 年外贸出口对 GDP 的贡献率和拉动度 ……… 225

表 9-2　2001-2017 年经常项目顺差对外汇储备增长的贡献 ……… 237

图 目 录

图 3-1　2002—2017 年中国对外直接投资情况······················· 73

图 3-2　2002—2017 年对外投资与对外贸易协调联动情况··········· 74

图 4-1　1982 年和 1992 年中国进出口贸易方式占比 ·············· 93

图 4-2　1980—1992 年初级产品和工业制成品出口份额··········· 93

图 4-3　1980—1992 年我国出口工业制成品情况·················· 94

图 4-4　1993—2001 年我国出口工业制成品情况·················· 97

图 4-5　2002—2012 年工业制成品出口情况······················· 103

图 4-6　1980—2012 年进口产品中初级产品和工业制成品

　　　　占比情况·· 104

图 6-1　中国历年服务进出口趋势······························· 153

图 6-2　历年中国服务贸易逆差趋势······························· 154

图 6-3　2005—2017 新兴服务出口占服务出口比重趋势图········· 154

图 6-4　1982—2017 年中国服务出口占世界的比重·············· 156

图 6-5　中国服务业增加值占比·································· 156

图 6-6　中国国际服务外包业务规模发展情况····················· 161

图 6-7　中国国际服务外包产业结构发展情况····················· 162

图 6-8　中国服务外包企业发展情况····························· 163

图 6-9　中国服务外包市场分布情况····························· 164

图 6-10　"一带一路"沿线市场业务占比情况···················· 165

图 6-11　中国国际服务外包业务占全球市场份额情况 ·········· 166

图 7-1　2014—2017 年中国与相关国家货物贸易占中国货物贸易

　　　　比重 ·· 168

图 7-2　2014—2017 年中国与"一带一路"相关国家货物贸易地区
　　　　结构 ·· 169

图 7-3　2015—2017 年上半年与相关国家服务贸易占中国服务贸易
　　　　比重 ·· 170

图 7-4　2014—2017 年中国对"一带一路"相关国家非金融类直接
　　　　投资情况 ·· 172

图 7-5　2013—2016 年中国对"一带一路"相关国家非金融类直接
　　　　投资流量变化情况 ·· 174

图 7-6　中国与"一带一路"相关国家和地区货物贸易情况 ······ 176

图 7-7　中国与"一带一路"相关国家和地区货物贸易分地区增长
　　　　率情况 ·· 177

图 7-8　2017 年中国与"一带一路"相关国家和地区货物贸易进出
　　　　口总额地区分布情况 ·· 178

图 7-9　2017 年中国从"一带一路"相关国家和地区货物贸易进口
　　　　增速情况 ·· 179

图 7-10　2017 年中国对"一带一路"相关国家和地区货物贸易出口
　　　　 增速情况 ··· 180

图 7-11　2016 年中国对"一带一路"相关国家和地区出口商品类别
　　　　 分布情况 ··· 181

图 7-12　2016 年中国从"一带一路"相关国家和地区进口商品类别
　　　　 分布情况 ··· 183

图 7-13　2015—2017 年中国与"一带一路"沿线国家和地区服务
　　　　 贸易额 ·· 185

图 7-14　2016 年中国与"一带一路"相关国家和地区服务贸易行业
　　　　 分布 ··· 186

图 7-15　2016 年中国与"一带一路"四大区域服务贸易市场占比

图 7-16　2015—2017 年中国与"一带一路"相关国家和地区旅行
　　　　 服务贸易额 ··· 189

图 7-17　2015—2017 年中国与"一带一路"相关国家和地区运输
　　　　　服务贸易额 ……………………………………………… 191

图 7-18　2015—2017 年中国与"一带一路"相关国家和地区建筑
　　　　　服务贸易额 ……………………………………………… 193

图 7-19　2014—2017 年中国与"一带一路"相关国家和地区服务
　　　　　外包合同额与执行额 …………………………………… 196

图 8-1　中国进口世界占比（1978—2001 年）………………………… 204

图 8-2　中国进口依存度（1978—2001 年）………………………… 205

图 8-3　2001—2017 年中、美、日、德进口世界占比…………………… 207

图 8-4　2001—2017 年我国贸易依存度变化………………………… 210

图 9-1　1978—2017 年外贸出口对 GDP 的贡献率和拉动度 ……… 226

图 9-2　1978—2017 年我国产业结构变化…………………………… 232

图 9-3　1978—2017 年中国外汇储备变化情况……………………… 236

图 9-4　1978—2017 年我国货物和服务进出口发展轨迹…………… 240

第一部分 **总论篇**

第一章　对外开放与发展对外贸易的思想基础

第二章　对外贸易管理体制与经营体制改革

第三章　对外贸易战略的发展演进

第一章　对外开放与发展对外贸易的思想基础

马克思国际分工与交换思想及对世界市场的论述是我国对外开放和对外贸易发展的思想理论基础。新中国成立后，在马克思国际分工与交换思想的指导下，我国便开始了在社会主义条件下如何发展对外贸易的理论与实践探索，根据当时国内外形势和社会主义革命与建设需要，借鉴与参照苏联模式，选择了在马克思列宁主义指导下的国家统制贸易理论及相应的对外贸易制度。以毛泽东为核心的党的第一代领导集体结合中国国情及对外贸易具体实践，在国家统制贸易理论及相应的管理体制下，提出了许多具有启示性的对外贸易发展思想。在改革开放前，党的第一代领导集体的对外贸易思想为改革开放后邓小平对外经济贸易思想起到了重要的探索作用。

第一节　邓小平关于对外经济贸易的基本思想

改革开放以后，在党的第一代领导集体有益探索基础上，以邓小平为核心的党的第二代领导集体，结合国内外最新情况，深刻总结过去正反两方面经验，大胆进行理论与实践创新，在探索建设有中国特色的社会主义道路上，对新时期如何发展社会主义对外贸易进行了深入思考，并逐步形成了一条不同于改革开放前的具有中国特色的对外贸易发展道路。邓小平不仅在宏观上提出并阐述了对外开放理论的内容，而且在对外开放的基本领域，即对外经济贸易以及经济技术合作方面进行了多方面的论述，从而形成了其对外开放的完整的思想理论体系。邓小平对外开放理论中，对发展我国对外贸易提出了许多有战略指导意义的观点，这些观点成为指导我国对外贸易发展的指针，并形成了发展我国对外贸易的一系列具体主要政策。

一、发展对外贸易是一个战略问题

邓小平指出："要大力发展对外贸易"，"扩大进出口"[①]。早在1975年他主持中央工作时，就对进口与出口之间的辩证关系做了论述，并且根据当时我国的实际情况进行了商品进出口结构的分析。他指出："有一些原材料，我们一时解决不了，必须进口的，还是要进口一些。如化纤厂搞起来了，缺少某些化工原料就不能生产，不进口怎么行？要进口，就要多出口点东西。这里有一个出口政策问题。出口什么？要大力开采石油，尽可能出口一些。工艺美术品等传统出口产品，要千方百计地增加出口。化工产品也要考虑出口。煤炭也要考虑出口……总之，要争取多出口一点东西，换点高、精、尖的技术和设备回来，加速工艺改造，提高劳动生产率。"[②]他的这一思想不仅包含了进出口平衡，合理安排进出口商品结构，发挥我国比较优势的思想，而且指出了出口作为我国对外贸易的重要性，它是我国对外贸易的基础，只有出口创汇多了，才能换得较多的国外先进技术设备，加速我国产业的改造和升级，从而加速实现现代化。邓小平指出："中国是一个大的市场，许多国家都想同我们搞点合作，做点买卖，我们要很好利用。这是一个

[①] 邓小平.邓小平文选（第2版，第2卷）.北京：人民出版社，1994：29，257.
[②] 邓小平.邓小平文选（第2版，第2卷）.北京：人民出版社，1994：29.

战略问题。"①

邓小平这一思想，已经突破了将初级社会主义国家对外贸易仅仅当作"互通有无，调济余缺"的思想禁锢，而是将其当作发展社会主义生产力，加速进行中国社会主义现代化建设的一个战略问题，这一思想最后演变成为我国"利用国内国外两种资源，利用国内国外两个市场"的长期战略决策。

二、大力发展对外贸易，是实现我国社会主义现代化建设目标，特别是三步走目标的重要手段

1984 年，邓小平指出："现在中国对外贸易额占世界贸易额的比例很小。如果我们能够实现翻两番，对外贸易额就会增加许多，中国同外国的经济关系就发展起来，市场也发展了。"②同年，他还指出："现在我国的对外贸易额是四百多亿美元吧？这么一点进出口，就能实现翻两番呀？我国年国民生产总值达到一万亿美元的时候，我们的产品怎么办？统统在国内销？什么都自己造？还不是要从外面买进来一批，自己的卖出去一批？所以说，没有对外开放这一着，翻两番困难，翻两番之后再前进更困难。"③这里他提出了一个重要思想，即要大力发展我国对外贸易，使之促进国民经济的发展，从而带动实现翻两番第二步战略目标的实现。如果没有对外贸易的发展，就不可能实现这一战略目标，因而邓小平从这一角度也把对外贸易的发展提高到了实现发展战略的高度。从他的论述中，还可以引申出另外一个重要的思想，即发挥我国的比较优势，瞄准国际市场，走开放型发展的道路。1985 年，邓小平进一步指出："中国这么一个大的第三世界国家，对外贸易额去年才刚刚达到五百亿美元。如果对外贸易额翻一番，达一千亿美元，国际上的市场不就扩大了吗？如果翻两番，达到二千亿美元，中国同国际上交往的

① 邓小平.邓小平文选（第 3 卷）.北京：人民出版社，1993：32.

② 邓小平.邓小平文选（第 3 卷）.北京：人民出版社，1993：79.

③ 邓小平.邓小平文选（第 3 卷）.北京：人民出版社，1993：90.

范围就更大了，贸易总是一进一出的，如果达到翻两番，中国容纳资金、商品的能力就大了。一些发达国家担心，如果中国发展起来，货物出口多了，会不会影响发达国家的商品输出？是存在一个竞争问题。但是发达国家技术领先，高档的东西多，怕什么？"①这里他指出了两方面的重要思想：一是随着中国对外贸易的发展会在国际市场上与发达国家产生竞争，中国要勇敢地面对这种竞争，在竞争中发展。二是发达国家在国际贸易中占有技术优势，使其在国际贸易中居于优势地位，这使得它们在国际市场上有先发优势。中国不仅要与发达国家竞争，而且要与一些发展中国家竞争，对此邓小平指出："过去我们比上不足、比下有余，现在比下也有问题了。东南亚一些国家兴致很高，有可能走在我们前面。我们也在发展，但与他们比较起来，我们人口多，世界市场被别的国家占去了，我们面临着这么一个压力，算作友好的压力吧。我们不抓住机会使经济上一个台阶，别人会跳得比我们快得多，我们就落在后面了。"②

三、在发展对外贸易中，中国和外国相互都要开放市场、平衡贸易的观点

1985 年邓小平在会见英国前首相希思时曾经指出：中欧"双方都应开辟贸易途径，贸易总是一来一往的，中国买欧洲产品，欧洲也要买中国产品。中国买进外国产品总要有偿付能力……希望欧洲的企业界对中国产品进出欧洲市场创造条件"③。在进出口贸易中，单方面地扩大出口和增加进口都将使正常贸易偏离长远发展的轨道，因此，在扩大贸易交往时，为平衡贸易，彼此都要开放市场，而不要设置障碍。这不仅是对欧洲而言，对我国对外贸易所有伙伴而言，他的这一论断都是普遍适用的。

---

① 邓小平. 邓小平文选（第 3 卷）. 北京：人民出版社，1993：106.
② 邓小平. 邓小平文选（第 3 卷）. 北京：人民出版社，1993：369.
③ 邓小平. 邓小平文选（第 3 卷）. 北京：人民出版社，1993：119，159-160.

四、扩大出口，解决外汇短缺问题

1986 年邓小平指出："外汇短缺，外贸发生逆差，会不会拖我们的后腿？中国有很多东西可以出口，要研究多方面打开国际市场……逐年减少外贸逆差是个战略性问题。否则，经济长期持续稳定发展就不可能，总有一天要萎缩下去。"①由于我国社会主义现代化建设中需要大量进口外国的先进技术和设备，急需外汇，因此就要多出口，多收汇，以支撑我国的进口。因而打开国际市场是十分重要的，因此，邓小平把扩大出口提高到了带着经济能否持续稳定发展的战略高度。

五、出口商品质量是扩大出口市场、提高竞争力的重要手段

早在 1975 年邓小平主持中央工作时，他就对我国产品质量问题做了精辟的论述："抓好产品质量。质量第一是一个重大政策。这也包括品种、规格在内。提高商品质量是最大的节约。在一定意义上说，质量好就等于数量多。质量好了，才能打开出口渠道。或者扩大出口。要想在国际市场上有竞争能力，必须在产品质量上狠下功夫。""要讲实在的，真正扎扎实实把品种质量抓上去，特别是抓质量……如果把这一点抓住了，我们将来得到的益处大，基础就更扎实了。"他对具体问题还谈了自己的看法："不说别的，光是出口商品的包装问题，我看就要好好研究一下。"②

1985 年，在我国改革开放进入关键阶段时，邓小平又进一步指出："工业生产特别是出口产品的生产，中心是提高质量，把质量摆在第一位……要立一些法，要有一套质量检验标准，而且要有强有力的机构来执行。这一关把住了，可以减少很多弊端，卡住那些弄虚作假的行为。质量问题虽然经常提，但现在只是一般地提不行，要突出地提，切

---

① 邓小平.邓小平文选（第 3 卷）.北京：人民出版社，1993：159.
② 邓小平.邓小平文选（第 2 版，第 2 卷）.北京：人民出版社，1993：29，30，202.

实地抓。"① "要研究提高产品质量……产品不能只讲数量，首先要讲质量。要打开出口销路，关键是提高质量。质量不高就没有竞争力。"② 在这里，邓小平把抓质量问题提高到了立法的高度，要用一整套规范，包括用国际标准来要求，由此在对外贸易领域也最终形成了"以质取胜"的战略。

六、全方位开放，拓展国际市场，即实行"市场多元化"战略

邓小平对外开放的国际布局是有具体的市场目标的。他指出："要研究多方面打开国际市场，包括进一步打开中国香港、东南亚和日本市场。" "要扩大对外开放，现在开放得不够……中国是一个大的市场，许多国家都想同我们搞点合作，做点买卖，我们要很好利用。这是一个战略问题。"③在全方位的国际格局中，他实际上奠定了我国对外贸易"市场多元化"战略的基础。

邓小平在开展全方位和平外交的同时，也积极部署中国对外经贸关系的格局。在与西方发达国家的关系上，他的着眼点是利用西方的资金、技术和大力发展对外贸易，在与西欧的经贸关系上，他指出："在我们对外贸易中，欧洲应当占有相应的份额"，在技术转让上，"欧洲在这方面比较开放"。"双方都应开辟贸易途径……加强同欧洲的经济联系。" "希望欧洲的企业界对中国商品进入欧洲市场创造条件。" "我们感觉，欧洲比较开放一些，特别是技术上开放，我们比较满意，当然不是完全满意。所以我们确定的政策是同欧洲——发展友好合作关系。"④

在对日本的经贸关系上，邓小平希望加强两国的民间经济技术合作，欢迎日本"大中小企业加强同我们的合作……中国现在缺乏资金，有很多好的东西开发不出来。如果开发出来，可以更多地提供日本需要

---

① 邓小平.邓小平文选（第3卷）.北京：人民出版社，1993：132.
② 邓小平.邓小平文选（第3卷）.北京：人民出版社，1993：160.
③ 邓小平.邓小平文选（第3卷）.北京：人民出版社，1993：32，159.
④ 邓小平.邓小平文选（第3卷）.北京：人民出版社，1993：119，234.

的东西。现在到中国来投资，对日本的将来最有利"①。

在对美国的经贸关系问题上，邓小平突出地提到了"最惠国待遇"问题，希望美国以平等的态度发展中美经贸关系。同时他特别指出："中国关系有一个好的基础，就是两国在发展经济，维护经济利益方面有相互帮助的作用。中国市场毕竟还没有充分开发出来，美国利用中国市场还有很多事情能够做。我们欢迎美国商人积极进行对华商业活动。"②

在苏联东欧发生剧变之前，中苏关系改善前后，邓小平也提出了对这些国家开放的具体构想。他指出："同东欧国家合作，也有文章可做。他们有一些技术比我们好，我们的一些东西他们也需要。""对苏联和东欧国家的开放，这也是一个方面……如做生意呀，156 个项目的技术改造，他们可以出力嘛。"③

在对第三世界国家开放方面，邓小平也讲了许多关于加强南南合作的重要性。"对第三世界发展中国家的开放，这些国家都有自己的特点和长处，这里有很多文章可以做。"后来根据国际形势的变化，他进一步指出："开放是对世界所有国家开放，对各种类型的国家开放。"④

第二节　新时期我国对外贸易发展思想的进一步发展

一、20 世纪 90 年代我国对外贸易思想的发展

20 世纪 90 年代以来，以江泽民为总书记的中央领导集体在国民经济社会发展中提出的许多大政方针都蕴涵着一些外贸思想的发展，这些战略方针及相关论述，都是这一时期指导我国外贸发展的重要理论。

（一）明确提出积极参与国际竞争与经济合作

党的十四届三中全会通过的《关于建立社会主义市场经济体制若干

---

① 邓小平.邓小平文选（第 3 卷）.北京：人民出版社，1993：53.
② 邓小平.邓小平文选（第 3 卷）.北京：人民出版社，1993：332-333.
③ 邓小平.邓小平文选（第 3 卷）.北京：人民出版社，1993：32.
④ 邓小平.邓小平文选（第 3 卷）.北京：人民出版社，1993：99，237.

问题的决定》明确指出："坚定不移地实行对外开放政策，加快对外开放步伐，充分利用国际国内两个市场、两种资源，优化资源配置。积极参与国际竞争与经济合作。"在坚定不移实行对外开放基本国策、充分利用"两种资源、两个市场"、以平等互利为基础开展国际经济合作等前一阶段对外开放思想成果的基础上，首次提出"积极参与国际竞争与经济合作"这一重要思想。建设中国特色社会主义市场经济，必须打开国门，引入外部要素参与竞争，但不能消极被动地参与竞争，而是要积极地参与国际竞争。与此同时，作为后来者更要积极地参与国际经济合作，在经济全球化和区域经济一体化的发展中，找到自己的定位，更好地发展本国经济。这也为后来将竞争与合作两个词互换位置，将合作置于前列，形成与西方"竞争合作"不同的"合作竞争"思想，打下了基础。

（二）明确提出发挥我国经济的比较优势

比较优势理论是国际贸易领域的重要基础理论，最早由英国经济学家大卫·李嘉图提出。在我国改革开放初始阶段，经济理论界曾有过比较激烈的讨论。十四届三中全会通过的决定，吸纳了比较优势理论的合理内核，首次提出要"发挥我国经济的比较优势"，积极参与国际分工与交换。这为我国劳动密集型出口产业的加速培育、形成并发挥其世界上独一无二的比较优势提供了思想理论指导。

（三）明确提出发展开放型经济

十四届三中全会通过的决定指出："发展开放型经济，使国内经济与国际经济实现互接互补。"在此之前，大多使用"发展外向型经济"这一提法。实际上，这一提法只是适于沿海地区以国际市场为导向，发展"大进大出"加工贸易的情形，并不适用于国家对外开放的整体情况。发展开放型经济的新提法，表明这一阶段对对外开放的认识提升到了一个新的水平。一是开放型经济不单是外向型经济，而是双向开放，我国对国外市场开放，国外也要对中国开放市场。二是开放型经济突破了外向型经济的局限，不仅包括对外贸易，还涵盖对外经济的其他领域，如利用外资、对外投资、对外经济技术合作、对外援助等各个方面。

（四）明确提出完善全方位、多层次、宽领域的对外开放格局

1997 年党的十五大报告中指出："面对经济、科技全球化趋势，我们要以更加积极的姿态走向世界，完善全方位、多层次、宽领域的对外开放格局，发展开放型经济，增强国际竞争力。"经过 20 年的改革开放，我国对外开放格局基本形成，因此，需要进一步加以完善。全方位的对外开放就是要在经济、贸易、投资、金融等各个方位全面开放。多层次的对外开放就是要在国内宏观、中观、微观等不同层次、不同层级对外开放，对外则是在双边、区域、多边等各个层次上对外开放。宽领域的对外开放就是要在第一、第二、第三产业上进一步对外开放，同时也要在各个产业内部进一步对外开放。这使我国对外开放从具体领域、具体方面升华到更具全球视野、更大格局的对外开放。

（五）明确提出积极参与区域经济合作和多边贸易体系

顺应 20 世纪 90 年代经济全球化、区经济一体化发展趋势，这一阶段我国提出要"积极参与区域经济合作和多边贸易体系"。这使我国参与国际经济合作更加具体化。积极参与区域经济合作，依托周边加以推进；积极参与多边贸易体系，则以 1995 年世界贸易组织成立为契机，加快入世谈判，以全面融入多边贸易体系。与此同时，"要坚持平等互利的原则，同世界各国和地区广泛发展贸易往来、经济技术合作和科学文化交流，共同发展"。进一步加强双边经贸关系，夯实务实合作基础。

（六）明确提出处理好对外开放与维护国家安全的关系

"正确处理对外开放同独立自主、自力更生的关系，维护国家安全。"在具体领域加以贯彻落实。一是根据改革和发展的要求，逐步开放国内市场。有步骤地开放金融、商业、旅游等服务领域。二是外资企业要遵守中国法律和规定，依法经营。三是要注意保持适度的外债规模和合理的债务结构，加强对外债的统一管理，到境外金融市场融资和提供担保必须经过国家批准。四是严格结售汇制度，禁止非法外汇交易，严厉打

击各种骗汇、逃汇、套汇行为。强化缉私力量，深入持久地开展打击走私斗争。五是依法管理资本项目下的国际收支和汇兑。加强外汇收支管理，保持国际收支平衡和外汇储备稳定。

二、21 世纪以来我国对外贸易思想的发展

以胡锦涛同志为总书记的中央领导集体的外贸思想的发展，是对以邓小平为核心的中央领导集体和以江泽民为总书记的中央领导集体外贸思想的继承与发展。这一时期，商务部提出有关外贸发展的一些重大战略性思想，得到了党中央和国务院的认同和支持，也是新一届中央领导集体外贸发展思想的组成部分。现选择一些比较有代表性的重大战略思想做重点介绍。

（一）加快转变外贸增长方式

早在 20 世纪 90 年代中后期，以江泽民为总书记的党中央就提出要转变经济增长方式，这实际就包含外贸增长方式转变的内容。当时中央也采取了一些措施，如实施以质取胜和科技兴贸战略，优化出口结构等。21 世纪以来，我国对外贸易增长十分迅速，货物贸易大国地位进一步巩固，但对外贸易质量和效益仍相对较低，因此，这一时期我国面临转变外贸增长方式的压力更大。为此，2005—2008 年连续四年的政府工作报告都明确提出，要"加快转变对外贸易增长（发展）方式"。党的十七大报告也指出，要"加快转变外贸增长方式，立足以质取胜，调整进出口结构，促进加工贸易转型升级，大力发展服务贸易"。在党和国家的重要报告中，如此强调转变外贸增长方式，这在以前是没有过的。加快外贸增长方式转变，既是我国经济社会发展的必然要求，也是科学发展观指导下，对前两代中央领导集体有关对外贸易发展思想的进一步继承和发展。

（二）促进进出口平衡发展

早在新中国成立初期的 1952 年，周恩来总理就曾提出"扩大进口机器设备，争取贸易平衡"的思想。随后的几代领导人也有过类似的论

述，主要是多进口国外的先进技术和关键设备，提高国内工业技术水平。因此，当时的这些贸易平衡思想，主要考虑的是如何更大程度利用来之不易的外汇资源，更好服务于国内经济和工业发展。进入21世纪，尤其是2005年以后，我国贸易顺差陡然膨胀至1000多亿美元，这不仅使我国外汇储备迅速攀升，导致流动性过剩危机，还使国际间贸易摩擦增多，人民币升值压力增大。为此，2006年政府工作报告提出，要"努力改善进出口不平衡状况"，2007年提出要"努力缓解外贸顺差过大的矛盾"。党的十七大报告也提出要"采取综合措施促进国际收支基本平衡"，其中重要举措之一就是促进对外贸易的进出口平衡发展。同一时期，党中央、国务院还提出实施互利共赢的开放战略，构建和谐的对外经济贸易关系的重要思想。可见，以胡锦涛为总书记的中央领导集体有关进出口贸易平衡发展的思想，已经超越了20世纪80年代和90年代的认识，是对中国特色对外贸易发展理论的新发展和新贡献。

（三）统筹扩大内需与对外贸易

统筹扩大内需与对外贸易的思想，主要强调经济发展要依靠国内需求的扩大，防止外需的起伏带来国内经济增长的大幅波动。这一思想的理论渊源可追溯到党的第一、第二代领导集体关于"独立自主、自力更生"的发展思想。20世纪90年代中后期，在亚洲金融危机期间，外部需求的波动对国内经济增长就构成了威胁。当时，以江泽民为核心的中央领导集体也意识到，经济增长应主要依靠国内力量。于是，1999年以来的政府工作报告和重要文件都明确提出要"坚持扩大内需的方针"。

进入21世纪，党的十六届三中全会提出了"统筹国内发展和对外开放"的战略方针。这为新时期继续实行统筹扩大内需和对外贸易奠定了更高的理论基础。而且，2001年中国加入WTO后，国内经济与国际经济的互动性明显增强，但国内需求仍然相对不足，经济增长对出口的依赖仍然很大。与此同时，高企的贸易顺差、国际贸易摩擦、人民币升值压力等因素，使我国扩大国内需求的任务更为紧迫。为此，《中共中央关于制定国民经济和社会发展第十一个五年规划的建议》明确指出：

"要进一步扩大国内需求，调整投资和消费的关系，增强消费对经济增长的拉动作用"。这一时期，中央加大了增加农民收入、启动农村消费的支持力度，进一步完善社会保障体系，更加关注民生问题，从各方面综合促进国内需求。但同时，我国仍将继续扩大开放，发展对外贸易，形成经济增长由国内消费、投资和出口协同拉动的良好格局。

（四）大力发展服务贸易

服务业和服务贸易在我国发展较为滞后，随着我国工业化进程的发展，加快服务业发展成为越来越被关注的问题。20 世纪 90 年代，以江泽民为核心的中央领导集体对服务业发展、服务业开放和服务贸易也有过相关论述和重要方针政策。进入 21 世纪，我国服务业面临进一步开放的压力，同时，服务业的国际产业转移也为我国提供了机遇。以胡锦涛同志为总书记的中央领导集体，提出了积极承接国际服务业转移，加快发展服务贸易的思想。为此，商务部专门成立了服务贸易司，提出并实施服务外包"千百十工程"。十七大报告、中央经济工作会议和政府工作报告，屡次提到要"大力发展服务贸易"，"努力扩大服务出口"等具有导向性的战略方针，并把发展服务贸易作为加快转变外贸增长方式的重要举措之一。目前，中国对外贸易发展理论中有关服务贸易的发展思想，还相对缺乏。以胡锦涛为总书记的中央领导集体有关发展服务贸易的战略方针和重要思想，对进一步发展和完善具有中国特色的对外贸易理论起到了重要作用。

（五）进一步完善对外贸易制度

2001 年底，中国正式成为 WTO 新成员。加入 WTO 后，以胡锦涛为总书记的中央领导集体，以履行加入 WTO 承诺和行使 WTO 赋予的正当权利为契机，进一步改革中国对外贸易制度，完善对外贸易管理的法制化水平。为此，中央提出，要"按照市场经济和世贸组织规则的要求，加快内外贸一体化进程。形成稳定、透明的涉外经济管理体制，创造公平和可预见的法制环境，确保各类企业在对外经济贸易活动中的自主权和平等地位。依法管理涉外经济活动，强化服务和监管职能，进一步提高贸易和投资的自由、便利程度。建立健全外贸运行监控体系和国际收支预警机制，维护国家经济安全"[①]。要"注重把行之有效的改革开放措施规范化、制度化和法制化"[②]。按照中央精神，我国在入世过渡期内，积极履行了在货物贸易、服务贸易领域开放国内市场的承诺，在政府管理、法律法规、知识产权保护等方面做了大量工作，各行各业掀起了与国际接轨的热潮。中国加入 WTO 七年来，按国际规则办事深入人心，对外贸易领域的法制化建设也取得了显著成绩。

（六）提出并实施自由贸易区战略

对于参与国际区域经济合作，历届中央领导都有过十分详细的论述。以胡锦涛为总书记的中央领导集体，结合区域经济合作发展的新形势，提出了"实施自由贸易区战略"的重大战略思想，它是对以江泽民为总书记的中央领导集体有关区域经济合作思想的进一步发展。中国加入 WTO 后，区域经济合作在全球范围内蓬勃发展，对中国而言，深入参与区域经济合作，不仅是加强与周边国家互利合作、增强国际竞争力和影响力的重要平台，也是带动沿边地区经济增长、实现区域协调发展的有效手段。以胡锦涛同志为总书记的党中央十分重视参与区域经济合作，提出有步骤、有重点地推进区域经济合作和自由贸易区谈判，并在党的十七大报告中首次明确提出了"实施自由贸易区战略"，这是在新时期新阶段，中央根据过去实践的总结以及今后实践的需要，对具有中国特色的对外贸易理论的重大发展。

三、十八大以来习近平关于对外开放和对外贸易的重要论述

十八大以来，习近平新时代中国特色社会主义思想成为我国社会发展的总体指导思想。中国特色社会主义进入新时代，我国社会主要矛盾已经转化为人民日益增长的美好生活需要和不平衡不充分的发展之间的

---

① 2003 年 10 月十六届三中全会. 中共中央关于完善社会主义市场经济体制若干问题的决定.

② 2005 年 10 月十六届五中全会. 中共中央关于制定"十一五"规划的建议.

矛盾。习近平指出，解决这个矛盾的方法就是从供给侧结构性改革入手，促进我们的发展由高速增长向高质量发展转变。而高质量发展在对外经济关系领域需要高水平的开放，即加快构建开放型经济的新体制和加快形成开放型经济新格局，这也是提高对外开放质量和水平的内生要求。因此习近平指出：要"不断探索实践，提高把握国内国际两个大局的自觉性和能力，提高对外开放质量和水平"①。

习近平要求，要尽快补上我国开放型经济的短板，"现在的问题不是要不要对外开放，而是如何提高对外开放的质量和发展的内外联动性。我国对外开放水平总体上还不够高，用好国际国内两个市场、两种资源的能力还不够强，应对国际经贸摩擦、争取国际经济话语权的能力还比较弱，运用国际经贸规则的本领也不够强，需要加快弥补"②。

（一）经济全球化思想

习近平总书记指出："经济全球化是社会生产力发展的客观要求和科技革命的必然结果，不是哪些人、哪些国家人为造出来的。"生产力的发展促使世界经济联系加深，逐渐形成相互依存的经济联动体系，进而形成了经济的全球化发展趋势。

在"全方位对外开放阶段，改革开放以来，我们充分运用经济全球化带来的机遇，不断扩大对外开放，实现了我国同世界关系的历史性变革"③。通过改革开放，一方面，明确了建设社会主义市场经济的目标，以对内改革推动对外开放，又以对外开放倒逼对内改革，一次建构全方位对外开放的格局。另一方面，我们充分运用经济全球化带来的机遇，积极参与经济全球化、区域经济一体化，全面融入世界经济发展的进程之中，逐渐形成、发挥了参与国际分工与交换的比较优势和国家竞争优势。中国在开放中获得了巨大的收益，同时也对世界经济的增长与发展做出了巨大贡献。在这种历史性的变革中，中国形成了自身的参与国际

---

①　习近平. 习近平治国理政（第2卷），北京：外文出版社，2017：213.

②　习近平. 习近平治国理政（第2卷），北京：外文出版社，2017：199.

③　习近平. 习近平治国理政（第2卷），北京：外文出版社，2017：211.

经济合作和竞争的独特优势。

（二）进一步提升我国开放型经济水平

从我国对外经济关系的角度看，习近平指出："开放发展注重的是解决内外联动问题。国际经济合作和竞争局面正在发生深刻变革，全球经济质量和规则正在面临重大调整，……现在的问题不是要不要对外开放，而是如何提高对外开放质量和发展的内外联动性。我国对外开放水平总体还不够高，用好国际国内两个市场、两种资源的能力还不够强，应对国际经贸摩擦、争取国际经济话语权的能力还比较弱，运用国际经贸规则的本领也不够强。为此，我们必须矜持改革对外开放的基本国策，奉行互利共赢的开放战略，深化人文交流，完善对外开放区域布局、对外贸易布局、投资布局、形成对外开放新体制，发展更高层次的开放型经济，以扩大开放带动创新、推动改革、促进发展。"[①]"要推动全球经济治理体系改革完善，引导全球经济议程，维护多边贸易体制，加快实施自由贸易区战略，积极承担与我国能力相适应的国际责任和义务。"[②]中国经济快速增长，为全球经济稳定和增长提供了持续强大推动。中国同一大批国家的联动发展，使全球经济发展更加平衡。中国改革开放持续推进，中国减贫事业的巨大成就，使全球经济更加包容。中国改革开放持续推进，为开放型世界经济发展提供了重要动力。

（三）利用好两个市场两种资源两类规则

习近平多次强调，"必须统筹考虑和综合运用国际国内两个市场、国际国内两种资源、国际国内两类规则"[③]。开放其实就是指要使外部的资源和国内资源能够自由的流动，也就是要使要素能够自由流动，其核心就是通过贸易自由化来实现各种要素的自由流动。所以我们要通过进一步扩大开放使要素自由流动的范围更加广泛。这一过程会增加国内企业的竞争压力：国外高品质、低价格的产品、服务会对国内的生产者、

---

① 习近平.习近平治国理政（第2卷），北京：外文出版社，2017：199.
② 习近平.习近平治国理政（第2卷），北京：外文出版社，2017：199.
③ 习近平.习近平治国理政（第2卷），北京：外文出版社，2017：442-443.

经营者产生压力，倒逼国内通过开放来促进产业改造升级，从而解决我国供给测结构性改革的问题。习近平指出："我国是制造大国和出口大国，但主要是低端产品和技术，科技含量高、质量高、附加值高的产品并不多。我们既要着力扩大需求，也要注重提高供给质量和水平。"

（四）以创新培育国际竞争新优势

习近平阐述了创新对于当今社会发展的重要意义。"当今世界，经济社会发展越来越依赖于理论、制度、科技、文化等领域的创新，国际竞争新优势也越来越体现在创新能力上。谁在创新上先行一步，谁就能拥有引领发展的主动权。"[①]

当前，我国经济大而不强，主要体现在创新能力不强。"总体上看，我国关键和新技术受制于人的局面尚未根本改变，创造新产业、引领未来发展的科技储备远远不够，产业还处于全球价值链中低端，军事、安全领域高技术方面同发达国家仍有较大差距。我们必须把发展基点放在创新上，通过重新培育发展新动力、塑造更多发挥先发优势的引领型发展。"[②]

以扩大开放带动创新、推动改革、促进发展。在新的起点上，我们将坚定不移实施创新驱动发展战略，释放更强增长动力。实施创新驱动发展战略，最根本的是要增强自主创新能力，最紧迫的是要破除体制机制障碍，最大限度解放和激发科技作为第一生产力所蕴藏的巨大潜能。面向未来，增强自主创新能力，最重要的就是要坚定不移走中国特色自主创新道路，坚持自主创新、重点跨越、支撑发展、引领未来的方针，加快创新型国家建设步伐。"要推动科技和经济社会发展深度融合，打通从科技强到产业强、经济强、国家强的通道。"[③]"要着力围绕产业链部署创新链，围绕创新链完善资金链……全方位推进产品创新、品牌创新、产业组织创新、商业模式创新，把创新驱动发展战略落实到现代

---

① 习近平.习近平治国理政（第2卷），北京：外文出版社，2017：203.

② 习近平.习近平治国理政（第2卷），北京：外文出版社，2017：203-204.

③ 习近平.习近平治国理政（第1卷），北京：外文出版社，2017：125.

化建设整个进程和各个方面。"①

（五）以"一带一路"为统领的开放新格局

习近平指出："'一带一路'建设是扩大开放的重大战略举措和经济外交的顶层设计，要找准突破口，以点带面、串点成线，步步为营、久久为功。"②"'一带一路'建设是我国在新的历史条件下实行全方位对外开放的重大举措、推行互利共赢的重要平台。"③

1. 与周边国家的合作

习近平指出，要坚持亲、诚、惠、容的周边外交理念，"要本着互惠互利的原则同周边国家开展合作，编织更加紧密的共同利益网络，把双方利益融合提升到更高的水平，让周边国家得益于我国发展，使我国也从周边国家共同发展中火的裨益和助力"④。"要以周边为基础加快实施自由贸易区战略，扩大贸易、投资合作空间，构建区域经济一体化新格局。要不断深化金融合作，积极筹建亚洲基础设施投资银行，完善区域金融安全网络。要加快沿边地区开放，深化沿边省区同周边国家的互利合作。"⑤

2. 加深对非洲国家的"真、实、亲、诚"合作

习近平高度重视中国同非洲国家的关系，将中非新型战略伙伴关系提升为全面战略合作伙伴关系。他提出"中方将秉持真实亲诚对非政策理念和正确义利观，同非洲朋友携手迈向合作共赢、共同发展的新时代"⑥。

在双边经济领域，习近平指出，中非要"坚持经济上合作共赢。中国人讲究'义利相兼，以义为先'。中非关系最大的'义'，就是用中国

① 习近平.习近平治国理政（第1卷），北京：外文出版社，2017：126.
② 习近平.习近平治国理政（第2卷），北京：外文出版社，2017：199.
③ 习近平.习近平治国理政（第2卷），北京：外文出版社，2017：500.
④ 习近平.习近平治国理政（第1卷），北京：外文出版社，2017：297.
⑤ 习近平.习近平治国理政（第1卷），北京：外文出版社，2017：298.
⑥ 习近平.习近平治国理政（第2卷），北京：外文出版社，2017：456.

发展助力非洲的发展，最终实现互利共赢，共同发展"[1]。习近平为此亲自提出并部署落实中非"十大合作计划"，按照政府指导、企业主体、市场运作、合作共赢的原则，着力支持非洲破解基础设施滞后、人才不足、资金短缺三大发展瓶颈，加快工业化和农业现代化进程，实现自主可持续发展。包括中非工业化合作计划、中非农业现代化计划、中非既成事实合作计划、中非金融合作计划、中非绿色发展合作计划、中非贸易和投资便利化计划、中非减贫惠民合作计划、中非公共卫生合作计划、中非人文合作计划、中非和平与安全合作计划。

3. 加强中国与拉美国家合作

习近平指出："中拉关系正处于迅速发展的重要机遇期。我们应该高瞻远瞩，与时俱进，巩固传统友谊，加强全方位交往，提高合作水平，推动中拉平等互利、共同发展的全面合作伙伴关系实现新的更大发展。""经济上，中拉要抓住双方转变经济发展方式带来的机遇，深挖合作潜力，创新合作模式，深化利益融合，建立持久稳定的互利经贸合作伙伴关系。"[2] "双方关系发展是开放的发展、包容的发展、合作的发展、共赢的发展。"[3]

4. 着力发展上海合作组织务实合作

2013 年习近平就指出，上海合作组织要弘扬"上海精神"，共同维护地区安全稳定，着力发展务实合作，加强人文交流和民间往来。2018年习近平进一步指出，上海合作组织是世界上幅员最广、人口最多的综合性区域合作组织，成员国的经济和人口总量分别约占全球的 20% 和 40%。上海合作组织拥有 4 个观察员国、6 个对话伙伴，并同联合国等国际和地区组织建立了广泛的合作关系，国际影响力不断提升，已经成为促进世界和平与发展、维护国际公平正义不可忽视的重要力量。上海合作组织始终保持旺盛生命力、强劲合作动力，根本原因在于它创造性

---

① 习近平 . 习近平治国理政（第 2 卷），北京：外文出版社，2017 : 456.
② 习近平 . 习近平治国理政（第 2 卷），北京：外文出版社，2017 : 311.
③ 习近平 . 习近平治国理政（第 2 卷），北京：外文出版社，2017 : 312.

地提出并始终践行"上海精神",主张互信、互利、平等、协商、尊重多样文明、谋求共同发展。这超越了文明冲突、冷战思维、零和博弈等陈旧观念,掀开了国际关系史崭新的一页,得到国际社会日益广泛的认同。习近平特别重视发展务实合作,他指出,务实合作是上海合作组织发展的物质基础和原动力。上海合作组织6个成员国和5个观察员国都位于古丝绸之路沿线。作为上海合作组织成员国和观察员国,我们有责任把丝绸之路精神传承下去,发扬光大。

5. 发展金砖国家合作

习近平在总结金砖国家十年来走过的历程时,对金砖精神做了高度概括,这就是"平等相待、求同存异。务实创新、合作共赢。胸怀天下、立己达人"。

2017年9月4日习近平在金砖国家领导人厦门会晤讲话中指出,在新的历史条件下,要全面深化金砖伙伴关系,开启金砖合作第二个"金色十年"。"金砖合作契合我们五国发展共同需要,顺应历史大势。尽管我们五国国情不同,但我们对伙伴关系、繁荣发展的追求是共同的,这使我们能够超越差异和分歧,努力实现互利共赢。"

在2018年习近平在金砖国家领导人约翰内斯堡会晤讲话中指出,金砖国家要把握历史大势,深化战略伙伴关系,巩固"三轮驱动"合作架构,让第二个"金色十年"的美好愿景变为现实,携手迈向人类命运共同体。三轮驱动合作框架就是经贸财金、政治安全和人文交流合作。在这次会议上,他还进一步指出,要加强金砖+的合作机制,"构建紧密伙伴关系网络。金砖机制成立伊始,我们就共同确定了走开放包容之路的正确方向。厦门会晤更确立了'金砖'合作理念,其要义是在不断强化五国团结协作内核,提升金砖向心力、凝聚力的同时,持续扩大金砖'朋友圈',同广大新兴市场国家和发展中国家实现共同发展繁荣。我们要在联合国、二十国集团等框架内拓展'金砖+'合作,扩大新兴市场国家和发展中国家共同利益和发展空间,推动构建广泛伙伴关系,为世界和平与发展做出更大贡献"。

在上述合作之外，习近平还在联合国大会、气候变化大会、二十国集团、亚太经合组织、博鳌亚洲论坛、亚洲相互协作和信任措施会议以及世界经济论坛等国际场合，阐述了加强国际经济合作的理念。

第三节　我国对主要西方国际贸易思想的借鉴

如何在新的条件下发展对外贸易，是改革开放初期的一项重要课题。没有现成理论可以遵循，结合中国具体国情，借鉴周边国家和地区的发展经验，吸收西方发达资本主义国家经济贸易思想理论的"合理内核"，大胆探索、不断创新，是探索符合中国特点的对外贸易发展道路的重要方法。因此，改革开放40年来，西方经济贸易理论对中国特色对外贸易理论的形成与发展，起到了十分重要的理论启示与借鉴作用，它已经内化到对外贸易发展的具体实践和具有中国特色的对外贸易理论之中了。

需要特别说明的是，改革开放前，西方国际贸易理论在中国学术界处于理论"禁区"，对其基本持批评否定的态度。改革开放后的20世纪80年代，开始运用马克思主义的基本原理对传统的西方国际贸易理论进行评价和探讨。20世纪90年代以后，随着改革开放步伐的加快，我国开始对西方国际贸易理论进行借鉴和运用，各种当代贸易理论随之引入中国。这一时期西方贸易理论与我国实际相结合，对中国对外贸易政策实践和中国对外贸易发展理论的形成与发展产生了重要影响。

一、对比较优势理论合理内核的借鉴

比较优势理论是古典和新古典贸易理论的核心，比较优势理论主要包括大卫·李嘉图的比较成本理论（古典贸易理论）和赫克歇尔—俄林的要素禀赋论（H-O理论，新古典贸易理论）。这两个经典的西方国际贸易理论对我国发挥劳动力的比较优势，吸收外资，发展劳动力密集

型的加工贸易，起到了重要的理论借鉴作用。

新中国建立初期，为了摆脱民族经济的殖民主义色彩，实现了经济发展独立自主，建立完备的工业体系成了中国政府最大的政治和经济目标。在当时的政治经济环境下，中国选择了按照传统社会主义对外贸易发展模式，采取了典型贸易保护和严格的进口替代战略，这一战略的目的在于满足本国工业化发展的需要，贸易的目的是"互通有无，调剂余缺"，因此进口替代部门基本都集中于资本密集型行业，不利用于我国比较优势的发挥。

1978年改革开放后，中国开始借鉴周边国家和地区的外贸发展经验，对外贸易发展战略有意无意地受到西方比较优势理论的影响。1981年政府报告中就明确指出"要根据我国情况和国际市场需要，发挥我国资源丰富的优势，增加出口矿产品和农副土特产品；发挥我国传统技艺精湛的优势，发挥工业品和我国传统轻纺工业品的出口；发挥我国劳动力资源众多的优势，发展来料加工"，这是根据我国国情制定的出口商品战略方针。其主旨就是要充分发挥要素禀赋的优势，调整出口商品结构。20世纪80年代中后期，我国外贸出口迅猛发展之势引起了全世界的瞩目。可以说，改革开放后，充分发挥比较优势是我国对外贸易40年取得巨大成就的重要原因之一。

二、对产业内贸易理论、战略性贸易政策、竞争优势理论的借鉴

比较优势理论虽然可以使一国迅速参与国际分工，获取国际贸易的比较利益，但如果一直按照固有的生产要素比较优势参与国际分工，就会固化原有的优势，甚至会陷入比较优势陷阱。20世纪70年代以来国际贸易发展现实表明，发达国家贸易竞争力更多来自规模经济、产品的差异化等因素。为此，20世纪90年代以来，我国在继续按照比较优势发展我国劳动密集型产业的同时，还从当代国际贸易理论的最新发展中，即从产业内贸易理论和竞争优势理论中寻求创造我国对外贸易潜在竞争优势的新启示。

（一）对产业内贸易理论合理内核的借鉴与运用

改革开放以来，我国的对外贸易得到了突飞猛进的发展，若使用初级产品和工业制成品的分类方法，我国贸易进出口结构不断得到优化，1980 年我国初级产品的出口额占总出口额的 53.4%，工业制成品出口额占 46.6%，工业制成品出口额小于初级产品；到 2005 年，我国出口结构中初级产品已经占到 93.6%。然而，若从产业内分工来看，我国的多数工业产品在全球贸易格局中还属于低端产品。简单地以传统的产业间贸易理论对我国贸易进行指导，很容易使我们忽略产品单一，结构落后的问题。因此，提高产业结构升级，大力推进产业内贸易是我国进一步发展对外贸易的突破口。

产业内贸易理论是以规模报酬递增为基础，通过分工的自我演进来推动生产率不断提高，市场容量的扩大和经济增长。因此它具有持续性和动态性。在我国劳动力禀赋优势逐渐降低的情况下，政府应积极吸取产业内贸易理论继续扩大产业内贸易的比重，利用产业内贸易来促进内涵式发展，以增强经济发展的后劲。因此，我国应将产业内贸易的理论的合理成分吸收到我国贸易理论的体系中来，将发展产业内贸易，提高产业内贸易比重作为对外贸易的战略目标之一，从而更有效地参加国际分工，使对外贸易对经济的促进作用得到进一步发挥。

（二）对战略性贸易政策合理内核的借鉴

改革开放后，我国如果长期专注于劳动密集型产业，就会使资本密集型和技术密集型产业受到抑制。而资本密集型、技术密集型产品是中国未来产业结构升级的目标方向，是中国实现"赶超战略"成功的关键。改革开放的 80 年代和 90 年代，中国资本密集型、技术密集型行业还处于发展初期，尚未形成较强的国际竞争力，如果此时此类行业实行自由贸易政策，必然会使中国企业在国际竞争中处于不利地位，甚至失去产业升级与持续发展的机会。在这种条件下，如果采取一定的有效保护措施，通过在引进中学习国外的先进技术与经验，则能尽快培养出一批具有国际竞争力的资本密集型、技术密集型等战略性产业，使贸易政策与产业政策相互结合，以此培育我国未来的优势产业。特别是在化工、半导体、汽车、钢铁等产业具有显著规模经济和外部效应的行业，通过适度的保护，完全可以凭借巨大的国内市场，在一定时期内形成具有国际竞争力的产业。20世纪90年代末实施的科技兴贸战略，就是通过促进高新技术产品出口，扶持我国具有潜在优势的战略性产业的成长。

（三）对竞争优势理论合理内核的借鉴

中国经济面临经济全球化的严峻挑战，必须更好地发挥自己的比较优势，规避"比较优势陷阱"，在此基础上着力构建自己的竞争优势。任何一个国家在发展经济的道路上都无法摆脱国内资源禀赋和比较成本的制约，中国也不例外。因此，我们在充分发挥劳动力比较优势，发展劳动密集型产业出口的同时，还应当通过技术创新、培养稀缺的企业家才能、提高政府效率等方面培育我国企业在国际竞争中的新优势，以使我国从原有的单纯依靠劳动力单一要素优势转变到依靠技术、资本、劳动的综合要素优势、上下游产业相互支撑、政府政策促进等方面全方位培育中国国际竞争力。

改革开放40年，我国以发展劳动密集型产业起步，逐步培育资本和技术密集型产业，实行比较优势和竞争优势并重的发展策略，出口商品结构实现了从轻纺产品向机电、高新技术产品为主的历史性转变。1995年，中央提出经济发展要从粗放型向集约型目标转变，并提出了转变外贸增长方式。此后，我国通过财政、税收、金融、保险和外贸政策，努力扩大机电产品出口，并实施科技兴贸战略、品牌战略、标准化战略，促进高新技术产品、自主品牌和自主知识产权商品出口，以此培育我国新的竞争优势。中国外贸发展的实践体现了我国在充分发挥现有比较优势的同时，努力培育具有潜在优势的出口产品和出口产品，对外贸易战略和政策实现了从比较优势向竞争优势的转变。

第二章　对外贸易管理体制与经营体制改革

　　40年来的实践充分证明，对外开放是推动中国经济社会发展的重要动力。[①]外贸体制改革是对外开放的前提，也是推动改革开放不断深入的重要路径。中国的外贸体制在适应社会主义市场经济体制的基础上，跟国际贸易通行的规则互相连接在一起。纵观中国经济体制改革历程，核心问题在于市场与政府关系的协调处理。对外贸易管理体制改革是经济领域市场与政府关系厘清在外贸领域的延伸，是微观市场主体经营体制不断适应国际化经营的转变过程，也是对国内不符合国际经贸规则、阻碍中国改革开放活力释放的法律法规的调整。外贸管理制度经历了由最初的简单的微观层面到目前复杂的宏观层面上发展的改革过程。改革初期，微观层面的外贸管理制度是改革的主要对象。随着改革的深入，改革的重点则转向营建统一的制度环境，着力于勘误和制定外贸范畴的法律法规、建设对外贸易微观管理体系等。总之，中国对外贸易制度的变迁过程就是创新的过程，使得其能够适应当时的社会背景。

　　2018年，中国改革开放40周年，进入不惑之年，然而中国尚在半途，前行之路，可谓任重道远。[②]未来的改革之路并不平坦，中国改革

---

① 钟山.奋力谱写新时代对外开放新篇章.求是，2018（9）.

② 贾康.将中国改革开放的现代化伟业进行到底——纪念改革开放40周年.全球化，2017(10):16-26.

开放已进入深水区和攻坚期，好吃的肉都吃掉了，剩下的都是难啃的硬骨头。在中国这样一个接近 14 亿人口的国家深化改革绝非易事，"触动利益往往比触动灵魂还难"。但在以市场经济为主流的世界经济体系中，任何国家试图走封闭发展的道路终将丧失活力，自绝于繁荣，或被市场经济的洪流所淘汰，或被市场经济吞噬而重生。[①]时值改革开放 40 周年之际，通过对中国对外贸易管理体制改革历程进行总结，前事不忘后事之师，以期为中国新时代高水平开放、推进形成全面开放新格局做出贡献。

第一节　中国对外贸易宏观管理体制改革

中国对外贸易宏观管理体制经历了一个不断探索、改正、优化的渐进式路程。从总的线路来看，由原来的计划、集权、严格管制的对外贸易制度变成市场、分权、放松管制的对外贸易制度，是一项涉及方方面面的复杂工程，没有现成经验可循，注定是一个不断试错、纠正、再试错、再纠正的反复与验证过程。中国对外贸易发展过程很好地证明了体制改革这一因素在发展中国家外贸发展中的影响。改革开放之前，中国对外贸易发展水平很低，真正快速发展是从改革开放之后才开始的。以市场化为取向的对外贸易体制变革极大地推动了中国国际贸易的发展，推动了中国经济强劲增长。

一、对外贸易宏观管理体制改革历程

（一）对外贸易中央管理机构历史沿革

从新中国成立到 1978 年，由于意识形态、路线之争等众所周知的原因，市场经济被贴上资本主义标签而遭到严格控制。新中国成立后，

---

① 金碚．论经济全球化 3.0 时代——兼论"一带一路"的互通观念．中国工业经济，2016(1):5-20.

中国仿效苏联建立了高度集中的计划经济模式。外贸领域也就实行国家统制、以国营外贸企业为主体的对外贸易管理体制。

1949 年 11 月，根据中央人民政府政务院政秘字第 1 号令，在华北人民政府工商部和中央商业处的基础上设立了贸易部，并实行内外贸合一的制度。1952 年 8 月，撤销中央贸易部，将贸易部分成两个部门——对外贸易部和商业部。1982 年 3 月，国务院改革机构之后，对外贸易部、对外经济联络部、国家进出口管理委员会、国家外国投资管理委员会合并，成立对外经济贸易部。并将全国合作社和粮食部取消并合并由商业部负责管理。1993 年把商业部与物资部合并之后成立了国内贸易部。1998 年，决定国内贸易部归国家经济贸易委员会主管改为国家国内贸易局。2000 年，撤销国内贸易局，其行政职能并入国家经贸委。2003 年，十大一次会议通过了《关于国务院机构改革方案的决定》，将国家对外贸易经济合作部和经济贸易委员会这两个部门取消，同时新成立了主管国际经济合作和国内外贸易的商务部。[1]

（二）1949 年新中国成立至 1978 年

1949 年新中国成立后，中国整个经济体系都是仿照苏联模式。国家控制了进出口数量，大部分贸易都是通过外经贸部所属或控制的少数国有公司完成，由于缺乏竞争从而导致经营效率低下。当时，整个国家实行自给自足和进口替代战略，希望通过自力更生实现工业崛起，这在独立后的发展中国家也较为普遍。在此背景下，外贸对中国国民经济的重要性未予以充分重视。然后，与此同时，GATT 成员国通过减税谈判实现贸易自由化。一退一进之下，1949 年之后中国在世界贸易上的地位大幅下降。第二次世界大战前几年，中国进出口贸易额占世界的比重约为 2%，而 20 世纪 50 年代中国的份额降到 1.7%，到 20 世纪 70 年代仅为 0.7%（Lardy，1994）。[2]

---

① 中国政府网：http://bgt.mofcom.gov.cn/jigouyange.html.

② Lardy N. R. China in the World Economy. Washington DC: Institute for International Economics, 1994.p2.

1956 年，中国完成了社会主义生产资料所有制改造，全国的对外贸易均由对外贸易部统一领导、统一管理，各项进出口业务均由各外贸专业公司统一经营，实现了国有外贸专业公司对外贸的垄断经营。中国第一个五年计划时期（1953—1957 年）所形成的对外贸易体制在其后的 20 多年间保持了相对稳定。[1]这种"上传下达式"的外贸管理体制很好地体现了社会主义集中力量办大事的优越性，可以让新生的共和国方便地将有限的外汇收入来源用于进口国家建设过程中急需的重要装备、设备和资本品等，但弊端也显而易见。

（三）1978 年改革开放到 2001 年入世

1978 年，党的十一届三中全会拉开了中国经济体制改革的序幕，高度集中的计划经济体制开始被打破（梁明，对外贸易：行走在中国体制改革的前沿，国际商报，2018 年 8 月 1 日，第 A04 版）。各经济领域通过理论探讨与反思、总结中国社会主义建设正反两方面经验、不断推动实践逐步突破，对外贸易也不例外。1981 年，有学者提出，对外贸易体制改革的方向应是对外贸易部负责研究发展政策、掌管政策的贯彻与执行、负责对外贸易活动的监管；各个专业外贸公司经营重要商品；一些具备条件的重要企业和联合体将直接经营对外贸易，实行独立核算、自负盈亏（张培基，1992）。[2]1983 年，外贸行业开始推行承包责任制。1984 年中共十二届三中全会通过《中共中央关于经济体制改革的决定》，标志着中国经济体制改革全面铺开。1987 年，党的十三大进一步明确外贸体制改革的方向。20 世纪 80 年代，中国围绕自上而下的主动式放权改革不断扩大地方和部门的活力，政企分开是该阶段整个外贸体制改革的方向。

1991 年底苏联解体，东欧巨变，这是第二次世界大战后世界格局发生的最大变化。冷战结束为世界各国发展经济建设提供了良好的国际

---

① 朱钟棣.新中国外贸体制改革的回顾与展望.财经研究，1999(10):39-45.

② 张培基.世界经济与中国对外经济贸易.北京：中国对外经济贸易出版社，1992.

环境。1994 年 4 月 15 日，在摩洛哥的马拉喀什市举行的关贸总协定乌拉圭回合部长会议决定成立更具全球性的世界贸易组织，以取代成立于 1947 年的关贸总协定。面对国际国内复杂形势，1992 年春天，邓小平发表南方谈话，解答了有关社会主义市场经济的很多重大理论问题，如"三个有利于"标准、计划与市场的关系等，打破了存在多年的思想桎梏，又一次通过解放思想掀起了改革开放新高潮。1992 年，十四大明确提出建立社会主义市场经济体制。1993 年，为进一步扩大开放，十四届三中全会通过了《中共中央关于建立社会主义市场经济体制若干问题的决定》。1994 年，以汇率并轨为主要内容的汇率制度改革开启了又一轮外贸体制改革的序幕。20 世纪 90 年代，国家通过不断丰富经济特区体系、实行汇率并轨、积极入世等多项举措形成空前活跃的改革开放新气象、新局面。

（四）2001 年入世至今

2001 年 12 月 11 日，中国正式加入世界贸易组织，成为第 143 个成员，标志着中国对外开放进入全新阶段，中国经济全面而深入地融入国际分工体系，对贸易管理体制提出更高要求。加入 WTO 之后，中国开始由局部性对外开放转变为全方位对外开放，服务业成为这一全新开放阶段中国对外开放的重点领域。中国在加入世界贸易组织时，在服务贸易市场准入方面做了广泛承诺，带动了服务业外商直接投资大幅增长。党的十八大以来，中国不断加大开放力度，建设自贸试验区，以"放管服"为目标转变政府职能，由事前审批到事中事后管理，外贸体制市场化进一步推进。

进入新常态[①]，中国经济面临着结构转型、动能转换、增长方式转变的关键期，通过一系列积极措施不断推进对外贸易供给侧改革。十八届三中全会《中共中央关于全面深化改革若干重大问题的决定》提出，以放宽投资准入、加快自由贸易区建设、扩大内陆沿边开放为重点构建开放型经济体制。2013 年 9 月 29 日中国（上海）自由贸易试验区挂牌成立，进行深层次制度改革和贸易投资进一步便利化先行区，尝试采用负面清单管理模式，转变政府职能，本质上仍然是政府与市场关系的进一步厘清。2018 年 4 月，中共中央、国务院决定在海南建设首个中国特色自由贸易港，分步骤分阶段实施自由贸易港制度和政策，打造开放层次更高、营商环境更优、辐射作用更强的开放新高地。

一定程度上来讲，至今中国仍处于后入世时代，仍然享受的是加入WTO 所带来的全球化红利。今天的开放格局，大部分政策都是 2001 年入世时谈出来的。[②]隆国强（2014）也指出，中国的对外贸易体制可以分为两个大的阶段，时间节点为中国加入世界贸易组织，即加入 WTO前进行外贸体制市场化改革阶段，以及加入 WTO 后兑现"入世"承诺约束条件下市场化深化和国际化阶段。[③]由此可见，加入世界贸易组织是中国对外贸易管理体制的重要分水岭。

二、对外贸易宏观管理体制改革评析

---

① 资料来源：《习近平"新常态"表述中的"新"和"常"》，中国经济网，2014年 8 月 10 日。虽然新常态的提出是在 2014 年，但实质上中国经济从 2012 年就已进入新常态。数据显示，中国 GDP 增速从 2012 年起开始回落，2012 年和 2013 年增速分别为 7.7% 和 7.7%，连续告别过去 30 多年平均 10% 左右的高速增长，实质上标志中国经济步入新常态历史阶段。新常态的"新"就是"有异于旧质"；"常态"就是固有的状态。新常态就是不同以往的、相对稳定的状态。这是一种趋势性、不可逆的发展状态，意味着中国经济已进入一个与过去三十多年高速增长期不同的新阶段。

② 隆国强. 新形势下的对外开放战略调整. 见吴敬琏，等. 中国经济体制改革新阶段的若干问题. 北京：中国经济出版社，2014：91.

③ 隆国强. 新形势下的对外开放战略调整. 见吴敬琏等. 中国经济体制改革新阶段的若干问题. 北京：中国经济出版社，2014：33.

十一届三中全会以后，中国外贸体制改革拉开序幕，通过推动外贸经营权下放改革、进出口商品计划管理体制改革、外汇管理体制改革、关税管理体制改革，基本建立了社会主义开放型经济体制的制度框架，有力地支撑了中国对外贸易的快速发展。①改革开放40年来，中国的对外贸易管理体制随着市场化改革推进而不断演变，总体上向更加自由化、便利化、国际化、法制化方向发展，根本上就是为了消除不合理的体制束缚、降低对外贸易制度性交易成本，促进中国对外贸易高速发展。对外贸易管理体制变迁大大促进了中国对外贸易的发展，为中国连续多年成为世界第一货物贸易大国、服务贸易进出口规模均位居世界前列等骄人业绩做出了重要贡献。

改革开放之后，中国对外贸易和经济发展取得的伟大成就足以说明之前的那套严格外贸体制，以及其所依附的高度集中计划经济体制不利于释放巨大的社会生产力。迄今的历史表明，一切非市场经济的制度选择均无成功希望，即使有过一时的兴旺也难以持续，很快就会归于破灭。②事实证明，缺乏市场经济无法有效地解放生产力、发展生产力。计划与市场哪个多一点不是评判社会主义的标准。实际上，中国改革开放所取得的经济奇迹正是市场经济不断推进、政府逐渐退出本应属于市场调节的领域而取得的。

2011年，首部《中国的对外贸易》白皮书指出，改革开放前，中国对外贸易实行指令性计划管理和由国家统负盈亏。改革开放以来，中国外贸体制经历了由指令性计划管理到发挥市场机制的基础性作用、由经营权高度垄断到全面放开、由企业吃国家"大锅饭"到自主经营和自负盈亏的转变。在中国争取恢复关税与贸易总协定缔约方地位和加入世界贸易组织的谈判过程中，中国的外贸体制逐渐向国际贸易规则接轨，

① 裴长洪.中国对外贸易65年的基本线索：变革与增长.当代中国史研究，2014(1):23-33.

② 金碚.论经济全球化3.0时代——兼论"一带一路"的互通观念.中国工业经济，2016(1):5-20.

以建立起统一、开放、符合多边贸易规则的对外贸易制度为目标。

入世以来，中国积极履行开放承诺，有些领域关税降低甚至超过发达国家，服务业进一步开放。《中国的对外贸易》白皮书宣布中国加入世贸组织承诺全部履行到位。但由于是中国政府自己做出的评价，很难说服其他 WTO 成员，也就难以取得美国的认同。2018 年，美国贸易代表向国会递交了《2017 年度中国履行 WTO 承诺情况的报告》，认为中国在加入 WTO 之前所做的改革努力是富有成效的，但在加入 WTO 之后，尤其是 2002—2012 年期间改革以及履行 WTO 承诺方面走了回头路。报告还称赞中共十八届三中全会通过《中共中央关于全面深化改革若干重大问题的决定》所做出的改革方案，但同时指出，在此之后改革进入停滞期，仅仅停留在宣传口号上。[①]有学者指出，入世以来的十多年中国的竞争力和比较优势相应地发生了变化，但开放步子没跟上。[②]可能是由于全球化时代的不断进步使得当年的高标准承诺变低了，意味着我们的开放程度应该更大一些。

第二节　中国对外贸易经营体制改革

新中国成立初期，在国家高度集中、严格控制外贸体制下，外贸的作用仅限于"互通有无、调节余缺"。高度垄断的外贸体制严重束缚了外贸业务的发展，导致经营效率低下，外贸企业竞争竞争力十分薄弱，改革开放之前全国外贸规模长期低于 100 亿美元。改革开放以来，中国经济与外贸市场环境发生了深刻变化。中国外贸体制开始了以下放外贸经营权为核心的市场化改革，通过实施放权让利、外贸承包、汇率并轨、全面放开外贸经营权等多轮经营体制变革措施，使外贸企业成为真正的市场主体，在优胜劣汰机制中不断提升自主竞争力，极大地释放了

---

① 2017 年度中国履行 WTO 承诺情况的报告.

② 隆国强.构建开放型经济新体制.广州：广东经济出版社，2018：5.

中国外贸企业的活力。

一、对外贸易经营体制改革历程

（一）1949 年新中国成立至 1978 年

1949 年新中国成立后至 1978 年，中国外贸实行国家统一经营、统负盈亏、政企不分的统制体制，外贸企业没有自主经营权，没有利润考核指标，无法调动企业积极性。外贸业务主要通过国家指令性计划和行政手段进行管理，忽视市场规律导致无法充分发挥外贸促进产业、实现资源有效配置的作用。在此阶段，中国实行高度集中、以专业外贸公司为主的垄断外贸经营体制，具体由外贸部统一管理和领导，由各专业外贸公司统一经营，实行国家统负盈亏和高度集中的指令性计划，这在一定程度上与单一的计划、产品经济的国家经济体制相适应。截至 1978 年，中国对外贸易公司只有 13 家，总公司设在北京，省一级的外贸公司只是分公司，没有独立法律地位。[①]这在一定程度上限制了企业应有的自主经营权，断绝了中国企业参与国际竞争、吸收国外先进技术与经验的渠道，从而远远地拉开了中国企业与世界的距离。

（二）1978 年改革开放至 2004 年

1978 年改革开放掀起以市场化改革为中心的经济体制改革。在此背景下，在对外贸易经营体制领域，中国开启了以放松外贸经营权为核心的改革，主要沿着由国家向企业、由计划向市场、由行政向法治、由垄断向竞争、由中央向地方、由僵硬到灵活的方向不断过渡与推进。外贸部门一家垄断进出口贸易的局面逐渐被打破，经国务院批准，一些主管生产性部门也可以成立本部门的进出口总公司，从事专属于本部门产品的进出口贸易。1978 年 10 月，第一机械工业部成立中国机械设备出口公司（后改为进出口公司），为本部门工业企业提供外贸服务，成为第一个工贸结合的试点。1979 年，中共中央、国务院发布《中共中央、

---

① 余敏友，王追林.改革开放 30 年来中国对外贸易法制的建设与发展.国际贸易，2008(11):9-14.

国务院批转广东省委、福建省委关于对外经济活动实施特殊政策和灵活措施的两个报告》，确定举办经济特区，在外贸方面给予更多自主权，允许安排和经营本省对外贸易，包括自行审批来料加工、补偿贸易和合资经营等项目。其后，全国 29 个省、自治区、直辖市以及计划单列市和经济特区，各地方都可以批准设立地方外贸公司；并且一些中央部委也相继成立了自己的进出口公司，一些大中型生产企业被允许经营各自产品的进出口业务。1982 年 1 月，中央批转了沿海 9 省、市、自治区对外经济贸易工作座谈会纪要，要求扩大地方外贸经营权，规定除国家统一经营的商品外，其他商品一律由地方负责经营，极大地调动了地方经营外贸的积极性。1984 年，国务院提出外贸体制改革的指导思想和原则，实行政企分开、工贸结合和代理制。到 1984 年 6 月，地方进出口公司发展到 125 个。[1]为调动外贸企业经营积极性，1988 年对外贸易体制的主要措施是开始推行承包制，而且外汇留成可自由使用、除 21 种商品出口中保留双轨制外，其他出口商品改为单轨制。

1992 年至 2001 年入世期间，中国按照建立社会主义市场经济体制的要求，坚持执行统一政策、放开经营、平等竞争、自负盈亏、工贸结合、推行代理制的改革方向，加速转换各类企业对外经营机制，按照现代企业制度改组国有外贸企业，赋予具备条件的民间生产和科技企业对外经营权。1994 年，《中华人民共和国对外贸易法》第 13 条规定，"没有对外贸易经营许可的组织或者个人，可以在国内委托对外贸易经营者在其经营范围内代为办理其对外贸易业务"。外贸代理制的实施由代理人（有外贸经营权的企业）和被代理人（没有外贸经营权的组织或个人）签订委托代理协议，代理人再以自己的名义对外签订合同，并直接承担法律后果。而企业能否获得外贸经营权须经过政府审批。1998 年国务院出台重大决策，各部委所属企业与主管部委脱钩，各专业外贸总公司也与外经贸部实行脱钩，开始按现代企业制度作为外贸公司的改革目标。之后，除外贸公司之外，鼓励外贸企业、获得外贸自营权的大中

---

① 隆国强.构建开放型经济新体制.广州:广东经济出版社，2018：5.

型企业、私有企业、乡镇企业等多种性质企业出口。[①]

（三）2004 年至今

加入世界贸易组织的一个要求就是中国"入世"三年内取消贸易权的审批。按照国际通行做法，企业在依法注册后，即可获得进出口权。外贸经营权的审批制人为地剥夺了中国众多国有、民营企业参与国际市场的权利，显然与市场经济精神不符。为履行入世承诺，2004 年《对外贸易法》将外贸经营权由审批改革登记备案制。自 2004 年 7 月 1 日起，正式取消对所有外贸经营主体外贸经营权的审批，改为备案登记制，这也是首次以法律的形式明确规定自然人也属于对外贸易的经营主体，彻底下放了外贸经营权，打破了外贸经营权的行政垄断。这是中国以入世为契机将入世承诺的履行，以及对世贸组织规则的遵循，转化为中国国内法的重大典型举措之一。根据新版《对外贸易法》的有关规定，商务部随后制定发布了《对外贸易经营者备案登记办法》。自此，中国企业只需提供合格材料备案即可享有对外贸易经营权。

二、对外贸易经营体制改革评析

改革开放以来，对外贸易经营体制的改革有力地推动了中国民营外贸企业的成长。中国民营企业国际化经营力度不断加强，以民营企业为代表的市场主体成为中国对外贸易的新兴生力军，也是中国参与全球化价值链创造与国际竞争的重要力量。

1978 年左右，中国开始出现民营企业，进行着少量的进出口贸易。中国外贸体制改革的不断推进，以及世界经济发展态势迅猛，为中国民营企业发展外贸带来了机遇，促使民营企业对外贸易得到迅速发展，成为对外贸易的重要组成部分。加入 WTO 之后，外贸经营权由审批改为登记，民营企业外贸进出口出现井喷式增长。2004 年民营企业进口额增长 136.2%，出口额增长 137%，高于同期全国进出口增长率 100 多个

[①] 朱钟棣．新中国外贸体制改革的回顾与展望．财经研究，1999(10):39-45.

百分点。[①]据最新数据，2018 年 1–7 月，民营企业进出口 6.55 万亿元，增长 11.4%，占中国对外贸易总额的 39.2%，占比与上年相比提升 1 个百分点。[②]

对外贸易经营体制的不断改革为中国培育自己的国际化企业创造了重要条件。经过多年努力，中国不断涌现出诸如华为、吉利、海尔等一批具有一定国际品牌知名度的中国本土企业。早在 20 世纪 90 年代，随着中国企业国际化水平不断提高，国家就提出，在"引进来"的同时，中国企业也应"走出去"。1992 年，党的十四大报告明确指出："积极扩大中国企业的对外投资和跨国经营"。而如果没有强大的企业，"走出去"战略也只能停留在书面。但那时中国企业囿于实力差距，"走出去"步伐还比较缓慢。在改革开放大背景下，通过对外贸易经营体制的市场化改革才促进中国企业国际化经营管理水平不断提升，从而具备了"走出去"的能力。

第三节　中国对外贸易法制建设进程

对外贸易的发展离不开对外贸易法制的支持。无论是采取何种经济模式，对外贸易的开展都需要通过法制进行规范。一定程度上，外贸法制与外贸实体发展阶段与模式相呼应，在外贸仅作为"调剂余缺、互通有无"的国家统制阶段，外贸发展通过计划来完成，法制调节的空间有限，现实需求的落后也导致法制进程受阻。自新中国成立到 1978 年，中国对外贸易实行严格指令方式，外贸市场化、法制化建设严重落后。改革开放以来，随着外贸经济发展程度日益复杂化、精细化，对法制的依赖也逐渐加深，中国通过自上而下地借鉴国外法律和国际条约逐步推进涉外经贸领域法治建设。步入新常态，中国推出以自由贸易试验区为

---

① 谷雷.民营企业对外贸易的现状分析.商情，2013(5):7.
② 民营企业外贸占比进一步提升.中华工商时报，2018-8-9.第 01 版.

重点的制度改革尝试，积极推动营商环境不断进步，不再以政策洼地作为吸引外贸外资的主要原因。而法律是营商环境的重要组成部分，因此外贸法治建设对于中国打造对外开放新格局具有重要作用，不断完善法制也是推动高标准对外开放的必然要求。

一、对外贸易法制建设历程

（一）1949 年新中国成立至 1978 年

新中国成立时，中国对外贸易法制几乎是一张白纸。新中国成立初期，中国实行严格外贸管制制度，中国对外贸易规模小，贸易往来的国家数量也少，且实行指令性计划经济，对外贸易法制的需求感不强。对外贸易立法主要以 1949 年《中国人民政治协商会议共同纲领》和 1954年《宪法》为基础，明确提出"实行对外贸易的管制，并采取保护贸易政策"，并确立了"独立自主、集中统一"的外贸工作原则和方针。1950 年，政务院制定了《对外贸易管理暂行条例》，贸易部颁布了《对外贸易管理暂行条例实施细则》，作为维持和管理当时微弱进出口业务的基本法律依据。[1]1951 年，新中国历史上第一部海关法《中华人民共和国暂行海关法》颁布。国家统制的贸易制度并不以法治经济为基础，虽然与资本主义国家之间也有贸易往来，但总体上与世界主流经济圈处于脱轨状态，对外贸易法制也严重落后，与国际差距甚远。新中国成立后至改革开放这段时间中国的外贸管理主要通过单行法规和部门规章为主、以红头文件形式出现。[2]在此期间，虽然中国对外贸易法制仍有一些发展，但是发展速度明显减缓。尽管国家统制的贸易制度对新生的共和国起过一定的积极作用，但也使中国无论在贸易范围还是在规模上都受到很大限制（刘庆林，2004）。[3]

---

[1]　李小年.新中国 60 年外经贸法制建设的辉煌成就.国际经贸探索,2009(10):9-14.

[2]　余敏友,王追林.改革开放 30 年来中国对外贸易法制的建设与发展.国际贸易,2008(11):9-14.

[3]　刘庆林.建国以来中国对外贸易制度创新的路径分析.山东社会科学,2004(5):44-47.

（二）第一阶段：1978 年至 2001 年入世

改革开放以来，中国逐步开始建立适应市场经济要求的对外贸易法律制度。中国宪法序言明确指明中国实施改革开放的基本国策，同时还明确规定了国务院负责管理外贸的权力。①

1979 年之后，随着改革开放的推进，市场经济发展迅速。尤其是 1992 年邓小平南方谈话和十四大明确提出发展社会主义市场经济之后，市场化热潮遍及中华大地。而市场经济实质上就是法治经济，市场经济越发展就越需要法律来协调复杂的经济关系。在改革开放的推进下，中国对外贸易进出口迅速发展，庞大的对外贸易活动也迫切需要对外贸易法律予以协调。

随着中国贸易投资从封闭走向开放，中国对外法律也经历了从无到有、再到不断完备的过程。1979 年五届全国人大第二次会议审议通过了中国第一部利用外资的法律《中华人民共和国中外合资经营企业法》；而后在 1986 年和 1988 年分别制定了《中华人民共和国外资企业法》和《中华人民共和国中外合作经营企业法》。这三部法律构建了中国利用外商直接投资的基本法律体系。②1987 年，《中华人民共和国海关法》获得通过，结束了长达 36 年的"暂行"历史，成为海关法律体系的核心。

同时，与对外贸易相关的法律在现实发展的推动下逐渐获得发展。中国首部《专利法》于 1985 年 4 月出台，将中国正式带入知识产权保护的国际潮流。其后，《著作权法》也在 1991 年 6 月正式实施，与《商标法》《专利法》共同成为中国知识产权保护的三大法律。

经过了十多年改革开放摸索，中国对外开放市场化程度不断提高，为进一步规范外贸领域管理体制及推动中国外贸国际化发展，亟须在国家层面推出外贸基本法。1994 年 5 月 12 日，中国首部《对外贸易法》经八届人大常委会第七次会议正式通过，并于同年 7 月 1 日正式生效。对外贸易法是中国对外贸易法律制度的基本法，是整个外贸制度的核

① 李小年.新中国 60 年外经贸法制建设的辉煌成就.国际经贸探索,2009(10):9-14.
② 隆国强.构建开放型经济新体制.广州:广东经济出版社,2018：5.

心，是适应外贸领域市场化发展的必然要求。它规定了对外贸易经营许可证制度、配额关税、海关、关税壁垒、检验制度等。它规定："除外资企业以外，从事货物进出口与技术进出口的对外贸易经营者须经国务院对外经济贸易主管部门许可。"这就从实际上将对外贸易经营权的审批制从法律方面固化下来。[①]《对外贸易法》的颁布是中国对外贸易法律制度的一个里程碑，标志着中国开始仿照世界主流做法通过法治手段管理对外贸易事宜，是对前期国家统制贸易制度的一次根本调整。

（三）第二阶段：2001 年入世至今

中国入世以来的涉外经贸法治建设主要是由中国为履行 WTO 义务和承诺所推动的。入世以来，涉外经贸法治建设的主要推动力是中国承担的 WTO 义务和承诺及其形成的"倒逼机制"。[②]为此，中国共清理了与外经贸体制相关的法律法规约 2300 件。国务院在货物贸易、技术贸易、服务贸易三个领域颁布了行之有效的行政法规。

2004 年第十届全国人大常委会第八次会议修订了《对外贸易法》，修改了 1994 年《对外贸易法》中与入世承诺和世贸规则不相符的内容，并增加了中国可享受世贸组织成员的权利与具体实施的相关规定。从内容上来看，2004 年《对外贸易法》比 1994 年《对外贸易法》增加了三章内容，分别是与对外贸易有关的知识产权保护、对外贸易调查、对外贸易救济。一方面是体现入世承诺的履行，另一方面也是对中国入世后在受到国外不公平待遇时采取保护措施给予法律保障。在外贸经营权方面，2004 年《对外贸易法》取消外贸经营权审批制，改为备案登记制，且对外贸易经营者不仅包括法人、其他组织，还包括个人。面对日益激烈的知识产权争端，国家知识产权局于 2008 年出台了《保护知识产权纲要》，并为未来十年知识产权保护道路指明了方向。

---

① 袁欣，宁静．中国对外贸易管理体制的演化路径分析．广东外语外贸大学学报，2008, 19(6):5-8.

② 陈利强，屠新泉．中国涉外经贸法治建构论——以中国入世与上海自贸区为视角．国际贸易问题，2015(3):168-176.

加入 WTO 以来，中国朝市场经济法治化方向迈进了一大步，通过法治化建设不断推进中国经济合规化发展。中国重新定位了政府职能，并学会利用 WTO 规则来保护和发展自己的产业。2007 年 3 月，十届全国人大第五次会议审议通过了《中华人民共和国企业所得税法》，从而实现了内外资企业所得税的统一。中国不仅参与到 WTO 争端解决机制的进程当中，还主动出去以申诉方身份提起诉讼来保护自己的合法权益。2008 年 7 月，中国代表团在日内瓦参加多哈回合各种形式谈判，这是中国加入世界贸易组织以来首次参与核心层谈判，标志着中国已经成为世界多边贸易体制核心成员之一，从而增强了对国际经贸规则制定的话语权。

二、对外贸易法制改革评析

中国宪法明确把中国实施改革开放基本国策写进了序言，同时还明确规定了国务院负责管理外贸的权力，从国家根本大法角度确立了中国对外开放的法理性。《宪法》第十八条规定："中华人民共和国允许外国的企业和其他经济组织或者个人依照中华人民共和国法律的规定在中国投资，同中国的企业或者其他经济组织进行各种形式的经济合作。""在中国境内的外国企业和其他外国经济组织以及中外合资经营的企业，都必须遵守中华人民共和国的法律。它们的合法的权利和利益受中华人民共和国法律的保护。"

目前，中国已形成对外贸易法制基本框架，大体分六个层面：第一，是对外贸易法律制度，是国家颁布的有关全局的法制，包括《对外贸易法》《海关法》《进出口商品检验法》，是整个外贸法制框架中最权威、最具强制性的部分。第二，是国务院及其各部委制定并颁布的与贸易相关的各项行政法规，这部分法律条例内容更为具体，是整个框架中的主体部分。包括两个角度，其一，针对货物贸易和技术贸易的主要行政法规，主要包括：《货物进出口管理条例》《技术进出口管理条例》《进出口关税条例》《进出口货物原产地条例》《出口加工区加工贸易管理暂行办法》《反倾销条例》《反补贴条例》和《保障措施条例》等。其二，针对服务贸易的行政法规，有《外资金融机构管理条例》《外资保险公司管理条例》《外商投资电信企业管理规定》《国际海运条例》等。第三，是与外贸有关的各部委在处理具体工作时颁布的专门规章，如《外贸代理暂行规定》《关于进出口经营权管理规则》《对外贸易壁垒调查暂行规则》等。第四，是针对某一类商品进出口制定的条例和管理办法，如《有关化学品及相关设备和技术出口管制办法》《纺织品出口管理办法》《机电产品进口管理办法》《大宗农产品进口报告管理办法》。第五个层面，是各省市政府部门根据自身地区发展针对具体产业、具体商品进出口推出的规定。第六，是在社会主义市场经济发展过程中，为规范整体市场经济运行而颁布的法律，对外贸的健康发展发挥着重要作用。如《公司法》《合同法》《劳动法》《反垄断法》《中国人民银行法》等。

然而，中国距离贸易强国还有很长的路。与此相应，中国对外贸易法制之路远非到达终点，中国对外贸易还需要在不断完善相关法律法规的同时，面对随时可能出现的更大挑战。

第四节　中国对外贸易管理体制展望

1978 年，经历了几十年封闭之后，中国急需打开国门开展对外贸易。当年 2 月五届人大一次会议的政府工作报告明确指出，"对外贸易要有一个大的发展"。同年 5 月，由时任国务院副总理的谷牧亲任团长，带领由高级干部组成的经济考察团远赴西欧，回来后向中央政治局提交书面报告，提出与西欧发展经济贸易的重要结论，此次出访成为助推中国改革开放的重要事件。

2001 年，经过 15 年谈判努力，中国正式加入世界贸易组织，开启了继 1978 年之后新一轮改革开放。中国通过进一步带入经济全球化享受红利的同时，对世界经济增长及福利提升具有重要作用。加入 WTO 对中国外贸增长的促进作用十分显著，自 2009 年始，中国超越美国成为世界第一大货物出口国。自 2013 年始，中国成为全球第二大服务进口国。①

当前，中美贸易摩擦持续加剧。2018 年美国东部时间 7 月 6 日 00：9（北京时间 6 日 12：01），美国海关开始向中国首批 340 亿美元的商品加征 25% 的关税，随后中国宣布实施报复性应对措施，向美国大豆、汽车等商品征收更高的关税。中国商务部发言人指责美国发动了迄今为止经济史上规模最大的贸易战，是典型的贸易霸凌主义。显然，此次中美相互加征关税是两国经贸背后矛盾长期积累的爆发，是世界上最大的发展中国家和最大的发达国家之间关系大调整的一部分，也是中美建交以来最为严峻的一场全面较量，必将对中美，乃至全球贸易格局产生重要影响。

面对美国咄咄逼人的贸易攻势，中国除做出坚决回击之外，还须坚定地深化改革、扩大开放，对标世界先进标准，建设现代化、法治化、国际化营商环境，办好自己的事。这也是与我国高质量发展内在要求相一致的。与此同时，我国前一轮粗放式经济增长模式所造成的一些问题充分暴露，经济下行压力加大，与人民美好生活休戚相关的民生事业还存在诸多改进空间。中国更应该抓住此次贸易战带来的战略契机，不断推进改革开放伟大事业。

改革开放 40 年以来，我国外贸管理体制改革，与其他体制改革一样，经历了一个从无到有、先易后难、由模糊到清晰的渐进过程。从高度垄断的外贸管理体制到如今的贸易自由化，中国外贸管理体制市场化改革取得了很多骄人成绩。但不可否认，中国外贸管理体制还存在很大的提升空间，法治化与市场化改革仍有很多地方做得不到位，与世界贸易强国还有一定距离。未来对外贸易体制改革将朝高质量发展、高水平开放方向努力，注定又是一场攻坚战。

---

① 资料来源：UNCTAD.

第三章　对外贸易战略的发展演进

第一节　从"以质取胜"到对外贸易高质量发展

一、"以质取胜"战略的提出

1978 年，我国货物贸易进出口总额为 206.4 亿美元，出口贸易在世界贸易中仅占 0.75%，居第 32 位。随着改革开放政策的提出和逐步实施，我国社会主义现代化建设进入新的发展时期，国民经济迅速发展，对外贸易取得了巨大成就。1990 年货物进出口总额 1154.4 亿美元，对外贸易年均增长速度为 16.7%，几乎每五年翻一番，高于国民经济 9.8% 的增长速度。在进出口贸易规模迅速扩大的同时，我国进出口商品结构也在不断得到改善。1980 年初级产品出口占 53.5%，工业制成品占 46.5%，1990 年出口商品中初级产品占 25.69%，工业制成品占 74.4%。1986 年纺织品和服装取代石油成为我国第一大类出口产品，标志着出口商品从资源密集型为主向劳动密集型为主的飞跃，以初级产品为主向以工业制成品为主的转变。但是我国出口商品质量问题相当严重，高技术含量、高附加值、高创汇率的出口商品所占比重小，如 1992 年我国生产钢材的实物质量达到国际先进水平的仅占钢产量的 4%；出口商品质量不稳定、包装不规范，国外客商投诉率偏高质量管理工作薄弱；中小企业产品质量问题严重，假冒伪劣产品屡禁不止。从1992年7月到1993年10月查处假冒伪劣产品共30余类500多个品种，价值25.86亿元，一些假冒伪劣商品涌入周边国家市场，造成不好的影响。因此，加强质量管理，提高出口商品质量已成为我国外贸出口能否持续增长的关键。

1991年国务院提出当年是"质量、品质、效益年"；外经贸部提出了提高出口商品的质量和信誉、优化出口商品结构、创名牌出口商品为主要内容的"以质取胜"战略。政府部门希望通过实施"以质取胜"战略，努力增强出口企业的质量意识，从国家形象和政治责任感的高度认识提高出口商品质量的重要意义；号召外贸工作者把高度的职业责任感同强烈的竞争意识相结合，树立对质量精益求精、一丝不苟的工作作风，正确认识并处理好质量和数量、效益和速度、内在质量与外观质量、样品质量和批量质量，以及质量和档次等方面的关系。

"以质取胜"战略实施以来，我国产品的质量有了显著提升，各类外经贸企业的全面质量管理工作得到加强。1985年，中国产品质量国家监督抽查合格率仅为66.5%，到2000年新《产品质量法》实施后上升为78.9%。部分产品质量已经接近或达到国际先进水平，涌现了一批优质管理企业和一批在国际上有一定竞争力的品牌商品。1996年，为适应国民经济快速、健康发展的需要，国务院颁布了《质量振兴纲要》，提出了1996年至2010年我国质量振兴的目标、方针、政策和措施，极大地促进了我国经济快速发展。国内生产总值从1996年的6700千亿元，增加到2005年的18300千亿元，平均每年递增9.1%。产品质量总体水平稳定提高，经济实力和竞争力有了明显增强，出口商品结构得到不断调整和优化，出口商品档次有所提升。1996年我国出口总额为1510.7亿美元，机电产品出口额为482亿美元，到1999年机电产品出口额已达768.7亿美元，比1996年增长了37.3%，占我国出口总额的比重达39%。1995年机电产品首次超过纺织品，成为第一大类出口产品，传统的简单技术三大件的竞争优势开始进入机电产品的加工制造领域。出口商品结构实现了由以粗加工、低附加值工业制品为主向以深加工、高附加值制成品为主的转变。事实证明，我国外经贸各项事业的快速发展和所取得的辉煌成就，与大力实施"以质取胜"战略是紧密相连的。

二、"以质取胜"战略的实施

1991年外经贸部提出并实施了以质取胜战略，这是我国对外贸易的长期战略，是我国优化出口商品结构，提高出口质量和效益迈出的具有标志性的一步。其主要内容包括以下几方面。

（一）建立和完善质量方面的立法

为贯彻邓小平同志关于产品质量的讲话，1989年2月21日，七届人大常委会第六次会议通过《中华人民共和国进出口商品检验法》，并于当年8月1日起实施。1991年5月7日，国务院发布《中华人民共和国产品质量认证管理条例》。1992年8月12日发布《全国对外经贸进出口企业全面质量管理办法》（试行），使实施以质取胜战略逐步走上规范化、制度化。1993年2月22日，七届全国人大常务委员会第三十次会议通过《中华人民共和国产品质量法》，于当年9月1日起实施。这部法规针对在我国境内生产、销售的产品在内在质量与外观标志等方面均做了具体规定，从根本上保证了我国外贸产品的质量。1994年5月12日，八届人大常委会第七次会议通过的《中华人民共和国对外贸易法》对保证商品质量又做了明确规定，加入WTO后，2004年4月6日进行的第十届全国人民代表大会常务委员会第八次会议进行了修订。九届全国人大常委会第27次会议通过了关于修改进出口商品检验法的决定，修改后的商检法于2002年10月1日起开始施行。根据修改后的商检法，进口或者出口属于掺杂掺假、以假充真、以次充好的商品或者以不合格进出口商品冒充合格进出口商品的，由商检机构责令停止进口或者出口，没收违法所得，并处货值金额50%以上3倍以下的罚款；构成犯罪的，依法追究刑事责任。

（二）树立"质量第一"的观念

质量第一，质量是企业和产品的生命，重视和提高出口产品的内存质量和外在质量、品质。在国内大力宣传倡导"质量第一"的意识，帮助企业建立和完善质量保证体系，建立目标管理和组织保证体系、开展群众性质量管理活动。在中央政府和各级地方政府的大力支持下，以群众监督和舆论监督的方式开展中国质量万里行活动。这样就形成了企业、媒体和政府之间的有机结合，即把群众监督、舆论监督、行政监督相结合，形成"三结合"的质量监督管理体系。

（三）重合同、守信用

"重合同、守信用"是外经贸行业一直提倡的，即按照合同的条款，保质、保量，及时交货，保持自身的良好信用，赢得客户信任，巩固客户渠道。不同时期，我国外经贸管理部门对出口商品质量方面出现的突出问题，采取了一些相应的措施。1989年到1991年，连续召开三次全国性的提高出口商品质量、重合同、守信用工作会议，分析情况，总结经验，制定管理措施，对总体工作进行部署，要求全国外经贸管理部门和企业事业单位，作为对外经济贸易发展的重大战略问题，坚持不懈地长期抓下去。党的十六大提出了整顿和规范市场经济秩序，健全现代市场经济社会信用体系的战略任务。为此，有关部门积极建立、完善诚信制度和诚信体系。一是加快诚信体系方面的立法工作。2003年，由中国人民银行代拟起草的我国首部《征信管理条例》上报国务院，并征求社会各界意见。二是从立信和征信两个方面发展第三方公正的信用机构。目前我国立信机构和评估机构发展还远远不够，还缺乏真正意义上的社会信用评估机构，但经过近几年的努力，全国各种信用机构已经有2000多家，包括培训、咨询、中介、讨债等类型的信用机构。在外经贸领域，2003年9月，我国组建了中国外经贸企业协会信用体系专家评审委员会，成立了国商国际资信评估有限公司，并开展了外贸企业信用档案建设的行业试点工作。

（四）整顿边境贸易，打击制售假冒伪劣

严厉查处制造和销售假冒伪劣产品的行为，堵住其出口的渠道，特别是在边境贸易中的边民互市、旅游购物贸易，以及对一些经济转轨国家的包机（包船、包车）包税等非规范贸易方式中存在的类似问题应当禁绝。针对边境贸易小额贸易、边境民间贸易、边民互市贸易和边境地区的地方贸易等贸易方式的进出口商品检验管理工作，1993 年 4 月，国家进出口商品检验局正式颁布《边境贸易进出口商品检验管理办法》，针对中国边境贸易经营渠道繁多、货物来源复杂从而导致大量假冒伪劣商品通过各种渠道不断流入周边国家等问题，实行比以往更为严格的管理办法，并且对生产、经营假冒伪劣产品的企业处以更为严厉的处罚，对直接责任人依法追究刑事责任。同年 9 月，国务院下发《关于整顿边地贸易经营秩序制止假冒伪劣商品出境的通知》，要求加强对生产企业和边境口岸的管理和整顿，营造良好的边境地方贸易秩序，维护中国的对外贸易信誉。1996 年 1 月，国务院发布《关于边境贸易有关问题的通知》，要求边境海关进一步加大监管力度，严厉打击走私活动。

（五）扶持优质产品出口，优化出口商品结构

重点扶持大宗、龙头、优质产品出口，提升中国产品的形象，提高出口贸易效益。不断优化出口商品结构，提升产品加工程度，技术含量和附加值，获取结构提升的总体效益，获得更为有利的贸易条件。这主要表现在积极扩大机电产品的出口以及后来积极推动高新技术产品出口上。为此，国务院转机电产品出口办公室发布《关于"八五"期间进一步扩大机电产品出口意见的通知》，通过一系列支持措施有力地支持了机电产品的出口增长，促进我国外贸以轻纺工业制成品为主向以机电产品为主转变。国家质检总局于 1995 年发布《出口轻工业机电产品质量许可证管理办法》，在扩大机电产品出口量的同时，保证了出口产品的质量。

（六）积极推广使用国际标准

ISO9000 质量标准认证是我国企业和产品大规模走向国际市场、并

提高经营效益的重要条件，我国于 1993 年采用了这一标准，企业可自愿申请国务院产品质量监督管理部门或其授权的部门认证。我国外经贸行政管理部门和质量监督管理部门为落实外贸领域的以质取胜战略，提高出口产品的质量，积极推动和帮助企业建立健全质量保证体系，积极申请质量认证，推动外贸行业产品质量达到国际标准。针对近年来国际上兴起以 ISO14000 系列认证为标志的国际绿色环保认证体系以及 SA8000 为标志的企业社会责任认证体系，我国外经贸管理部门和质量监督管理部门也积极推动我国企业积极申请、认真对待，帮助企业完善进行国际市场需要具备的各种认证。除上以外，针对具体的目标市场，还有各种不同行业的具体标准，这些技术性标准往往以技术性贸易壁垒或绿色贸易壁垒的形式存在，我国外经贸管理部门专门组织人员收集相关信息，并编制《国外技术贸易壁垒应对指南》，帮助企业开拓国际市场。

（七）争创中国出口商品名牌

商务部自 2002 年公布重点培育和扶持的出口品牌企业和产品，国家对列入商务部"重点支持和发展的名牌出口商品"的企业，给予一系列具体的扶持和鼓励。另外，还从以下几方面采取具体措施。

一是完善制度环境。协调相关部门，从研发设计、政府采购、境外投资、国际营销体系建设、贸易便利、金融保险、知识产权保护等方面对自主出口品牌建设给予全方位的政策扶持；同时，鼓励各地、各行业结合本地区、本行业实际，有针对性地出台分类扶持政策，推动全国自主出口品牌建设工作。

二是给予资金支持。会同财政部，对出口企业开展自主知识产权保护、国际广告宣传、建立境外营销机构和售后服务体系等自主品牌建设活动给予适当资金支持；同时，支持行业中介组织对本行业的自主出口品牌开展整体性的培育发展和宣传推广活动。

三是加强舆论宣传。与媒体合作，积极宣传国家培育自主出口品牌的扶持政策，各地、各行业培育自主出口品牌的做法与经验，介绍名牌出口企业品牌国际化的成功道路，同时，利用政府网站、课程培训等途径，宣传自主出口品牌建设的理论和实务。

四是开展促进活动。针对我国出口企业国际营销能力薄弱这一关键环节，以商务部名义组织一系列国际商务活动，整体推广展示自主出口名牌，包括扩大广交会品牌展区规模，在欧洲和美国分别举办名牌展，在重点市场举办重点商品的专项推广活动，以此来提高中国品牌的国际知名度，加快中国品牌走向世界的步伐。

（八）强化进出口产品的质量监督

根据《中华人民共和国产品质量法》的规定，国务院产品质量监督管理部门负责全国产品质量监督管理工作。国务院有关部门在各自的职责范围内负责产品质量监督管理工作。在外经贸领域，根据《中华人民共和国进出口商品检验法》的规定，国务院设立进出口商品检验部门，主管全国进出口检验工作，同时国家进出口商品检验局又制定了若干具体的检验监督办法，作为对进出口商品进行质量监督的具体操作规范。同时，各行业主管部门制定了相关的出口商品质量监督管理办法，如原国家机电部于 1990 年制定了《出口机电产品质量管理与监督办法》，专门针对出口的机电产品进行了质量规范，保证了我国机电产品质量过硬，提高了机电产品的国际竞争力。

2007 年以来，"中国制造"产品被一些国家及媒体故意放大并抹黑，针对这一情况，有关机构召开了全国质量工作会议，要求从强化质量监管、加快产品质量标准体系建设、从源头上提高产品质量、加强质量法制建设、集中力量搞好专项整治、加强舆论和信息工作等方面采取有力措施，努力提高我国产品质量总体水平，促进国民经济又好又快发展。

2013 年以来，国家质检总局抓紧研究法定检验体制改革方案，取得了许多有益成果。一是通过科学调整进出口商品法检目录，逐步改革部分检验监管旧制度，探索实施第三方检验结果采信，最大程度地简政放权，激发市场活力；二是通过建成进出口商品质量安全风险预警监管体系（C-PAPEX），探索完善进出口产品质量责任追溯调查工作体系，建设质量安全示范区和示范企业、创建海外维权网，扎实推进放管结合，提升质量水平；三是通过不断探索，阶段性地提出构建进出口商品检验监管新体系思路。

三、新时代实现对外贸易高质量发展

2008 年金融危机后，世界经济温和复苏，全球制造业生产回暖，国际贸易投资日趋活跃。我国经济已由高速增长阶段转向高质量发展阶段，供给侧结构性改革深入推进，创新能力不断提升，调控政策效果显现。在国内外形势向好与外贸扶持政策发力的共同作用下，我国对外贸易运行应当朝着结构优化、质量提升、效益提高的方向发展。

（一）对外贸易实现"优进优出"

目前，我国的劳动力成本持续攀升、资源约束日益加重，"大进大出"的模式已经难以为继，必须促成"优进优出"的开放型经济新格局。所谓"优进"，就是从我国的长远和根本利益出发，根据国情，有选择地进口紧缺先进技术、关键设备和重要零部件。所谓"优出"，就是不仅要出口高档次、高附加值产品，还要推动产品、技术、服务的"全产业链出口"。以"大进大出"为基础，走质量与效益并重的高附加值道路。现阶段，我国应加快出口主导产业从轻工、纺织等传统产业向装备制造业、高新技术业等资本、技术密集型产业的转型升级；增强高新技术产品自给能力。一直以来，高新技术产品都是提升中国制造业水平的重要补充，随着中国制造自身的发展进步，此类产品的自给能力的重要性也逐步显现。为了与中国经济的快速发展和百姓消费水平的提高相适应，应提高对外部市场的汽车、化妆品、医药品、食品、服装鞋包等日常消费品进口的开放度。

（二）优化外贸企业营商环境，促进贸易效益提升

推动贸易便利化水平，国际市场布局、国内区域布局、商品结构、经营主体和贸易方式的"五个优化"推进，外贸转型升级基地、贸易平台、国际营销网络"三项建设"深入推广，使我国营商环境不断优化。

我国应继续在全国范围内推开通关一体化改革，落实"三互"，推进大通关建设的改革。"三互"是信息互换、监管互认、执法互助。还有推进国际贸易单一窗口、深化海关和出入境检验检疫局合作"三个一"，就是一次申报、一次查验、一次放行。创新自由贸易试验区海关监管制度，加快海关特殊监管区域整合优化，推进通关无纸化改革，全面推广集中汇总征税。在强化服务方面，建立与"一带一路"、京津冀协同发展、长江经济带等战略相适应的海关监管机制，支持国际物流大通关建设，创新海关国际合作，促进跨境电子商务等外贸新型业态发展。支持开展融资租赁等生产性服务业，积极推进自贸区战略。

在优化环境方面，全力推进法治海关建设，规范自由裁量权，加强执法统一性建设；推进简政放权，全面清理非行政许可审批，重点精简和优化内部核批手续；加快企业信用管理体系建设，积极推动与国家信用体系建设相融合；进一步规范进出口环节经营性、服务性收费，切实减轻企业负担；优化查验机制，进一步提高海关查验的针对性、有效性，提高集装箱机检查验比例。通过金融机构和地方政府实行差别准备金、利率、再贷款、再贴现等政策，促使外贸企业成本不断下降、效益上升和生产经营环境改善。加大对小微企业的支持力度，各省市出台出口企业融资优惠办法。

（三）以"绿色发展"助力贸易质量提升

气候变化《巴黎协定》的签署为各国加速长效的低碳经济发展创造了巨大机遇，也将进一步推动低碳贸易发展。在自由贸易协定和投资协定中包含环境章节和条款已经是大势所趋，WTO《环境产品协定》谈判正在进行，这些促使我国极其重视环境政策和贸易政策平衡发展。首先，应积极参与国际绿色贸易规则制定。在自由贸易协定中推动设立环境条款或环境章节。在我国当前和未来签订的自贸协定中应全部设有环境条款，部分自由贸易协定还应设置了独立的环境章节，其中包括推动环境产品和服务贸易、避免贸易中的环境风险、加强环境技术合作等内容。积极参加WTO框架下的《环境产品协定》谈判，推动消除环境产品的关税和非关税壁垒，促进环境产品的贸易自由化。

其次，应深化国内绿色贸易政策。在相关规划中提出建立绿色贸易管理制度体系和政策安排，建立健全绿色投资与绿色贸易管理制度体系，落实对外投资合作环境保护指南。对外贸易发展规划中明确提出抑制高污染、高耗能和资源类产品出口，鼓励紧缺性资源类产品进口，努力打造绿色贸易。

再次，应加强关税等出口政策调整，降低环境风险。定期发布《环境保护综合名录》，降低名录中的"双高产品"或逐渐取消这些产品的出口退税，尤其是大幅降低和取消水泥、陶瓷、玻璃等生产过程高排放产品的出口退税。严格限制能源产品、低附加值矿产品和野生生物资源的出口。严管进口，环境保护部、商务部、国家发展改革委、海关总署、质检总局等部门联合发布《禁止进口固体废物目录》《限制进口类可用作原料的进口废物目录》《自动许可进口类可用作原料的进口废物目录》，强化废物进口监管，在保证环境安全的前提下，鼓励低环境污染的废旧钢铁和废旧有色金属进口。

最后，鼓励环保产业发展，推动环保产业贸易。2016年底国务院发布的《"十三五"国家战略性新兴产业发展规划》提出推动新能源和节能环保产业快速壮大，鼓励节能环保企业境外工程承包和劳务输出，提供优质高效的纯低温余热发电、污染治理、垃圾焚烧发电、生态修复、环境影响评价等服务。

（四）重视出口产品质量管理，完善质量认证体系

产品质量是企业出口的敲门砖，完善质量标准认证体系，降低出口企业进入门槛和提高产品质量是质检部门未来相当长的时间内的工作目标，具体应从以下五个方面进行努力：一是大力推广质量管理先进标准和方法。创新质量管理工具，推广应用质量管理先进标准和方法，转变政府质量治理方式。二是广泛开展质量管理体系升级行动。打造质量管理体系认证"升级版"，拓展质量认证覆盖面。三是深化质量认证制度改革创新。完善强制性认证制度，提升自愿性认证供给质量，清理涉及

认证、检验检测的行政许可和行业评价制度，简化规范认证机构审批、检验检测机构资质认定程序。四是加强认证活动事中事后监管。完善认证监管体系，创新认证监管和激励约束机制，加大认证监管工作力度，严格落实从业机构及人员责任。五是培育发展检验检测认证服务业。营造行业发展良好环境，促进行业机构改革发展，提升行业综合服务能力。六是深化质量认证国际合作互认。构建认证认可国际合作机制，提高国内检验检测认证市场开放度，加快我国检验检测认证"走出去"步伐，提升我国认证认可国际影响力。

第二节 "市场多元化"战略推动形成全球贸易伙伴网络

一、市场多元化战略提出的背景

经过改革开放十多年的发展，到 20 世纪 90 年代初，我国摆脱了长期主要依靠苏联和东欧等社会主义国家市场的局面，全面发展同西方资本主义、社会主义和广大发展中国家的贸易关系，初步形成了真正意义上的全球市场。但也存在一些问题，主要表现在我国对少数发达国家的出口市场依赖过大。如 20 世纪 80 年代以来，美国、欧盟、日本和中国香港（大部分转口到欧美日发达市场）这前四大出口市场占我国出口总份额的 70% 左右，而广大发展中国家的市场开拓力度明显不足。作为世界上最大的发展中国家，我国出口高度依赖少数西方发达国家的风险是显而易见的。加快实施市场多元化战略，是避免各种风险，保证我国对外贸易长期持续、快速发展的必由之路。

市场多元化思想产生于 20 世纪 80 年代，起源于邓小平面向三个世界开放的思想。邓小平同志指出："我们实行对外开放政策，并不只是对美国、日本、西欧等发达国家开放。对这些国家开放，是一个方面；另一个方面，是南南合作；还有一个方面，是对苏联和东欧国家开放。

一共三个大方面。"邓小平同志同时强调,市场多元化的内涵,不仅仅是出口贸易市场的多元化,还包括吸引外资来源的多元化和经济技术合作伙伴的多元化。1990 年,我国当时的外经贸部提出实施外经贸市场多元化战略,并得到了国务院和中央的高度认同,并在许多重要的中央和国务院文件中,明确提出要"实施市场多元化战略"。

二、实施市场多元化战略的措施

实施市场多元化战略,要在继续巩固和深度开拓传统市场的同时,重视开拓新的市场。要根据不同市场的特点,进行分类指导,采取相应措施:

一是缓解与少数发达国家贸易不平衡的现实。我国积极组织企业进行有针对性的进口,如每年安排企业从美国、欧盟采购大量物资和产品。二是下功夫开拓我国占有率低的市场,特别是东南亚、南亚、东欧、非洲和拉丁美洲国家市场。对重点开拓的发展中国家市场,对机电产品和成套设备产品出口给予政策性贷款支持,包括卖方信贷和买方信贷,并适当延长贷款期限。三是进出结合,进出口与对外投资、援外、承包劳务相结合,有关运输、金融、保险等配套服务紧跟,进行整体、综合开拓。例如,中国建立了出口风险保险制度,为外贸企业出口到高风险地区的产品提供政策性保险服务。四是鼓励企业积极开展经贸促进工作,积极参加发展中国家举办的国际知名博览会和专业性交易会,对重点开拓的亚非拉发展中国家市场,由政府出面在当地市场举办高水平的商品、技术展销会。另外,我国还曾经在一些经济发展水平较高、市场规模较大、便于辐射周边国家和地区,且交通便利的国家和地区建立了若干贸易中心、商品分拨中心及精品店。这些都是拓展出口市场,实施市场多元化战略的有益尝试和探索。

事实上,中国高度依赖世界三大经济体的贸易格局是由许多客观因素决定的,中国很难在短期内改变这种贸易格局。但总体来看,"市场多元化"战略实施以来,我国出口市场的确向着更加分散的方向发展,说明所采取的措施取得了一定效果。

三、新时代构建全球贸易伙伴网络

本着对话而非对抗、结伴而非结盟的思路，中国已同 97 个国家和国际组织建立了不同形式的伙伴关系，其中既有与发达工业国家间的互动往来，也有与广大发展中国家间的友好合作，这种建立在寻求和平合作、坚持平等相待、倡导开放包容、强调共赢共享基础上的伙伴关系，正受到越来越多国家的欢迎和支持。特别是"一带一路"倡议的顺利实施和构建人类命运共同体理念的提出，中国更加积极地承担自己应尽的国际责任和义务，加快构建合作共赢的新型国际贸易关系。毫无疑问，在经济全球化时代，世界需要的不是单边主义和零和竞争，而是同舟共济、合作共赢的贸易伙伴关系。

（一）立足亚洲，放眼全球，构筑我国区域 FTA 全球合作网络

战略布局上，应巩固周边，布局全球。首先，要精心构造中华经济区，推动海峡两岸暨港澳地区的经济统合，共同应对外部挑战。中国内地已经分别与港澳签署 CEPA，与台湾签署 ECFA。但内地与港澳和台湾仍然处于市场分割状态。中国应着眼于构建一个贸易投资高度一体化的中华自由贸易区，以获得更大的规模效益。目前宜排斥干扰积极推动构建涵盖港澳的两岸 ECFA 后续协议的谈判，构建一个涵盖港澳地区的两岸共同市场，实现共同的对外经济政策，参与区域经济一体化合作。

其次，要重点经营"南北两翼"、创造睦邻友好的周边环境。南翼重点打造中国东盟自贸区的升级版，提升中国东盟自贸区合作层次和水平，既可以采取扩大合作领域，将更多的谈判议题纳入自贸区协议等措施，比如，扩大投资和贸易领域的市场准入谈判，完善知识产权保护和原产地贸易规则，加强人力资源开发合作，加强海洋经济合作，加强标准一致化、减少非关税壁垒等提高自贸区规则标准，也可以加强双边互联互通措施和物流合作，支持落后经济体加强能力建设等，逐步完善中国东盟经济合作机制。北翼以上海合作组织为核心，推进西进战略。将重点转向西进战略，重筑丝绸之路经济带，以基础设施互联互通和跨境经济合作区为主要平台，建立上合组织开发银行与合作基金促进金融合

作、逐步推进贸易投资自由化，将上合组织做实做强。经蒙古和哈萨克斯坦等周边国家，加强与中亚地区的经济合作。

最后，要以 1+X 模式，布局全球，构建以中国为核心的全球区域经济合作网络。适时推动中日韩自贸区谈判进程。中日韩都是推动东亚经济一体化的重要力量，中国应协调好与日韩的关系，加强三国在区域一体化进程中的合作。RCEP 既是中国周边区域合作的重要平台，也是中国经济发展的地缘经济依托，因此要从战略上予以重视。同时，以澳新紧密经济伙伴关系、拉美太平洋联盟、南方共同市场、海合会、南部非洲关税同盟、俄白哈欧亚关税同盟为重点，探索构建自贸区或紧密经济伙伴关系，使之成为拓展新兴经济体市场和推动"一带一路"建设的重要战略支点。

（二）"一带一路"倡议与单边或多边发展战略对接，增强贸易网络连接水平

"一带一路"横跨亚欧非三个大陆，涉及多个高度异质性的区域。中国应当充分利用自身强大的经济影响力，积极扮演全球性网络核心的协调角色，维护和引领贸易全球化向纵深发展。通过协调上海合作组织(SCO)、中国—东盟"10+1"、东盟"10+3"、亚太经合组织 (APEC)、亚欧会议 (ASEM)、中阿合作论坛、中国—海合会战略对话、大湄公河次区域 (GMS) 经济合作、中亚区域经济合作 (CAREC) 等现有多边合作机制，与各国家和地区的发展规划实现战略对接，如俄罗斯的"欧亚经济联盟建设"、欧盟的"容克计划"、印度的"季风之路"、印尼的"全球海洋支点"、波兰的"琥珀之路"和哈萨克斯坦的"光明之路"等相关国家规划。各类规划在投资贸易便利化的计划目标上形成了一种高度契合，这既是沿线区域内国家的双边战略对接，更是多边政策协调与区域合作的必然要求。因此，中国作为全球第一贸易大国，应当在全球治理上发挥重要的协调组织作用，通过"一带一路"倡议与各国战略规划的协调对接，促进沿线国家贸易联系，增强贸易网络的整体连接水平，从而逐步达到区域经济一体化。

（三）适应国际贸易与投资规则发展趋势，增加自贸协议的广度和深度

中国贸易网络体系建设虽然取得了一定成果，但在服务贸易和投资自由化的广度和深度方面仍显不足。中国自由贸易协定有关投资自由化内容虽然全面，但是多以原则性条款为主，缺乏足够的实践性和可操作性。此外，中国所签署并实施的FTAs几乎没有涵盖能源、环境、劳工标准、制度机制、电子商务、医疗卫生和社会事务等新一代贸易议题。当前，发达国家的自由贸易协定谈判都已开始将注意力放在服务贸易和投资自由化以及"新一代贸易政策"方面。中国应当逐步理解和接纳基于全球价值链和可持续发展制定现代高标准和高质量的贸易与投资政策体系的先进理念，并重新审视和评估传统的贸易与投资政策效力，将FTAs新规则谈判作为深化改革的催化剂和撬动杠杆，分析和确立在新规则谈判中的攻防利益，有效保留合理的监管权力，寻求权利与义务的新平衡。在今后的FTA谈判中，对于中国在FTAs中已经被普遍接受和认同的新议题，可以进一步将其推广，并纳入新的FTA模板中。例如对于海关程序、投资和服务领域等条款的覆盖率和承诺率较高，可以在今后的谈判中进一步细化协议的规则，打造这类条款的中国范本；货物贸易要尽量采取负面清单列表的承诺模式，逐步实现自由贸易区在货物贸易方面完全自由化的目标；投资自由化方面，在国民待遇准则上采取以负面清单管理的准入前国民待遇原则来代替当前的准入后国民待遇原则，以促进投资的实质性增长；而对于中小企业、人力资本、信息传播这类覆盖率较高而承诺率偏低的新议题，可以继续探索，加大承诺力度，为国内外企业的发展创造更好的商业环境。对于国有企业、竞争政策、知识产权、研发等覆盖率较高的条款，可以先做出非约束性承诺，然后逐步严格实施，促进公平竞争和要素自由流动，并克服国内规制的政策壁垒。

第三节 从"科技兴贸"到"创新强贸"

"科技兴贸战略"是中国对外贸易发展到一个新阶段后,进一步优化出口商品结构,转变外贸增长方式,提高出口商品科技含量和附加价值的又一重大战略举措。"科技兴贸战略"的主要内容包括两个方面,一是扩大高新技术产品出口,尤其是具有自主知识产权高新技术产品出口,二是利用高新技术改造传统出口产业。

一、"科技兴贸"战略提出的背景

"科技兴贸"战略的提出有着深刻的国际、国内背景。从国际方面看,一是世界"知识经济"和"新经济"蓬勃发展,高新技术产业成为推动世界经济增长的主要动力。20世纪90年代以来,以信息网络技术、生物技术、能源技术和纳米技术等为代表的高新技术产业成为西方发达国家经济快速增长的主要推动力量。经合组织的主要成员国在20世纪90年代中后期,以知识为基础的产业已占国内生产总值的50%;美国也声称,知识和技术的作用已占了生产率增长的80%。二是高新技术产品贸易成为推动世界贸易增长的主要力量。20世纪90年代以来,世界高新技术产业出口年增长率在10%以上,比中低技术和低技术产业出口年增长速度高5~6个百分点。三是其他发展中国家和地区均在积极促进高新技术产品出口。除发达国家欧美日高技术不断推动对外贸易增长的同时,发展中国家也纷纷效仿,紧随其后。如印度以软件产业作为突破口,大力发展高技术产品出口,1998年软件出口达24.5亿美元,成为仅居美国之后的第二大软件出口国。以色列高新技术产品占出口总额的70%。另外,新加坡以及台湾地区均在90年代积极为产业结构调整和进出口商品结构调整注入科技因素,均取得了较好成绩。

从国内背景看,20世纪90年代以来国内经济发展环境也发生了很大变化。一是90年代中期提出了"科技兴贸"战略,并积极构建具有中国特色的科技创新体系。1986年我国实施的"863计划",1988年实施"火炬计划",国内高新技术产业具备一定基础,并进一步积极构建创新型国家体系。为贯彻落实邓小平同志关于"科学技术是第一生产力"的思想,1995年我国提出了"科教兴国"战略,这就要求在外贸发展要更加紧密地与科技进步结合起来。二是1995年提出"两个根本性转变"目标,其中一个转变就是经济增长方式从粗放型向集约型转变。相应地,在对外贸易领域,也要转变外贸增长方式,实现外贸的集约型增长。三是出口商品结构有待进一步优化,质量和效益有待进一步提高。经过近20年的改革开放,虽然我国出口规模和商品结构有了巨大的变化,但出口商品的技术含量和附加价值仍较低。高新技术产品出口虽然有所增长,但所占出口份额仍较低,1997年的占比为8.9%。四是亚洲金融危机使我国出口减缓,需要培育新的贸易增长点。1997年亚洲金融危机使我国出口贸易受到了较大挑战。为了缓解与东南亚各国在第三国市场上产品同构矛盾,培育差异化竞争优化和新的出口增长点,必须进一步扩大高新技术产品出口。

二、"科技兴贸"战略发展演变与成效

1998年外经贸部就提出要实施"科技兴贸"战略,以1999年外经贸部和科技部联合发布《科技兴贸行动计划》为标志,科技兴贸战略正式付诸实施。党的十五届五中全会又提出"重视科技兴贸";2000年年底召开的中央经济工作会议明确提出要"实施科技兴贸战略",从而使科技兴贸战略由部门战略上升到国家战略,成为党中央国务院确认,并在全国范围内长期实施的对外贸易发展战略。科技兴贸的实施,经历了《科技兴贸行动计划》《科技兴贸十五规划》、国务院转发《进一步实施科技兴贸战略的若干意见》《科技兴贸十一五规划》几个阶段。经过十年的发展,科技兴贸战略领导机制逐步建立,政策体系也进一步完善。

(一)科技兴贸领导机制

1999年科技兴贸部际联合领导机构只有外经贸部和科技部。2000

年扩大到信息产业部和国家经贸委。2002年9月财政部、税务总局、海关总署、质检总局加入，联合工作机制由四部委扩大到八部门。2003年3月国务院机构调整后，商务部取代原外经贸部，国家发改委取代原国家经贸委。2004年3月和2005年1月，国家知识产权局和中科院分别加入。最终形成了科技兴贸十部门联合工作机制。

（二）1999年的初步框架：《科技兴贸行动计划》

1999年《科技兴贸行动计划》初步构建了科技兴贸政策体系，主要措施包括：一是按照"五定方案（定产品、定企业、定市场、定目标、定时间）"，在信息、生物医药、新材料（资源高附加值）、消费类电子和家电五个行业和领域各优选若干产品作为第一批重点出口产品，给予政策或其他支持。二是选择有条件的国家级高新技术产业开发区，培育和建立国家高技术产品出口基地。三是选择部分高技术产品出口基础较好的城市作为高技术产品出口重点城市。四是培育和建立国家技术贸易信息中心，其中设立高技术产品出口咨询服务中介机构。五是外经贸部、科技部、信息产业部、中国科学院和深圳市政府自1999年起每年秋季在深圳举办中国国际高新技术成果交易会。外经贸部、科技部和北京市政府每年在北京举办北京高新技术产业国际周。六是适时调整和发布《中国高技术产品出口目录》。编辑出版《技术出口政策法规文件汇编》。进一步完善促进高技术产品出口的政策环境。

总体上看，《科技兴贸行动计划》所构建的实施科技兴贸战略的政策措施体系还是粗线条的，重点是在促进高新技术产品出口，所做的多为基础性工作，如确定重点行业、重要基地、重点城市，编制《中国高技术产品出口目录》以及《技术出口政策法规文件》等，而对创新体制、自主知识产权尚未涉及。

（三）2001年颁布《科技兴贸"十五"计划》

2001年由外经贸部发布了《科技兴贸"十五"计划》，这是科技兴贸战略实施以来的又一份重要文件，它根据当时实施科技兴贸战略面临的形势，提出了我国科技兴贸战略的中长期发展目标、重点任务，为我国科技兴贸战略的实施提供了中长期指导方向。

《科技兴贸"十五"计划》在《科技兴贸行动计划》的基础上向前推进了一步，在明确科技兴贸战略以促进高新技术产品出口和提高传统出口产品的技术含量和附加值为两大具体目标的同时，提出了推动自主知识产权的高新技术产品出口，实现从贸易大国向贸易强国的转变的任务。《科技兴贸"十五"计划》强调通过体制创新促进高新技术产品出口，提出要建立技术的引进、消化、吸引创新的良性循环机制，加强技术贸易法规体系建设，加强技术贸易壁垒的研究与应用，并加大知识产权保护力度，这些战略举措均是科技兴贸战略深入实施过程应该重点关注的方面，以此完善了实施科技兴贸战略的政策措施体系的内容。

（四）2003 年国务院转发《进一步实施科技兴贸战略的若干意见》

2003 年 11 月 12 日，国务院办公厅转发了商务部会同科技部、国家发展改革委、信息产业部等八部门联合起草的《关于进一步实施科技兴贸战略的若干意见》（国办发〔2003〕92 号）（以下简称《若干意见》），标志着对科技兴贸战略的认识及其实施体系已趋于成熟。

《若干意见》是我国 1999 年实施科技兴贸战略以来发布实施的第一个科技兴贸工作的纲领性文件。《若干意见》第一次提出了实施科技兴贸战略的四个结合的原则，即把促进高新技术产品出口同提高传统出口商品的技术和附加值结合起来；把保持加工贸易连续性同加强对加工贸易的引导结合起来；把整体推进同重点扶持结合起来；把全过程支持同重点环节的支持结合起来。提出要将支持政策向产品源头延伸，特别要支持高新技术的研究开发、技术引进以及建立技术标准。这些原则的提出，使我们对科技兴贸战略的认识更进一步。

《若干意见》第一次有针对性提出要把电子信息产品出口放在科技兴贸的首位，充分注意到了电子信息产品占我国高新技术产品出口的绝大部分的实际情况。并从资金支持、便捷通关和便捷检验检疫、有关人员出入境政策、加强对知识产权的管理和保护、加强技术性贸易措施体系建设等方面制定出了具体的、操作性极强的政策措施。

（五）2006 年发布《科技兴贸十一五规划》

商务部联合其他相关部门于 2006 年发布了《科技兴贸十一五规划》。该文件提出了我国科技兴贸战略在 2006—2010 年的发展目标；提出了"十一五"期间要实施四大工程，即"出口创新基地"工程，"自主知识产权联合行动"工程，"技术引进消化吸收再创新"工程和"出口创新企业"工程；在扩大高新技术出口、培育自主创新能力、培育出口主体、发展服务贸易、开拓国际市场、优化贸易环境、加强组织领导等多方面提出了新的举措。《科技兴贸十一五规划》是科技兴贸工作在 2006—2010 年的指导性文件，是在总结科技兴贸工作"十五"期间实践的基础上，在新的国际、国内环境影响下做出的战略规划，对新时期进一步加快转变贸易增长方式、优化进出口商品结构、增强自主创新能力产生了重大影响。

"科技兴贸"战略实施近 20 年来，在优化出口商品结构、扩大技术引进、促进产业结构升级方面发挥了重要作用，主要表现如下。

一是高新技术产品出口迅猛增长，技术引进取得成效。1998 年至 2017 年，高新技术产品出口总额的比例由 11% 提高到 30%，形成了外贸出口的新增长极。贸易差额实现由较大幅度的逆差向较大幅顺差转变。高新技术产业与机械电子、纺织服装、轻工等产业一起，成为当前我国外贸顺差的主要来源。技术引进规模逐年增长，通过引进技术，我国在电力、冶金、石化等装备制造业的技术水平和生产能力得到明显提高。

二是建设出口创新基地，增强出口与技术创新的互动关系。为了实现扩大出口与自主创新的良性互动，2006 年以来，商务部和科技部以有基础的科技兴贸示范城市、高新技术产业园区及有代表性的自主创新企业为载体，设立出口创新基地，并从出口创新服务、国际市场准入服务、出口技术服务等方面给予出口创新基地资金支持。商务部会同科技部共组织认定了三批 58 家国家科技兴贸创新基地，覆盖了电子信息、生物医药、新材料、新能源、装备制造、光机电一体化、现代农业、精细化工、航空航天、海洋化工等十个领域。

三是"科技兴贸战略"的实施,增强了企业国际竞争力。通过建立产业和企业的重点联系机制,一批有自主知识产权的知名品牌和著名企业迅速崛起;通过在电子信息、生物医药、装备制造、精细化工、海洋化工、新材料、新能源等产业培育龙头企业,出口规模迅速扩大,竞争力不断提升。

三、创新驱动引领贸易强国建设

我国总体的科技经济战略发生了改变,作为我国经济高速发展重要引擎的对外贸易工作,对国家基本方略的这种变化不应当无动于衷,有关部门应当与时俱进,及时做出调整,制定"创新强贸"战略,实现从"科技兴贸"向"创新强贸"战略的转变。"创新强贸"战略比"科技兴贸"战略更能体现当今中国增强自主创新能力和建设创新型国家这一时代主题,能更好地推动我国对外贸易的发展。实现我国对外贸易从科技兴贸向创新强贸的转变,重点应当抓好以下几个方面的问题。

(一)重视制度创新,健全和完善有利于外贸创新的体制环境

按制定和实施创新强贸战略,在加强科技创新的同时,应当更加重视制度创新,将制度创新纳入战略框架之中。制度创新的实质是改革,重点是政府职能、市场机制和企业制度的改革。首先,进一步转变政府职能,加快市场化取向的改革步伐,充分发挥市场竞争机制的作用,营造创新创业的环境,激活外贸企业的市场活力。其次,修改和完善外贸领域相关法律制度,为我国外贸的转型升级创造良好的法律环境。最后,推动外贸企业转换经营机制,建立现代企业制度。目前,我国自主创新能力不强,一个重要原因是企业的技术创新过多依赖政府的推动,没有成为企业生存与发展的内在要求和内生动力,企业没有成为技术创新的真正主体。应当促进外贸企业建立现代企业制度,通过企业产权制度、组织制度和管理制度的创新,构建技术创新的企业内部激励系统,使企业成为技术开发和科技投入的真正主体。

（二）加强与知识产权战略的协调，实现创新和知识产权的双轮驱动

创新驱动战略和知识产权战略是我国经济发展的两大基本战略，二者具有密切的内在联系，创新战略是实施知识产权战略的前提和基础，知识产权战略是实施创新战略的支撑和保障，在推动我国经济转型升级的过程中，二者相互配合，缺一不可。我国外贸企业一方面自主创新能力不强，另一方面知识产权意识淡薄，知识产权运营能力较差。因此，提高外贸企业的竞争力，必须同时提高企业的自主创新能力和企业的知识产权意识及知识产权运用能力，这就需要创新战略和知识产权战略的有机结合。首先，制定和实施对外贸易知识产权战略，在外贸领域贯彻落实国家知识产权战略，从单纯强调知识产权保护向全面实施知识产权战略转变；其次，在实施创新强贸战略的过程中，要注重创新政策和知识产权政策的融合，为企业创造技术创新与知识产权制度相结合的有效法律机制和政策环境；最后，提高外贸企业知识产权质量和水平，增强外贸企业知识产权创造、运用、保护和管理能力，将知识产权战略贯彻在外贸企业技术创新的研发、销售等各个环节，实现外贸企业创新战略的知识产权化。

（三）大力发展服务贸易，尤其是知识型服务贸易

全球服务贸易自由化，使各国的经济竞争进一步转向以服务为基础的竞争。服务业在 21 世纪将成为我国一个十分重要的经济增长点，它的振兴将大大改善我国经济的整体素质，同时也将有效地提高我国服务贸易的国际竞争力。我们应当抓住服务贸易发展的历史机遇，将发展服务贸易与促进服务业加快发展和升级结合起来，提升我国在世界产业链和价值链中的地位。重点加大信息、物流、金融、研发、市场营销等生产性服务业引进先进技术、管理流程和新的经营方式的力度，积极稳妥扩大市场准入，增加进口；同时，大力发展服务外包协作，包括通过提高供应链管理水平，参与双向服务离岸外包进程。实施服务贸易品牌战略，加快培育服务贸易龙头企业，打造一批主业突出、具有核心竞争

力、能够发挥龙头骨干作用和参与国际竞争的服务企业和企业集团。全面研究规划现有服务出口品牌，从中确定一批有影响、有发展潜力的品牌，在市场开拓、跨国经营、信息服务等环节予以重点扶持。尤其是要大力开拓包括计算机电信服务、金融保险、文化、医疗和各种专业服务为主的技术、知识密集型的知识型服务业。

（四）积极发展知识贸易

从国际贸易发展的趋势来看，知识贸易必将成为国际贸易的重要内容。我国要实现对外贸易增长方式的根本转变，从贸易大国发展成贸易强国，积极发展知识贸易是必然选择。作为发展中国家，我国的知识引进将是一项长期的任务，它是促进科技进步和经济发展的重要手段和途径。引进先进适用的技术和管理经验，能够进一步增强我国自主创新的能力，从而缩短与发达国家的技术差距，努力追赶世界先进水平。在知识经济的挑战面前，我们要加快引进一批特种、大型、高技术、新工艺装备与产品，加强对知识引进项目的消化吸收，实行知识引进增长的集约化，提高知识引进的质量和效益，促进我国主要战略产业逐步发展成为出口主导产业。与此同时，在知识出口方面，要注重以自身研究与开发为基础的技术出口。我国相当多的工业化技术可以适应发达国家和发展中国家不同层次的需求，进一步挖掘这方面的潜力，就可以在国际技术贸易市场上占有一席之地。应以技术出口带动机械设备及零部件的出口，以技术出口促进技术开发、技术进步，从而进一步优化我国出口商品结构，提高国际竞争力。通过对外技术出口，即通过有选择地经营技术，在为我国企业创造效益的同时，进一步激活企业的技术创新机制。

第四节 "走出去"战略推动对外贸易与对外投资协调联动

为了应对亚洲金融危机对中国外贸出口带来日益严峻的影响，1999

年起，国务院和有关部委出台了系列政策措施，鼓励企业以开展境外加工贸易方式"走出去"，为"走出去"战略的正式提出做了铺垫和准备。在此基础上，中央提出了"走出去"战略。"走出去"战略在实施过程中，形成了制度框架体系。"走出去"战略的实施使中国企业对外投资实现了跨越式发展。随着"走出去"战略的深入实施，对外直接投资与对外贸易总体上呈协调联动态势，但对外直接投资与对外贸易之间的协调联动还有待加强，主要是对外投资对进出口贸易的带动作用有待加强。为推动对外贸易与对外投资更加协调联动，应从多个方面采取措施。

一、"走出去"战略的提出与发展

（一）"走出去"战略的提出

20 世纪 80 年代末和 90 年代初，随着对外贸易的扩大，中国企业海外投资有了较快的发展。90 年代初期，由于国民经济发展中出现了经济发展过热、投资结构不合理等现象，从 1993 年开始国家对经济进行调整和整顿，海外投资业务也进入清理和整顿时期，海外投资的发展迅速开始放慢。

随着我国综合经济实力的逐渐提升和改革开放的不断深入，限制对外投资的政策逐渐发生变化。加上为了应对亚洲金融危机对中国外贸出口带来的影响，1999 年起国务院和有关部委集中出台了一系列关于鼓励境外加工贸易发展的政策措施，鼓励企业以开展境外加工贸易方式"走出去"，带动和扩大国内设备、技术、零配件、原材料出口。1999 年 2 月，国务院办公厅转发了国家经贸委、财政部、外经贸部《关于鼓励企业开展境外带料加工装配业务的意见》（国办发〔1999〕17 号文），之后，一系列关于促进境外加工贸易的配套政策措施先后出台，涉及简化境外加工贸易的外汇管理、财务问题、出口退税、信贷支持等多个方面。上述系列政策措施陆续出台，是我国海外投资合作政策的重要转折点，由限制为主转向支持和鼓励为主，为"走出去"战略的正式提出做了铺垫和准备（见表3-1）。

表3-1 1999年国务院及相关国家部委出台的支持境外
加工贸易的系列政策措施

序号	文件名称	发布单位	发布文号	发布日期
1	国务院办公厅转发外经贸部、国家经贸委、财政部关于鼓励企业开展境外带料加工装配业务意见的通知	国务院办公厅	国办发〔1999〕17号	1999-2-14
2	对外贸易经济合作部、国家外汇管理局关于简化境外带料加工装配业务外汇管理的通知	原外经贸部、国家外汇管理局	〔1999〕外经贸计财发第195号	1999-4-20
3	对外贸易经济合作部、财政部关于对境外带料加工装配企业有关财务问题的通知	原外经贸部、财政部	〔1999〕外经贸计财发第208号	1999-4-23
4	国家税务总局 对外贸易经济合作部关于境外带料加工装配业务有关出口退税问题的通知	国家税务总局、原外经贸部	国税发〔1999〕76号	1999-5-6
5	外经贸部、财政部、国家经贸委、中国人民银行、国家外管局关于印发《境外加工贸易企业周转外汇贷款贴息管理办法》的通知	原外经贸部、财政部、原国家经贸委、中国人民银行、国家外管局	〔1999〕外经贸计财发第273号	1999-5-19
6	中国人民银行、对外贸易经济合作部关于下发《关于支持境外加工贸易的信贷指导意见》的通知	中国人民银行、原外经贸部	银发〔1999〕230号	1999-6-30

序号	文件名称	发布单位	发布文号	发布日期
7	对外贸易经济合作部、财政部、国家经贸委、中国人民银行关于印发《境外加工贸易人民币中长期贷款贴息管理办法》的通知	原外经贸部、财政部、原国家经贸委和中国人民银行	外经贸计〔1999〕第415号	

资料来源：根据上述国家部委网站公开信息整理。

2000 年 3 月，全国人大九届三次会议正式提出实施"走出去"战略，同年 10 月召开的党的十五届五中全会把"走出去"作为四大新战略之一 [2000 年 10 月 11 日十五届五中全会通过的《中共中央关于制定国民经济和社会发展第十个五年计划的建议》提出四大新战略：西部大开发战略、城镇化战略、人才战略和"走出去"战略] 上升为国家战略。随后，在 2001 年 3 月全国人大九届四次会议通过的《政府工作报告》和"十五"计划纲要中，对"走出去"战略做了正式表述。此后，在 2002 年党的十六大报告、十六届三中全会《关于完善社会主义市场经济体制若干问题的决定》等均对"走出去"战略有明确表述。

（二）"走出去"战略的发展

"走出去"战略正式提出之后，中央在不同时期根据新的形势对"走出去"战略进行了发展和完善。2007 年，党的十七大报告提出，把"引进来"和"走出去"更好地结合起来，创新对外投资和合作方式，加快培育我国的跨国公司和国际知名品牌。2012 年，党的十八大报告提出，加快走出去步伐，增强企业国际化经营能力，培育一批世界水平的跨国公司。2013 年 11 月，党的十八届三中全会通过的《中共中央关于全面深化改革若干重大问题的决定》，明确提出扩大企业及个人对外投资，确立企业及个人对外投资主体地位，改革涉外投资审批体制。2015 年 5 月，《中共中央国务院关于构建开放型经济新体制的若干意见》提出，确立并实施新时期"走出去"国家战略，建立促进"走出去"战略的新体制，确立企业和个人对外投资主体地位，努力提高对外投资质量和效率。2016 年 3 月，国家《"十三五"规划纲要》强调，支持企业扩大对外投资，深度融入全球产业链、价值链、物流链，建设一批大宗商品境外生产基地及合作园区，积极搭建对外投资金融和信息服务平台。2017 年 11 月，党的十九大报告提出，要以"一带一路"建设为重点，坚持"引进来"和"走出去"并重，遵循共商共建共享原则，加强创新能力开放合作，形成陆海内外联动、东西双向互济的开放格局。

二、"走出去"战略的实施

（一）"走出去"战略实施的主要政策框架

"走出去"战略在实施过程中，形成了如下制度框架体系，即建立与完善政策促进体系，建立与健全服务保障体系，构建与完善风险防控体系等。

1. 建立与完善政策促进体系

在完善政策促进体系方面，推动对外投资合作便利化，完善外汇管理和服务，为企业和项目提供汇兑便利，进行财政金融政策扶持，发展人民币跨境投融资等。

（1）推动对外投资合作便利化，同时完善监管体系。为配合"走出去"战略的实施，国务院及商务部和发改委等主管部门改革对外投资管理体制，推进对外直接投资便利化，确立"备案为主，核准为辅"的管理模式，同时完善对外投资监管。2004 年 7 月，国务院公布的《国务院关于投资体制改革的决定》明确对境外投资管理由审批制向核准制转变。2013 年 12 月，国务院发布《政府核准的投资项目目录（2013 年本）》规定，除了中方投资 10 亿美元及以上项目和涉及敏感国家和地区、敏感行业的项目由国务院投资主管部门核准之外，其他中央管理企业投资项目和地方企业投资 3 亿美元及以上项目报国务院投资主管部门备案。与之相应，国家发改委、商务部、国家外汇管理局、国资委和证监会均先后发布了新的管理办法或规定，大大简化了境内企业海外投资的境内审批流程，推动对外投资合作便利化。2017 年 8 月，国务院办公厅转发国家发改委、商务部等部门《关于进一步引导和规范境外投资方向的指导意见》，明确提出将境外投资活动划分为鼓励类、限制类和禁止类，以此分类引导和规范企业境外投资方向。

（2）完善外汇管理和服务，为企业和项目提供汇兑便利。国家外汇管理局于 2002 年 10 月启动了外汇管理改革试点，放松了 300 万美元以下的外汇审批权限，允许境外企业保留利润，不需要再汇回国内。2003 年，国家外汇管理局取消了两项行政审批制度，一是境外投资外汇风险审查制度，二是境外投资汇回利润保证金制度，还将已经收取的保证金退还给了相应的投资主体，同时放宽了企业购汇对外投资的限制。2006 年 7 月，国家外汇管理局彻底取消了境外投资外汇资金来源审查和购汇额度的限制，有力地推动了"走出去"战略的贯彻实施。国务院 2008 年 8 月通过的《中华人民共和国外汇管理条例》明确指出，外汇管理制度将由强制结售汇转为自愿结售汇。

（3）财政金融政策扶持。主要包括以下五个方面。一是国家开发银行自 1998 年以来，与国内外的金融机构合资设立了中国—东盟中小企业投资基金、中非发展基金、中瑞合作基金、中国比利时直接股权投资基金，为中国企业走出去提供金融支持。二是中国政府自 2000 年以来先后推出了市场开拓专项资金、对外经济技术合作专项资金、矿产资源风险勘查专项资金、走出去专项资金等涉及促进境外投资的政府专项资金。三是我国 2001 年以国家出口信用保险基金作为资本来源成立了中国出口信用保险公司，具体负责承办政策性出口信用保险业务。四是国家发展改革委和中国进出口银行等机构于 2004 年 10 月颁布的《关于对国家鼓励的境外投资重点项目给予信贷支持的通知》规定，每年都安排"境外投资专项贷款"，符合条件的企业可享受出口信贷优惠利率。五是2014 年 4 月，财政部、商务部关于印发《外经贸发展专项资金管理办法》（财企〔2014〕36 号），明确规定外经贸发展专项资金主要使用方向，引导有序开展境外投资、对外承包工程、对外劳务合作、境外经济贸易合作区建设等对外投资合作业务。

（4）发展人民币跨境投融资。一是对外直接投资以人民币结算。为落实"走出去"战略，扩大人民币在跨境投资中的作用，2011 年 1 月和 10 月，允许境内机构以人民币进行对外直接投资和境外投资者以人民币到境内开展直接投资。2013 年 9 月，允许境外投资者使用人民币在境内设立、并购和参股金融机构。二是人民币跨境融资。2009 年 7 月，人民银行明确境内结算银行可按照有关规定逐步提供人民币贸易融资服务。2011 年 10 月，人民银行明确了商业银行开展境外项目人民币贷款的有关要求，有助于规范业务操作，有效防范风险，有利于扩大人民币跨境使用，推动我国企业和人民币"走出去"。2013 年 7 月，人民银行明确境内非金融机构可开展人民币境外放款业务，规范了境外发行人民币债券资金回流的审核流程，明确了境外参加行人民币账户之间资金划转的相关内容，调整了境外参加行人民币账户融资期限和限额，进一步拓宽了跨境资金流动渠道，提高了资金使用效率。

2. 建立与健全服务保障体系

在健全服务保障体系方面，商务部开展重点国别和产业规划布局研究，加强政府公共服务，并推进多双边投资合作促进机制建设，加强与国际组织和机构交流合作，商签并落实自由贸易区、双边投资保护和避免双重征税协定等。截至 2016 年底，商务部牵头同 105 个国家和地区签订了 130 多个双边投资保护协定；截至 2017 年 8 月，我国已对外签署 105 个税收协定（含与中国香港、澳门的税收安排及与中国台湾的税收协议）；截至 2018 年 8 月，中国与东盟、新西兰、新加坡、韩国、澳大利亚、中国香港、中国澳门等 24 个国家（地区）签署了 16 个自由贸易区协定。上述协定为中国企业"走出去"构建了国际法律保障机制，有力配合了我国"走出去"战略的实施，有效保护了我国对外投资者的利益。为了向企业提供权威的投资合作环境信息，帮助企业降低对外投资合作风险，商务部连续多年发布《对外投资合作国别（地区）指南》《中国对外投资合作发展报告》，指导中国出口信用保险公司编写《国别投资经营便利化报告》,利用"走出去"公共服务平台提供"走出去"公共信息一站式服务。

3. 构建与完善风险防控体系

主要包括推进境外安全权益保护体系,健全境外安全风险预警和信息通报制度,完善境外突发事件处置机制,加强安全生产和工程质量监管,加强境外中资机构和人员安全管理,指导企业做好安全风险应对工作等。商务部和相关部门密切配合,重点监测热点地区安全形势,获取安全信息并进行形势研判,及时发布预警;在商务部政府网站设立境外风险专栏,公开发布境外经济形势变化、社会动荡、自然灾害、传染病疫情等风险预警;通过下发《商务部对外投资合作境外风险提示》,直接向有关企业发布境外恐怖袭击、绑架等风险预警。为指导"走出去"企业提高境外安全风险防控能力,商务部 2012 年 2 月发布了《境外中资企业机构和人员安全管理指南》,要求企业针对海外经营的地区分布、所在行业、业务类型的不同特点,参照《安全管理指南》建立并完善本企业的境外安全管理体系和相关管理制度,提高境外安全风险管理水平和突发事件应急处置能力。2013 年 7 月,商务部会同外交部、国资委、安全监管总局等五部门印发了《对外投资合作境外安全事件应急响应和处置规定》(商合发〔2013〕242 号),对境外安全事件的处置责任、应急响应、处置程序、工作要求等,都做出了明确规定,进一步完善了境外安全风险防控体系。

(二)"走出去"战略的实施效果

1. 对外投资实现了跨越式发展

"走出去"战略的实施使中国企业对外投资实现了跨越式发展。2002 年中国对外直接投资流量仅为 27 亿美元,在全球位列第 26 位。自 2003 年以来,中国对外直接投资连续实现 14 年增长,2002—2016 年的年均增长速度高达 35.8%,2016 年对外直接投资流量是 2002 年的 72.6 倍。其中,2013 年中国对外直接投资流量首次突破千亿美元;2015 年,中国对外直接投资流量较同年吸引外资高出 100.7 亿美元,首次成为资本净输出国;2016 年中国对外直接投资流量创下 1961.5 亿美元的历史性峰值,再次实现双向直接投资项下的资本净输出,蝉联全球第二位,占全球比重由 2002 年的 0.5% 提升至 13.5%,首次突破两位数,在全球外国直接投资中的地位和作用日益凸显。对外投资保持快速增长的同时,房地产、酒店等领域出现一些非理性的对外投资倾向。2016 年底开始,有关部门开始对部分交易从严控制,加强合规性审查。2017 年,我国境内投资者新增直接投资 1582.9 亿美元,同比下降 19.3%,非理性对外投资得到切实有效遏制,对外投资初步实现规范发展(见图 3-2)。

图 3-1　2002—2017 年中国对外直接投资情况

资料来源:历年《中国对外直接投资统计公报》。

2. 对外贸易与对外投资总体上呈协调联动状态

近年来,随着"走出去"战略的深入实施,对外直接投资与对外贸易都呈现较快速增长的态势,且总体上呈协调联动态势。我国已经连续数年稳居全球第一货物贸易大国地位,对外直接投资经过连续多年快速增长,且在 2015—2016 年连续两年成为世界第二大资本输出国。从贸易大国到贸易和投资大国、从产品输出到产品和资本输出,是我国开放型经济转型升级的必由之路。"走出去"战略提出之前和实施初期,中国对外投直接投资规模较小,对外贸易与对外投资的协调联动主要体现在对外贸易带动对外投资的发展。自 2015 年起，中国连续两年对外投资超过吸引外资，根据邓宁的投资发展周期理论，中国已进入资本净输出阶段。在资本净输出阶段，我国对外贸易与对外投资的协调联动应主要体现在对外投资带动对外贸易的发展（见图 3-2）。

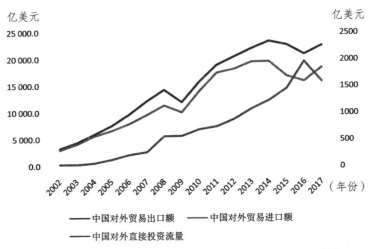

图 3-2　2002—2017 年对外投资与对外贸易协调联动情况

资料来源：中国出口和进口贸易数据来源于联合国贸发会议数据库，对外直接投资流量数据来源于历年《对外直接投资统计公报》

三、实现对外贸易与对外投资更加协调联动发展

尽管中国对外直接投资与对外贸易总体上呈协调联动态势，但对外投资对进出口贸易的带动作用有待加强。

（一）对外投资对进出口贸易的带动作用均呈现减弱趋势

对外投资对进出口贸易的带动作用有待加强。一方面，对外投资对出口贸易的带动作用呈现减弱的趋势。主要表现在平均 1 美元中国对外投资存量带动中国对外贸易出口额呈下滑态势，2009 年，平均 1 美元对外投资存量带动出口额为 0.21 美元，2012 年下降到 0.15 美元，2016 年进一步下降至 0.13 美元。

另一方面，对外投资对进口贸易的带动作用也呈现减弱趋势。主要表现为平均 1 美元中国对外投资存量带动中国对外贸易进口额总体上也呈现下滑态势。2009 年，平均 1 美元对外投资存量带动进口额为 0.46 美元，2011 年，下降到 0.30 美元，自 2013 年起接连四年呈下降态势，2016 年平均 1 美元对外投资存量带动进口额仅为 0.10 美元。

（二）不同类型对外直接投资的贸易效应存在差异

对外投资对对外贸易有促进效应，也有替代效应，而不同类型的对外投资对进出口贸易的影响存在较大的差异。

1. 自然资源寻求型对外投资主要促进进口

由于资源寻求型对外投资的主要目的就是为了获取国外的能源和矿产资源满足国内需求，因此会直接导致我国能源资源或者深加工产品的进口贸易的增长。同时，境外资源开发还能带动我国生产设备、制成品（如钢材）、实用技术、中间产品和相关劳务的出口。总体上看，自然资源寻求型对外投资主要是带动我国进口增加。

2. 效率寻求型对外投资对贸易的替代效应和促进效应并存

效率寻求型对外投资主要是到那些劳动力和土地资源丰富而且廉价的发展中国家和地区投资，其对贸易的替代效应和促进效应并存。一是我国企业在海外设立的分支机构的生产会替代国内对该产品的出口量，可以归结为对外投资对出口贸易的替代效应；二是在海外生产的部分产品返销到我国，由此引起我国的进口增加，这可归结为反向进口的引致效应；三是在跨国公司海外设厂生产的起步阶段，海外的子公司一般会从国内母公司进口生产所用的机器设备、部分主要零部件等，可以归结为对外投资对出口贸易的引致效应。

3. 市场寻求型投资不同情况下贸易效应有所差异

市场寻求型对外投资部分是为了规避贸易壁垒，稳定原有市场而进行的直接投资，部分是为了开拓新市场而进行的直接投资，因此所导致的贸易效应也存在差异。一是为了规避贸易壁垒进行的投资，稳定原有市场规模，同时存在出口替代效应和促进效应。中国海外分支机构或子公司在东道国就地生产和销售，必然会对中国最终产品的出口产生一定的替代效应，但同时海外投资建厂也会带动中国生产设备、中间产品和原材料的出口增加。二是为了开拓新的市场进行的对外投资，则会对我国出口贸易产生积极的促进作用。比如中国设在东道国的分支机构或者子公司的海外生产会带动相关产品和服务的出口，同时不会对原有出口产生减少与替代作用。

4. 创新资产寻求型投资带动高新技术产品进口增加

创新资产寻求型对外投资的主要目的是为了获取东道国的高新技术、生产工艺和关键设备等创新型资产，主要的表现形式是建立联合研发中心和国外 R & D 中心等，这类直接投资会带来相关专利技术、专有技术等技术贸易的广泛开展和中国国内高新技术产品的进口增加，因此对中国进口贸易具促进作用。

（三）对外投资对进出口贸易的带动作用减弱的成因

对外投资和对外贸易的协调联动存在上述问题，同我国对外投资的行业分布、投资方式、产业链等多个方面紧密联系，需要多角度综合分析。

1. 部分行业对外投资出口带动作用较弱，甚至存在替代效应

第三产业对外投资对出口的带动作用较弱，而近年来我国对外投资行业中第三产业占比提升，成为对外投资对出口的带动作用较弱的一个重要因素。以 2015 年为例，当年我国对外直接投资中，第三产业占比达 74.5%。特别是房地产、酒店、影城、娱乐业、体育俱乐部等生活性服务行业的境外投资以及在境外设立的股权投资基金或投资平台，这几类投资对我国进出口贸易基本上起不到任何带动作用。

2. 并购在我国对外投资方式中地位日渐凸显，而对贸易带动作用较弱

近年来，并购在我国对外投资方式中的地位日渐凸显，境外并购对支持我国产业结构调整和转型升级的作用不容低估，可是对出口贸易带动作用较弱。相比而言，新建投资方式，至少投资建厂初期可以带动相应生产设备和中间产品的出口。近年来我国境外并购规模不断扩大，2016 年，中国企业共实施对外投资并购项目 742 起，实际交易金额

1072亿美元，同比几乎翻一番。境外并购规模急剧扩大，意味着新建投资占比减少，成为对外投资整体上对进出口贸易特别是对出口贸易的带动作用减弱的一个重要因素。

3. 我国对外投资项目产业链普遍较短，对中间品贸易的持续性拉动力较弱

我国对外投资对于对外出口贸易的带动作用不明显，一个重要原因是我国企业对外投资项目大多是"碎片化"、分散式的，集群式的投资比较少，难以形成系统的产业链。而发达国家跨国公司对外投资则往往是集群式的、系统化的，对外投资项目彼此关联，构成系统的产业链，特别是投资项目对中间品贸易的持续性拉动力强。一些跨国公司在华加大价值链的下游投资，设立物流公司、营销公司，如日本三菱商事在华设立物流公司，带动日本的相关设备出口。

4. 我国对外投资出口带动效应缺乏可持续性

我国对外投资对生产设备和中间产品的出口带动作用主要是短期的，缺乏可持续性效果。对外投资对出口的带动效应主要是由对外投资带动相应生产设备和中间产品的出口引起的，但对外投资对生产设备和中间品的出口带动作用主要发生在投资建厂初期，缺乏持续性效果。特别是我国对外投资多投向亚洲和非洲的发展中国家，东道国的原材料、燃料等中间品相对来说成本低廉，因此部分对外投资企业在当地的采购率很高，由此带来对外投资对原材料等中间产品出口的带动作用减弱。

（四）推动对外贸易与对外投资更加协调联动的方向与路径

为推动对外贸易与对外投资更加协调联动，应从多个方面采取措施。

1. 优化对外投资的产业领域

第一，贯彻落实国务院办公厅转发的《关于进一步引导和规范境外投资方向的指导意见》，重点推进有利于"一带一路"建设和周边基础设施互联互通的基础设施境外投资，稳步开展带动优势产能、优质装备和技术标准输出的境外投资。第二，鼓励技术寻求型的对外直接投资。这类投资能直接嵌入东道国研发资源集聚区，有效利用全球研发资源获取先进技术，促进投资母国更快地学习发达国家先进技术和管理经验提升自身技术水平。第三，限制房地产、酒店、影城、娱乐业、体育俱乐部等行业的境外投资以及在境外设立无具体实业项目的股权投资基金或投资平台。

2. 优化对外投资的地区和国别结构

在继续加强对"一带一路"沿线国家和对非洲、拉美等发展中经济体的直接投资的基础上，对发达经济体的直接投资应从市场寻求型向创新资产寻求型投资转变。目前在并购中主要是销售渠道并购（地域品牌等）以及技术寻求并购。前者以市场导向为目标，后者以提升技术水平为导向。今后应以市场寻求型对外投资为主向创新资产寻求型对外投资为主转变，这不仅可以帮助中国企业获得先进技术、信息、管理和服务等战略性资产，还能增加从发达国家进口高新技术产品，帮助缩小贸易差额，减少贸易摩擦与纠纷。

3. 创新一体化对外投资经营模式

开展境外投资合作，创新拓展一体化投资经营模式，打造更高层次的综合性一体化，包括上下游一体化、甲乙方一体化，充分发挥协同效应，实现海外业务可持续发展，打造中国企业自己的全价值链。以我国石油行业为例，以中石油为代表的大型跨国油气公司充分发挥上下游一体化优势，在非洲在油气工业基础较薄弱的资源国，既投资上游的油气资源勘探开发业务，也投资中下游的储运、炼化、销售业务，在帮助东道国构建门类齐全的石油工业体系的同时，也在资源开发权的获取方面获得优势和机遇。

4. 加快培育一批具有国际竞争力的中国跨国公司

提高企业国际竞争力，加快培育一批具有国际竞争力的中国跨国公司，是提升我国在国际产业体系中的影响力和引领地位、实现对外贸易大国向贸易强国转变的关键所在。坚持"引进来"与"走出去"相结合，加快培育本土的跨国公司，打造我们自己的国际知名品牌。加强对企业的引导，提升企业国际化水平和风险防控能力，打造一批战略系统先进、创新能力强、国际化程度高、区域或全球影响力强、具备抵御风险能力的跨国公司，促进中国企业跨国经营能力的跃升。

5. 从产业链、供应链角度提升贸易投资的联动效益

为克服对外产能合作项目的"碎片化"现象，一方面，需要鼓励企业通过集群式发展、园区化经营等方式走出去。支持企业进行跨领域、跨行业项目投资，实现综合投资效益最大化。充分发挥骨干企业的带动作用，吸引上下游产业链转移和关联产业协同布局，建立研发、生产和营销体系，提升产业配套能力和综合竞争力。另一方面，由"短单"模式转向"长单"模式。贯彻落实《国际产能合作指导意见》和《中国制造 2025》，多打组合拳，结合国内产业结构调整，以支持装备制造"走出去"为重点，鼓励企业提升跟随性服务水平，在境外设立加工组装、境外分销、售后服务基地和全球维修体系，带动装备和服务出口。

第五节　实施自由贸易区战略

我国的自由贸易区建设是伴随着改革开放进程逐步推进的，在经历了研究酝酿、实践探索、快速发展以及提速升级四个阶段后，已成为我国深化改革、扩大开放的重要内容。从两者的关系来看，改革开放为自由贸易区建设提供了坚实的基础与良好的条件，而自由贸易区建设也为改革开放提供了新的动力和平台，是全面深化改革、构建开放型经济新体制的必然选择。

一、自由贸易区战略的研究酝酿阶段（20 世纪 90 年代）

（一）发展历程

改革开放初期，我国对区域经济一体化持审慎观望态度，游离于机制性区域经济合作组织之外。20 世纪 80 年代中期以来，世界经济的区域集团化趋势日益明显。欧共体成员签署《单一欧洲文件》，加速欧洲

一体化进程；美国和加拿大达成美加自由贸易协定，并在此基础上建立北美自由贸易区；亚太地区也成立了由澳大利亚、美国、加拿大、日本、韩国、新西兰和东盟6国（文莱、印度尼西亚、马来西亚、菲律宾、新加坡、泰国）组成的亚太经济合作组织（APEC）。在这种形势下，国务院1991年9月成立的国民经济和社会发展总体研究协调小组将《世界经济区域集团化趋势、影响及对策》作为13个重大课题之一，并交由当时的对外贸易经济合作部进行研究。研究发现，自由贸易区具有"贸易创造效应"和"贸易转移效应"，区内成员均可从中不同程度受益，而非成员无法享受优惠待遇，在国际市场竞争中将处于不利境地。由此，我国也逐步改变对区域经济一体化的看法，开始尝试参与其中。1991年11月12日，我国以主权国家身份正式加入论坛性质的APEC，虽然其合作计划不具有约束性，但仍是我国参与区域经济合作的有益尝试。此后，我国积极参加APEC会议及相关活动，努力积累经验，为将来参与自由贸易区等机制性组织奠定了良好基础。1994年4月，我国在联合国亚太经社会第50届年会上，正式宣布中国申请加入《曼谷协定》，这一协定属于优惠贸易安排，成员间相互给予关税和非关税优惠。自1997年初开始，我国分别与斯里兰卡、孟加拉国、韩国和印度进行双边谈判，并相继签署谅解备忘录。1998年亚洲金融危机爆发后，我国更加清晰地意识到与周边国家深化区域经济合作的重要性，自由贸易区建设呼之欲出。

（二）主要特点

这一时期，由于我国将主要精力和谈判资源集中在恢复关贸总协定（GATT）缔约国地位的问题上，对于自由贸易区建设方面仍处在酝酿和筹备之中。但同时，我国在积极参与APEC相关活动和申请加入《曼谷协定》的过程中，也逐步积累了区域经济合作的实践经验。如在1993年的APEC西雅图会议上，中国提出了"相互尊重、平等互利、彼此开放、共同繁荣"的区域经济合作指导原则；在1994年的茂物会议上，中国提出贸易自由化应该以非歧视原则为基础，同时应该立足于亚太区域多样性特点，循序渐进，分阶段实施；在 1998 年的吉隆坡会议上，中国提出应注重既积极又稳妥的方针，在自主自愿、灵活务实的基础上，允许各成员以适合自己情况的速度和方式，按照两个时间表，实现贸易投资自由化的目标。在申请加入《曼谷协定》的过程中，中国与相关成员的双边谈判集中于关税减让领域，为日后的自由贸易区谈判积累了实践经验。

二、自由贸易区战略的实践探索阶段（2000—2006 年）

（一）发展历程

进入 21 世纪，随着我国成功加入 WTO，自由贸易区建设也开始起步，进入实质性发展阶段。2001 年 3 月批准的"十五计划"将"积极参与多边贸易体系和国际区域经济合作"确定为提高对外开放水平的重要途径之一（中华人民共和国国民经济和社会发展第十个五年计划纲要，http://www.china.com.cn/ch-15/15p8/1.htm）。

2000 年 4 月 3–5 日，《曼谷协定》第 16 次常委会通过了关于中国加入《曼谷协定》的决定，2001 年 5 月 23 日，我国正式成为《曼谷协定》成员国。这一协定虽然只是优惠贸易安排而非真正的自由贸易协定，但这是我国参加的第一个区域性多边贸易组织，并第一次通过谈判实现关税优惠，可以说是拉开了我国自由贸易区建设的序幕。

我国第一个真正意义的自由贸易区是中国—东盟自由贸易区。2000 年 11 月 25 日，时任总理朱镕基在新加坡举行的第四次中国—东盟领导人会议上首次提出建立中国—东盟自由贸易区的构想，得到东盟国家的积极回应。2001 年 3 月，在中国—东盟经济贸易合作联合委员会框架下成立了中国—东盟经济合作专家组，围绕中国加入 WTO 的影响及中国与东盟建立自由贸易关系两个议题进行充分研究，认为中国和东盟建立自由贸易区对双方是双赢的决定。2001 年 11 月 6 日，中国与东盟在文莱举行的第五次中国—东盟领导人会议上达成了在 10 年内建成中国—东盟自由贸易区的协议。2002 年 11 月 4 日，在柬埔寨举行的第六次中国—东盟领导人会议上，时任总理朱镕基与东盟 10 国领导人签署了《中国—东盟全面经济合作框架协议》，标志着中国—东盟自由贸易区建设正式启动，也正式开启了我国自由贸易区建设的进程。

随后，中国内地与香港、澳门这两个单独关税区于 2003 年 6 月 29 日和 10 月 17 日分别签署了《内地与香港关于建立更紧密经贸关系的安排》和《内地与澳门关于建立更紧密经贸关系的安排》（简称"内地与港澳 CEPA"），在"一国两制"原则的基础上进一步加强了与港澳地区的制度性合作，极大地促进了相互间的经济融合。与此同时，我国继续与其他有意愿的国家开展自由贸易区建设。2005 年 4 月 5 日，中国和巴基斯坦签署《关于自由贸易协定早期收获计划的协定》，并于 2006 年 11 月 24 日正式签署《中巴自由贸易协定》；2005 年 11 月 18 日，中国与智利也签署了《中智自由贸易协定》。至此，我国初步建立了 5 个自由贸易区，涉及区域从亚洲周边延伸到南美地区，区域经济合作格局逐步打开。

（二）主要特点

这一时期，我国正式成为 WTO 成员，积极融入世界经济体系之中，自由贸易区建设也取得明显进展，成为多边贸易自由化的重要补充。总体来看，我国这一阶段的自由贸易区主要呈现以下特点。

一是立足周边地区。这一时期建立的自由贸易区大多位于我国周边地区，地理位置相邻，交通相对便利，双方深化经贸合作的愿望也较为强烈。二是以"南南合作"为主。我国这一时期的自由贸易伙伴（港澳地区除外）大多是与我国政治和外交关系较好的发展中国家，双方发展程度相近、开放诉求相似、谈判实力相当，在扩大开放的同时照顾彼此关切。三是给予欠发达伙伴特殊差别待遇。对于经济发展水平相对落后的自由贸易伙伴，我国在平等互利的原则上给予其特殊差别待遇，缓解其开放压力，并使其尽早获得开放红利。四是循序渐进扩大开放。我国在这一时期的自由贸易区谈判和建设过程中不断摸索和总结经验，基本遵循从易到难、循序渐进的发展原则。五是分领域、分阶段开展谈判。

我国这一时期的自由贸易区大多采取分领域、分阶段的谈判方式，集中精力在一个领域达成协议后再向其他领域拓展，通过"小步快走"最终完成自由贸易区建设。

三、自由贸易区战略的快速发展阶段（2007—2011 年）

（一）发展历程

2007 年 10 月，党的十七大报告明确提出要"实施自由贸易区战略"，首次将自由贸易区建设上升到国家战略高度，为打造更高水平的开放格局提供了新路径。2008 年 4 月 7 日，经过 15 轮谈判，中国与新西兰正式签署《自由贸易协定》，涵盖货物贸易、服务贸易、投资等领域，成为我国与其他国家签署的第一个全面的自由贸易协定，也是我国与发达国家达成的第一个自由贸易协定。由此，我国自由贸易区建设翻开了新篇章。同年 10 月 23 日，中国与新加坡签署《自由贸易协定》及《关于双边劳务合作的谅解备忘录》，在中国—东盟自由贸易区的基础上，进一步加快了贸易自由化进程，拓展了双边经贸合作的深度与广度。随后，中国于 2009 年 4 月 28 日和 2010 年 4 月 8 日分别与秘鲁和哥斯达黎加签署一揽子《自由贸易协定》，进一步拓展了我国与拉美国家的合作空间。与此同时，中国大陆还积极与台湾地区加强自由贸易区建设。2010 年 6 月 29 日，双方按照平等互惠原则签署《海峡两岸经济合作框架协议》，着眼于两岸经济发展的需要，结合产业互补现实，达成了一个规模大、覆盖面广的涵盖货物贸易和服务贸易领域的早期收获计划。

（二）主要特点

这一时期，随着改革开放的不断深入，我国自由贸易区建设步入快车道，区域经济合作与多边贸易体制共同成为我国对外开放的两个"轮子"。尤其是 2008 年国际金融危机爆发后，自由贸易区成为我国改善外部环境、拓展市场空间的重要平台。总体来看，我国这一阶段的自由贸易区主要呈现以下特点。

一是"南南合作"与"南北对话"并行推进，自贸区布局向全球延伸。我国在这一时期的自由贸易伙伴类型更加丰富，既包含秘鲁、哥斯达黎加等发展中国家，又包含新西兰、新加坡等发达国家，实现了"南南合作"与"南北对话"的并行推进。同时，自贸区网络逐步触及大洋洲、拉美等地区，向全球不断延伸扩展。二是达成内容广泛的一揽子自由贸易协定。与早期分领域分阶段的自由贸易协定不同，从中国—新西兰自由贸易协定开始，我国普遍采取各领域并进的谈判方式，最终达成涵盖诸多领域的一揽子自由贸易协定，货物贸易、服务贸易和投资也成为协定"标配"。三是开展探索规则领域的合作。这一时期，我国达成的自由贸易协定内容更加丰富，除货物贸易、服务贸易和投资外，还涉及知识产权、环境保护、劳动合作等领域。

四、自由贸易区战略的提速升级阶段（2012—2017 年）

（一）发展历程

2012 年以来，顺应全球范围内区域一体化建设提速的新形势，党的十八大提出"加快实施自由贸易区战略"，2013 年十八届三中全会通过的《中共中央关于全面深化改革若干重大问题的决定》也要求"加快自由贸易区建设"，明确提出"以周边为基础加快实施自由贸易区战略"，"改革市场准入、海关监管、检验检疫等管理体制，加快环境保护、投资保护、政府采购、电子商务等新议题谈判，形成面向全球的高标准自由贸易区网络"，并要求扩大对港澳台地区的开放合作。2014 年 12 月 5日，在中共中央政治局第十九次集体学习中，习总书记指出："以开放促改革、促发展，是我国发展不断取得新成就的重要法宝"，要求"加快实施自由贸易区战略"，并首次提出"不能当旁观者、跟随者，而是要做参与者、引领者……在国际规则制定中发出更多中国声音、注入更多中国元素"。2015 年 12 月 6 日，国务院正式发布《关于加快实施自由贸易区战略的若干意见》，这是我国开启自由贸易区建设进程以来的首个战略性、综合性文件，对我国自由贸易区建设做出了"顶层设计",明确提出要逐步构筑起立足周边、辐射"一带一路"、面向全球的高标准自由贸易区网络。随着自由贸易区战略的加快实施,我国积极与有意愿合作的伙伴进行谈判,不断加快自由贸易区网络布局,扩大覆盖范围,我国的自由贸易区建设也由此进入提速升级阶段。

2013年4月15日和7月6日,中国分别与冰岛和瑞士签署一揽子《自由贸易协定》,使我国的自由贸易区网络拓展至欧洲大陆。2015年6月1日,经过14轮谈判,中国与韩国正式签署《自由贸易协定》,这是我国对外签署的涉及国别贸易额最大的自由贸易区,不仅包含了传统的货物、服务和投资等领域,还涉及竞争政策、知识产权、环境、透明度、电子商务、经济合作等规则领域。同年6月17日,中国与澳大利亚历经十年终于达成《自由贸易协定》,并签署《投资便利化安排谅解备忘录》和《假日工作签证安排谅解备忘录》,成为我国首次与经济总量较大的主要发达经济体建设自由贸易区。此外,我国还于2017年5月13日和12月7日分别与格鲁吉亚和马尔代夫签署《自由贸易协定》,进一步丰富了在"一带一路"沿线的自由贸易区布点。

(二)主要特点

这一时期,随着我国经济进入新常态,改革开放也步入深水区,自由贸易区担负起倒逼国内经济改革、打造高水平开放格局、深度参与国际规则制定、争取全球经济治理制度性权力的重要任务。总体来看,我国这一阶段的自由贸易区主要呈现以下特点。

一是以"一带一路"沿线沿线为重点推进方向。我国与陆上丝绸之路的重要节点国家格鲁吉亚以及海上丝绸之路的重要驿站马尔代夫达成了《自由贸易协定》,同时,积极推进与海合会、斯里兰卡、以色列、摩尔多瓦等"一带一路"国家的自由贸易协定谈判,并与尼泊尔、孟加拉国、蒙古国、巴勒斯坦等国开展联合研究,也使得自由贸易区成为"一带一路"建设的重要平台和抓手。二是自由贸易伙伴涉及大体量的发达经济体。与世界排名第11和第13位的韩国和澳大利亚达成自由贸易协定是我国自由贸易区建设的重大突破,大大提高了我国自由贸易区的市场辐射规模；而且通过对大体量发达经济体的市场开放，国内经济的承受能力进一步增强，也为我国与其他主要经济体开展自由贸易区建设奠定了基础。三是着力构建高标准自由贸易区网络。随着我国的自由贸易区战略由跟随转向引领，自由贸易区建设的标准也不断提高。一方面是高水平的市场开放，如中国—澳大利亚自由贸易区的自由化率达到 97% 以上，中国—格鲁吉亚与中国—马尔代夫自由贸易区的自由化率也分别达到 94% 和 95% 以上，同时，对港澳地区以"负面清单"方式开放服务贸易和投资领域；另一方面是涵盖更多高标准的新议题，如中国—韩国自由贸易协定首次将电子商务作为独立章节纳入协定之中，同时还包含竞争政策、知识产权、环境与贸易等章节，符合国际高水平自由贸易协定的发展趋势，也为我国高标准自由贸易区建设积累了经验。四是积极推进巨型自由贸易区建设。我国积极推动涵盖 16 国的 RCEP 谈判，构建以东亚为核心的巨型自由贸易区。虽然这一谈判已屡屡错过最后期限，但根据各方表态，有望于 2018 年达成协定。

五、自由贸易区战略的远景展望（2018 年以来）

自由贸易区是我国深化改革、扩大对外开放、参与推动经济全球化的重要平台，也是建设开放型世界经济的重要内容。从国内来看，改革开放进入 40 周年，同时也到了一个新的历史关口，继续推进必将触及深层次矛盾和重大利益调整，改革的难度和面临的风险挑战前所未有。在过去的十几年中，通过与自贸伙伴签署自由贸易协定，接轨国际经贸规则，推动高水平的相互开放，适度引入外部竞争机制，不仅提高了我国产业的国际竞争力，而且拓展了我国的外部发展空间，为我国国内改革和对外开放发挥了积极作用。今后，需要自贸区更多承担"以开放促改革、促发展"的重要任务，通过商签自由贸易协定实现更高水平开放，推动我国产业结构加快迈向中高端，带动国内加快改革步伐，不断发展更高层次的开放型经济，推动国内形成全面开放的新格局。从对外来看，党的十九大报告明确提出，中国支持多边贸易体制，促进自由贸易区建设,推动建设开放型世界经济。未来,中国将坚持多边开放和区域开放相结合,在支持多边贸易体制的同时,不断加快自由贸易区建设,推动自身成为开放型世界经济的建设者和贡献者。因此,未来一段时期,中国还需要以"一带一路"开放合作为引领,加快推动自由贸易区建设,积极参与全球经济治理,不断促进贸易和投资自由化便利化,为构建开放型世界经济和共同发展的对外开放格局做出更大贡献。

一是加快构建面向全球的自由贸易区网络。与谈判成员努力解决分歧、增进共识,尽快完成中日韩、RCEP以及中国与海湾合作委员会、挪威、斯里兰卡、以色列、摩尔多瓦、巴拿马等自由贸易协定谈判。在可行性研究基础上,与哥伦比亚、斐济、巴新、加拿大、尼泊尔、蒙古国、孟加拉国、巴勒斯坦等国启动自由贸易区谈判。推动与欧盟、英国、欧亚联盟、墨西哥等发达国家与新兴经济体建立自由贸易区,推动形成更大范围的亚太自由贸易区,积极发展全球伙伴关系,在开放中谋求共同发展,不断扩大与世界各国的利益交汇点。

二是坚持打造开放包容、共建共享、互利共赢的自由贸易区。结合中国与自贸伙伴各自国情、合作基础与发展潜力,通过平等协商,在货物、服务、投资等传统领域提高开放水平,在知识产权、环境保护、电子商务、竞争政策、政府采购、中小企业、经济合作等领域逐步形成符合双方发展利益的经贸规则体系,力求实现优势互补、利益平衡,共同打造开放包容、共建共享的自由贸易区,在开放中分享机会和利益、实现互利共赢。坚持开放的区域主义,不搞封闭小圈子,为其他国家参与中国自由贸易区建设提供可能途径,使自由贸易区建设成果惠及更大区域、更多国家和更多群体。

三是稳步推进中国特色的高水平自由贸易区。提高自由贸易协定的货物贸易自由化便利化水平,扩大服务贸易对外开放,促进投资领域的双向开放,加强经贸规则标准等领域的协调合作,稳步建设高标准自由贸易区,开创高水平的对外开放新格局,推动建设开放型世界经济。对已生效的自由贸易协定,推动其更新升级、提质增效,尽快完成与巴基斯坦自贸协定第二阶段谈判以及与秘鲁和新西兰的自贸协定升级谈判，启动与秘鲁、瑞士和自贸协定升级谈判以及中韩、中澳自贸协定的第二阶段谈判，不断提升中国自由贸易区建设水平。

四是促进自由贸易区的可持续发展与普惠性。重视自由贸易协定的实施工作，与自贸伙伴积极推动原产地证书的申领、核准和签发程序便利化，共同降低签证成本，不断提高原产地证书利用率，更好地发挥自由贸易区对贸易投资的促进作用。加强自由贸易区信息服务平台建设，加大对自由贸易协定的解读和宣传力度，使企业知悉相关内容并从中得到更多利益，使人民共享自由贸易协定的成果。提升地方政府与中小企业对自由贸易协定的参与度，支持地方政府发挥其特色优势与自贸伙伴开展经济合作，为中小企业利用自由贸易协定提供帮助。

五是加强与自由贸易区相适应的国内政策调整。以"负面清单"管理为核心，调整完善外商投资、安全审查、市场准入、竞争秩序、社会信用以及政府行政管理职能等领域的法律法规和政策措施，营造更加透明规范、宽松有序的营商环境。正视开放过程中的国内发展失衡以及公平公正问题，加强国内政策调整，推动经济产业转型升级，分好自由贸易区收益的"大蛋糕"，在教育、医疗、就业等民生领域加大投入，增强劳动者适应产业变革的能力，推动实现共赢共享发展。加强政策协调、信息与经验分享，不断完善自由贸易区的开放风险防范机制。

第二部分 **分论篇**

第四章　货物贸易的历史性跨越

第五章　加工贸易的独特作用

第六章　服务业开放与服务贸易发展

第七章　"一带一路"与中国对外贸易

第八章　扩大进口促进贸易平衡发展

第九章　对外贸易对国民经济社会发展的贡献

第四章 货物贸易的历史性跨越

改革开放 40 年来，在党中央、国务院的正确决策和领导下，我国抓住了全球化迅猛发展的历史机遇，持续实施了一系列促进对外开放和对外贸易发展的政策措施，调动了广大企业的积极性和创造性，我国外贸持续快速发展，结构不断优化、质量效益稳步提升，跃居世界货物贸易第一大国，创造了我国经济发展史和世界发展史上的奇迹。40 年来，货物贸易作为中国经济与世界经济联系的重要桥梁，在我国国民经济发展中的地位和作用发生了根本性变化，为推动国民经济增长、重塑相关产业国际竞争力、增加国家税收、扩大了社会就业和增加外汇储备做出了重大贡献，成为我国国民经济的重要组成部分。

第一节 起步阶段（1978—1992 年）

这一阶段，国际政治局势总体趋于缓和，"和平与发展"正在成为世界的主题，从而也为中国的和平发展和实行对外开放提供了可能。

1978 年十一届三中全会做出了对外开放的重大决策，确定了以经济建设为中心、对内实行改革、对外实行开放、加快社会主义现代化建设的路线。1982 年，党的十二大提出了"计划经济为主，市场调节为辅"的改革导向。1987 年，党的十三大又提出了建设"社会主义有计划的商品经济体制"。对外贸易作为改革开放的重要内容，先行启动了外贸体制改革，主要包括三个方面举措：一是改革高度集中的外贸计划体制；二是形成了由经济特区到沿海开放城市再到沿海经济开放区的渐次开放格局；三是创新贸易方式，促进加工贸易发展。在外贸体制改革的政策效应下，我国货物贸易发展得以顺利起步。

一、外贸总体规模不断扩大

对外贸易实现高速增长。1978 年，我国进出口规模只有 206 亿美元，到 1988 年，我国进出口规模首次突破 1000 亿美元大关，从 200 亿美元到 1000 亿美元，仅仅用了十年时间。1992 年，进出口规模已达到 1655.3 亿美元，年均增长速度达到 16.0%。其中，出口规模从 1978 年的 97.5 亿美元增长到 1992 年的 849.4 亿美元，增长了 8.7 倍，年均增速达到 16.7%；进口规模从 1978 年的 108.9 亿美元增长到 1992 年的 805.9 亿美元，增长了 7.4 倍，年均增速达到 15.4%。一改 1951 年到 1978 年外贸发展不稳定的状态，外贸基础逐步走向牢固。

这一阶段，我国在世界贸易中的份额不断上升。出口总值世界占比从 1978 年的 0.76% 上升到 1992 年的 2.24%，排名由 1978 年的第 34 位上升到第 11 位。进口总值世界占比从 1978 年的 0.82% 上升到 1992 年的 2.06%，排名由 1978 年的第 29 位上升到第 13 位（见表 4-1）。

贸易差额实现了由持续逆差向顺差的转变，外汇储备显著增加。1978 年到 1989 年的 12 年间，外贸逆差年份有 10 年。当时，我国经济实力屡弱，特别是外汇储备非常贫乏。通过实施鼓励出口创汇的政策措施，我国外汇规模增加。到 1990 年，我国外贸正式告别逆差，从此进入到长期持续顺差阶段（除 1993 年外）。1978 年，我国的外汇储备只有 1.67 亿美元；到 1992 年国家外汇储备总额达 194.4 亿美元。这大大增强了我国国际支付能力，显著改善了国际支付信誉，保证了我国按期偿还外债的能力，也增强了我国对外部金融经济风险的抵御能力。

表 4-1　1978—1992 年中国进出口情况

单位：亿美元，%

年份	进出口		出口		进口		贸易差额
	总额	增速	总额	增速	总额	增速	
1978	206.4	39.4	97.5	28.4	108.9	51.0	−11.4
1979	293.3	42.0	136.6	40.2	156.8	43.9	−20.2
1980	378.2	28.9	182.7	33.8	195.5	24.7	−12.8
1981	440.2	16.4	220.1	20.4	220.2	12.6	−0.1
1982	416.1	−5.5	223.2	1.4	192.9	−12.4	30.3
1983	436.2	4.8	222.3	−0.4	213.9	10.9	8.4
1984	535.5	22.8	261.4	17.6	274.1	28.1	−12.7
1985	696.0	30.0	273.5	4.6	422.5	54.1	−149
1986	738.5	6.1	309.4	13.1	429.0	1.5	−119.6
1987	826.5	11.9	394.4	27.5	432.2	0.7	−37.8
1988	1027.8	24.4	475.2	20.5	552.7	27.9	−77.5
1989	1116.8	8.7	525.4	10.6	591.4	7.0	−66.0
1990	1154.4	3.4	620.9	18.2	533.5	−9.8	87.4
1991	1357.0	17.6	719.1	15.8	637.9	19.6	81.2
1992	1655.3	22.0	849.4	18.1	805.9	26.3	43.5

资料来源：海关统计。

二、加工贸易顺势起步

20 世纪 80 年代以前，我国出口主要以一般贸易为主，1982 年一般贸易出口占出口总值的 92.6%。20 世纪 80 年代初，国际经济进入产业结构调整和升级的新阶段，发达国家经济不景气，资本迫切需要寻找出路，贸易需要寻找市场。在对外开放思想的指导下，我国抓住国际产业转移的宝贵机遇，注重发展劳动密集型产业，鼓励发展大进大出、"两头在外"的加工贸易。加工贸易顺势起步，贸易方式开始进行影响深远的结构调整。20 世纪 80 年代以后，我国加工贸易增速攀升迅速，1986 年和 1987年同比增速甚至超过 58%，加工贸易占出口总值占比也从 1982 年的 6.79%

上升到 1992 年的 46.6%，实现了近 7 倍增长的喜人成绩（见图 4-1）。

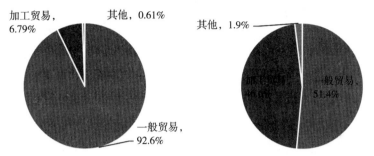

图 4-1　1982 年和 1992 年中国进出口贸易方式占比

资料来源：海关统计。

三、出口商品结构从农副土特到轻纺产品为主

我国成功实现了出口商品结构从初级产品为主向工业制成品为主的转变。工业制成品出口平均年增长率超过了 19%，出口商品结构发生了根本性变化。在改革开放初期（1978—1985 年），初级产品和工业制成品在出口中的比重相当，基本都在 50% 左右。而 1986 年以后，初级产品的出口比重开始下降，工业制成品比重持续快速攀升。1980 年，我国工业制成品出口额占出口总额的 49.3%；到 1992 年，这一数值已经上升到 80.0%。我国初级产品出口则从 1980 年占出口总额的一半下降到 1992 年的 20.0%（见图 4-2）。

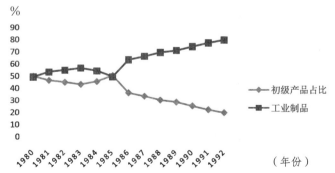

图 4-2　1980—1992 年初级产品和工业制成品出口份额

资料来源：海关统计。

从具体出口商品构成来看，20 世纪 80 年代，我国成功地承接了劳动密集型产业的转移，加工贸易的快速发展直接导致了出口商品结构的变化。劳动密集型工业制成品成为出口主导产品，替代了过去以资源为主的出口结构。在这一阶段，加工贸易也从最初"以进养出"的进料加工贸易，向"三来一补"，即来料加工、来样加工、来件装配和补偿贸易发展。1987 年以前，出口的工业制成品主要是纺织品、服装等简单的劳动密集型产品；从 80 年代后期到 90 年代初，劳动密集型产品开始多样化，并开始出口机械及运输设备等资本密集型产品（见图 4-3）。

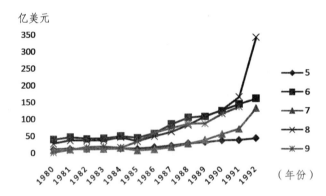

图 4-3　1980—1992 年我国出口工业制成品情况

注：5 类化学成品及有关产品，　　6 类按原料分类的制成品，

　　7 类机械及运输设备，　　8 类杂项制品，　　9 类未分类商品。

资料来源：海关统计。

四、外贸经营主体和贸易方向多元化程度提升

这一阶段，我国外贸经营主体和贸易方向多元化程度明显提升。改革开放前，对外贸易完全由国家经营，通过国营外贸专业公司集中进行进出口业务。1979 年 10 月，国务院召开全国进出口工作会议，外贸体制改革在全国普遍展开，外贸经营权被逐步下放。国有外贸公司的垄断地位开始被打破。特别是在利用外资政策的推动下，外商投资企业在我国货物贸易进出口中占据越来越重要的地位。我国对外贸易经营主体开

始向多元化方向发展。

改革开放实现了我国对外贸易市场结构的根本性转变，即实现了从计划经济时期以社会主义国家和一些友好国家为主，到逐渐主动融入国际经济发展的空间变化。在这一阶段，我国与世界上绝大多数国家和地区建立了贸易关系。形成了 8 个重点出口市场：中国港澳地区、日本、西欧、苏联与东欧、北美和澳大利亚、东南亚、西亚；6 个重点进口市场：中国港澳地区、日本、西欧、北美、苏联和东欧、澳大利亚。其中发达国家和中国港澳地区是我国的主要市场。在发展与各国双边贸易关系的同时，我国还同许多多边和区域性贸易组织建立了联系。

第二节　快速发展阶段（1993—2001 年）

经历了 20 世纪 80 年代末、90 年代初西方国家制裁和 1991 年苏联解体，中国面临着形势复杂且严峻的国际环境，社会主义阵营进入低潮。除此之外，世界各国经济处于调整阶段，世界经济区域化、集团化趋势明显加强，竞争环境日益激烈。

在这样一个复杂的背景下，1992 年邓小平的南方谈话，坚定了中国继续坚持改革开放的方向。此后，党的十四大提出在中国建立社会主义市场经济体制，要进一步扩大对外开放，形成多层次、多渠道、全方位对外开放格局。这标志着中国的改革开放进入了新阶段：在社会主义原则下，我国外贸以市场经济规则为基础，开始进行深化改革，通过放开经营、平等竞争、自负盈亏、工贸结合、推行代理制，逐步建立起一套适应国际经济通行规则的运行机制。这一阶段，我国货物贸易克服重重困难，保持了较快的发展。

一、贸易规模迅速扩大

这一阶段，我国对外贸易持续了高速增长态势，贸易规模迅速扩大。1994 年，我国对外贸易进出口总额突破 2000 亿美元大关。1993 年到 1997 年，对外贸易年均增长速度达到 13.5%，出口年均增长率达到 18.8%。到 1997 年，进出口规模突破 3000 亿美元。1998 年因为受到 1997 年 7 月爆发的亚洲金融危机影响，亚洲地区经济萧条、市场需求萎缩，致使我国对该地区的出口大幅下降；也对我国加工贸易进出口带来严重打击。同时，国内经济处于"货币紧缩"状态，有效需求不足，经济结构性矛盾突出，造成进口出现这一时期内唯一一次负增长。自 1999 年我国的对外贸易重新恢复活力，2000 年实现了 31.5% 的高速增长，2001 年，我国进出口总额突破 5000 亿美元大关。

这一阶段，我国在世界贸易额的比重稳定上升。到 2001 年，我国出口总额占世界出口总额的 4.3%，世界排名第 6 位；进口总额占世界进口总额的 3.8%，世界排名第 6 位，我国在世界贸易中的影响力显著提升。

1994 年，我国外汇体制进行了重大改革，对此后我国的对外贸易产生了深刻影响。自 1994 年开始，我国外贸出现了长期持续的顺差局面，外汇储备逐渐增加，到 2001 年，我国外汇储备已经达到 2121.65 亿美元，是 1993 年外汇储备总额的 10 倍。我国创汇能力不足、外贸收支长期逆差的状况彻底改变。除此之外，外汇储备增加和国际收支状况的改善还为我国有效化解外部环境风险奠定了基础（见表 4-2）。

表 4-2 1993—2001 年我国外贸进出口情况

单位：亿美元，%

年份	进出口		出口		进口		贸易差额
	总额	增速	总额	增速	总额	增速	
1993	1957.0	18.2	917.4	8.0	1039.6	29.0	−122.2
1994	2366.2	20.9	1210.1	31.9	1156.2	11.2	53.9
1995	2808.6	18.7	1487.8	23.0	1320.8	14.2	167.0
1996	2898.8	3.2	1510.5	1.5	1388.3	5.1	122.2
1997	3251.6	12.2	1827.9	21.0	1423.7	2.5	404.2

续表

年份	进出口		出 口		进 口		贸易差额
	总额	增速	总额	增速	总额	增速	
1998	3239.5	−0.4	1837.1	0.5	1402.4	−1.5	434.7
1999	3606.3	11.3	1949.3	6.1	1657.0	18.2	292.3
2000	4743.0	31.5	2492.0	27.8	2250.9	35.8	241.1
2001	5096.5	7.5	2661.0	6.8	2435.5	8.2	225.5

资料来源:海关统计。

二、出口商品结构从轻纺产品到机电产品为主

20 世纪 90 年代,我国紧紧抓住国际机电产业向发展中国家转移的重大机遇,对外贸易进入机电产品主导时代。1991 年,我国提出以质取胜战略,明确进一步优化进出口商品结构,增加出口商品的附加值和技术含量,特别是高附加值的机电产品、成套设备的出口比重。自此,机电产品出口开始了平均年增长率 25.1% 的快速增长,由 1993 年出口 152.82 亿美元、占出口总额的 15.6%,发展到 2001 年出口 949.01 亿美元、占出口总额的 39.6%。至此,机电产品成功赶超轻纺制品,成为我国工业产品出口第一大商品类型(见图 4-4)。

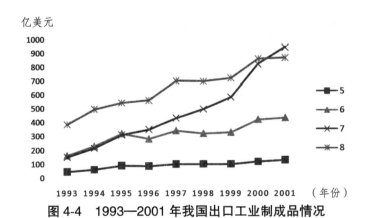

图 4-4　1993—2001 年我国出口工业制成品情况

注:5 类化学成品及有关产品,　6 类按原料分类的制成品,

　　7 类机械及运输设备,　8 类杂项制品,　9 类未分类商品。

资料来源:海关统计。

1999 年初，外经贸部、科技部联合提出要实施科技兴贸战略，我国开始大力促进高新技术产品出口和积极利用高新技术改造传统产业，优化出口结构，提高出口商品的质量、档次和附加值，增强国际竞争力。科技兴贸工作取得了显著成效，高新技术产品增势迅猛。自 2000 年我国高新技术产品同比增长 50%，超出全国出口增速 22 个百分点；2001 年我国高新技术产品出口总额达到 464 亿美元，增速超出全国出口增速 19 个百分点，占全国出口总额的 17.4%。高新技术产品开始成为我国外贸出口的新亮点。以彩电、冰箱、洗衣机、微波炉、激光视盘机、程控交换机、手机、微型计算机、集成电路等机电和高新技术产品等深加工、高附加值资本密集型产品所占出口比重明显提高。

三、外资企业异军突起，加工贸易占主导地位

进一步放开外贸经营权，外资企业异军突起成为推动我国出口增长的生力军。1992 年党的十四届三中全会召开后，我国对外商投资逐步放松管制，扩大对外资开放的行业领域，放宽外商直接投资企业的经营范围。受到对外开放政策的鼓舞，外商直接投资大量涌入。1994 年至 2001 年，外资企业出口平均年增速达到 19.0%，远高于国有企业 4.3% 的出口平均年增速。到 2001 年，外资企业出口占总出口比重首次超过一半，较 1994 年增长了 21.4 个百分点。外商投资带来了先进技术、生产方式和管理经验，加快了我国产业结构、贸易结构和产品结构的调整步伐（见表 4-3）。

表 4-3　1994—2001 年国有企业和外资企业出口占比及增速

单位：%

年份	国有企业		外资企业	
	出口占比	出口增速	出口占比	出口增速
1993	71.1	−3.2	27.5	45.4
1994	70.2	30.2	28.7	37.5
1995	66.7	16.8	31.5	35.1
1996	57.0	−13.3	40.7	31.2

年份	国有企业		外资企业	
	出口占比	出口增速	出口占比	出口增速
1997	56.2	19.4	41.0	21.8
1998	52.7	−5.7	44.1	8.0
1999	50.5	1.7	45.5	9.5
2000	46.7	18.2	47.9	34.8
2001	42.5	−2.8	50.1	11.5

资料来源：海关统计。

加工贸易占据外贸半壁江山。20世纪90年代是我国加工贸易快速发展的重要时期。这一时期，我国紧紧抓住以机电产品为主的第五次国际产业转移大潮，积极吸收和有效利用外资，加大对加工贸易的监管力度、规范加工贸易企业经营，促进了我国加工贸易发展。这一阶段，我国加工贸易发展呈现了新的特点。

一是加工贸易逐步成为我国外贸发展的主要贸易方式。自1993年起，加工贸易出口总额比重开始超过一般贸易；自1996年起，加工贸易出口总额比重持续超过我国出口总额的50%，成为牵动我国对外贸易增长的重要因素。二是加工贸易产品结构改善。这一时期，各年进料加工出口占加工贸易出口的比重均在65%以上，加工贸易出口产品结构逐步优化，资本密集型产品比重明显增加。三是外资企业成为居于主要地位的加工贸易主体。1994年外商投资企业在加工贸易中的比重首次超过内资企业，占到56.1%，并在以后的年份中一直保持领先地位，外商投资企业在加工贸易中发挥着越来越大的作用。

四、市场多元化趋势更加明显

20世纪90年代，应对复杂多变的国际环境，我国对外贸易市场过于集中在发达国家和地区的问题暴露出来。为了防范化解各种风险，保证我国对外贸易长期持续、快速发展，1990年外经贸部提出实施市场多元化战略：继续巩固和深度开拓发达国家市场；大力开拓发展中国家市场，扩大多种经贸合作；积极开拓独联体国家和东欧国家市场；密切与港澳台地区的经贸联系和合作；加强同联合国系统以及其他国际组织的多边合作。

在市场多元化战略指导下，我国在深化与欧洲、北美、日本等发达国家和地区传统外贸市场的同时，对东盟、俄罗斯、印度等新兴市场的开拓取得较大进展，并积极开发拉美、非洲和大洋洲市场的贸易潜力，初步形成了市场多元化的格局。到2001年，我国贸易伙伴已经达到215个。从出口市场来看，2001年排名前五的贸易伙伴分别为美国、中国香港、日本、欧盟和东盟，分别占出口总额的20.4%、17.5%、16.9%、15.4%和6.9%；从进口市场来看，2001年排名前五的贸易伙伴分别为日本、欧盟、中国台湾、美国和韩国，分别占进口总额的17.6%、14.7%、11.2%、10.8%和9.6%，过去对外贸易伙伴过于集中的局面有所改善（见表4-4）。

表4-4　1993年和2001年中国对外贸易伙伴的分布情况

单位：个

年份	亚洲	欧洲	美洲	非洲	大洋洲	合计
1993	43	41	27	44	6	161
2001	46	46	48	57	18	215

资料来源：海关统计。

第三节　跨越发展阶段（2002—2012年）

2001年底我国终于结束了长达15年的谈判，正式加入了世界贸易组织（WTO）。加入WTO的成功标志着我国经济实力和改革开放努力获得了国际认可，为我国对外贸易的发展带来了新的机遇。一方面，加入WTO为中国创造了一个相对公平和稳定的对外贸易环境，有利于中国更好地发挥自身的比较优势，促进经济发展。另一方面，入世十多年来，我国不断树立开放意识、规则意识和法治意识，将中国外贸政策体系改革与国际贸易体制接轨，既遵守国际贸易规范和市场经济要求，又符合中国国情和特点，为外贸发展创造了良好的环境。

在这一阶段，我国为履行在加入世贸组织时做出的开放承诺付出了巨大努力，成功应对了加入世贸组织后的各种挑战，也享受了作为世贸组织成员在多边贸易体制中的权利和好处。我国综合国力显著增强，开放型经济水平不断提高。在对外贸易领域，我国立足提升竞争力，积极转变外贸发展方式，优化进出口商品结构，逐步确立了贸易大国的地位，货物贸易迎来了跨越式的发展。

一、贸易规模急剧扩大

加入 WTO 以来，我国与世界经济的互动性不断增强，国民经济持续高速增长，对外贸易进入高速增长期，实现了新的跨越。2002—2012年，我国对外贸易进出口年均增速超过 20%，其中，出口年均增速达到 20.2%，进口年均增速达到 19.9%，是改革开放以来增长周期最长、速度最快、增速最稳定的时期。2004 年，我国进出口贸易额突破 1 万亿美元关口。仅仅 3 年后，到 2007 年我国进出口总额又突破了 2 万亿美元关口。2009 年受国际金融危机影响，外部需求严重萎缩，我国贸易发展受到明显影响。面对严峻的外贸形势，中国政府迅速出台和实施了应对危机的一揽子计划。到 2010 年，政策效应逐步释放，我国成功应对世界金融危机，外贸重新恢复了快速增长。2012 年，我国进出口总额达到 38 671.2 亿美元，11 年来进出口总额增长突破 6 倍，增长速度令世人瞩目。

贸易大国地位逐步确立。这一时期，中国对外贸易进口和出口总额年增长率均大大高于世界贸易进口和出口总额年增长率，在世界贸易中的比重也大幅上升。2010 年，我国成为世界第一制造业大国，制造业增加值超过美国，变成第一大货物贸易出口国。到 2012 年，我国出口总额占世界出口总额的 11.1%，保持了世界第一出口大国的地位；进口总额占世界进口总额的 9.8%，成为仅次于美国的第二大进口大国（见表

4-5)。

表4-5 2002—2012年我国外贸进出口情况

单位: 亿美元，%

年份	进出口		出口		进口		贸易差额
	总额	增速	总额	增速	总额	增速	
2002	6207.7	21.8	3255.7	22.3	2952.0	21.2	303.7
2003	8512.1	37.1	4383.7	34.6	4128.4	39.9	255.3
2004	11 547.9	35.7	5933.7	35.4	5614.2	36.0	319.5
2005	14 221.2	23.2	7620.0	28.4	6601.2	17.6	1018.8
2006	17 606.9	23.8	9690.7	27.2	7916.1	20.0	1774.6
2007	21 738.3	23.5	12 180.2	25.7	9558.2	20.8	2622.0
2008	25 632.6	17.8	14 306.9	17.3	11 325.7	18.5	2981.3
2009	22 075.4	−13.9	12 016.1	−16.0	10 059.2	−11.2	1956.9
2010	29 740.0	34.7	15 777.5	31.3	13 962.5	38.8	1815.1
2011	36 418.6	22.5	18 983.8	20.3	17 434.8	24.9	1549.0
2012	38 671.2	6.2	20 487.1	7.9	18 184.1	4.3	2303.1

资料来源：海关统计。

二、进出口商品结构进一步优化

这一阶段，我国制定了一系列的政策措施，以提高国际竞争力为核心，加快产业结构调整，在国际竞争合作中取得进步，进出口商品结构不断优化。

从出口商品结构看，我国积极推动自有品牌、自主知识产权和高附加值产品出口，出口商品结构进一步优化。主要呈现出以下特点：一是初级产品在出口总额中的比重持续降低，到2012年仅占出口总额的4.9%。工业制成品出口占比达到95.1%，成为推动出口增长的决定性因素。二是机电产品出口取得显著发展。截至2012年，中国已超越德国、美国跃升为世界第一大机电产品出口国，机电产品出口占世界市场份额的16.2%。与此同时，机电产品出口结构在不断优化。到2012年，附加值较高的机电仪及设备类出口占机电产品出口的93%，而低档金属制品仅占7%。三是高新技术产品出口呈现出加快增长势头。2002年我国高新技术产品出口总额为464.57亿美元，较2001年同比增长45.7%，高于总体出口增速23.4个百分点；2003年我国高新技术产品出口突破1000亿美元大关；2012年高新技术产品出口6012.0亿美元，增长9.6%，高于总体出口增速1.7个百分点，成为出口的主要增长点（见图4-5）。

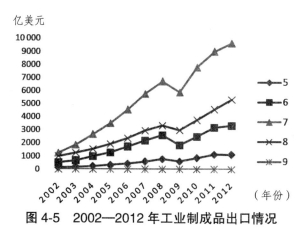

图4-5　2002—2012年工业制成品出口情况

注：5类化学成品及有关产品，　　6类按原料分类的制成品，

　　7类机械及运输设备，　　8类杂项制品，　　9类未分类商品。

资料来源：海关统计。

从进口商品结构看，这一阶段，我国加大了对国内急需的能源、资源、先进技术设备和日用消费品进口的鼓励力度。进口商品主要呈现出以下特点：一是初级产品进口比重不断上升。非食用原料、矿物燃料、润滑油及有关原料成为我国初级产品进口的主要商品类型。到2012年，上述商品进口占初级产品进口总额的91.8%。非食用原料、矿物燃料、润滑油及有关原材料的增长，突出地显示出我国工业化进程、制造业发展对此类产品的需求增长以及国民经济发展国内资源约束的潜在特征。二是机械及运输设备在我国进口中居于第一位，自加入世贸组织的11年间，机械及运输设备平均年增长率达到18.7%。2012年，机械及运输设备进口总额 6529.4 亿美元，占进口总额的 35.9%。这显示出国民经济在发展过程中，对国际机械及运输设备等投资类设备产品需求的强劲增长（见图 4-6）。

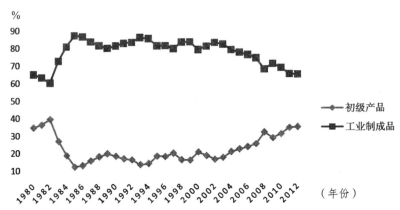

图 4-6　1980—2012 年进口产品中初级产品和工业制成品占比情况

资料来源：海关统计。

三、贸易经营主体、贸易方式和贸易国别分布均有新发展

贸易主体的市场化程度不断提高。2004 年新的《中华人民共和国对外贸易法》开始实施，我国进出口经营权全部开放，对外贸易管理制度从审批制过渡到了登记制。国有企业出口所占比重明显下降，外商投资企业维持了出口的主导力量。同时，民营企业开始走向国际化经营、积极开拓国际市场，表现出巨大的贸易潜力。2002 至 2012 年，民营企业出口比重迅速提升，且出口增速明显快于外商投资企业和国有企业。这反映出加入世贸组织后中国在外贸经营领域的市场化程度日益提高，各类企业平等竞争、共同发展的多元化格局正在逐步形成（见表 4-6）。

表 4-6　2002—2012 年贸易经营主体出口情况

单位：%

年份	国有企业		外商投资企业		其他企业	
	出口占比	出口增速	出口占比	出口增速	出口占比	出口增速

| 2002 | 37.7 | 8.5 | 52.2 | 27.6 | 4.3 | 154.3 |
| 2003 | 31.5 | 12.4 | 54.8 | 41.4 | 8.0 | 151.1 |

年份	国有企业		外商投资企业		其他企业	
	出口占比	出口增速	出口占比	出口增速	出口占比	出口增速
2004	25.9	11.3	57.1	40.9	11.7	99.0
2005	22.2	9.9	58.3	31.2	14.8	62.1
2006	19.7	13.3	58.2	26.9	17.8	53.7
2007	18.5	17.5	57.1	23.4	20.6	45.1
2008	18.0	14.5	55.3	13.7	26.8	52.6
2009	15.9	−25.8	55.9	−15.0	28.2	−11.5
2010	14.9	22.7	54.6	28.3	30.5	42.1
2011	14.1	14.0	52.4	15.4	33.5	32.2
2012	12.5	−4.1	49.9	2.8	37.6	21.0

注：2008 年起集体企业数据并入其他企业统计。

资料来源：海关统计。

贸易方式日益优化。从货物贸易方式看，加入世贸组织 11 年来，中国一般贸易出口平均年增长率为 23.1%，超过了加工贸易平均年增长率 4.8 个百分点。一般贸易出口比重经历了先降后升态势，自 2005 年起出口比重持续回升。到 2012 年，一般贸易出口比重占总出口的 48.2%。而加工贸易出口比重在 2005 年以后呈现逐渐下降态势。到 2012 年，加工贸易出口比重占总出口的 42.1%。这说明中国在转换出口贸易方式方面已经取得一定进展。

贸易伙伴与地区日益多元化。从进出口贸易伙伴的国别和地区来看，尽管中国对外贸易伙伴越来越多元化，但是总体而言，中国对外贸易地理方向仍然比较集中，主要分布在亚洲、欧洲和北美。2012 年，我国出口到亚洲、欧洲和北美商品总额占总出口比重的 87.05%，进口到上述三个地区的商品总额占总进口比重的 81.4%。这一阶段我国多双边和区域经贸合作成果丰硕。自 2002 年与东盟签订《全面经济合作框架协议》，我国开始积极通过推进自贸区谈判，发展双边和区域贸易。到 2012 年，我国已签订 10 个自贸协定，涵盖了亚洲、拉美和大洋洲 19 个国家和地区。

第四节　巩固贸易大国地位阶段（2013—2017 年）

十八大以来的五年，我国所处的内外部环境发生深刻变化。从外部环境看，经历了 2008 年金融危机后的深度调整期，全球贸易一度低迷、增速放缓；世界经济不平衡复苏，国际力量对比发生新的变化，单边主义和贸易保护主义抬头；局部冲突和动荡频发、全球性问题加剧。从内部环境看，我国国内经济步入新常态，正处在转变发展方式、优化经济结构、转换增长动力的攻关期，经济增长转向依靠消费、投资、出口协同拉动。

面对新的挑战和不利形势，我国外贸发展以加快转变外贸发展方式为主线，以"稳增长、调结构、促平衡"为重点，积极培育外贸竞争新优势，努力提高外贸发展的质量和效益，大力推进国际市场布局、国内区域布局、商品结构、经营主体和贸易方式"五个优化"，加快外贸转型升级基地、贸易平台、国际营销网络"三项建设"，外贸发展取得显著成绩。五年来，中国贸易大国地位进一步巩固，为国民经济社会发展做出了重要贡献，为促进世界经济稳定复苏发挥了重要作用。

随着综合国力的显著提升，我国进入了名副其实的大国开放阶段：面向国内，全面深化改革，主动打造开放新高地；面向国际，参与和引领全球经济治理，在国际经济协调和规则制定中的话语权显著增长；在外贸政策上，积极培育贸易新业态新模式，开始启动从贸易大国向贸易强国的转变。

一、进出口平衡发展，进口带动世界经济增长

这一阶段，我国外贸进出口进入增速换挡期，从高速增长转至中低速增长阶段。一方面，我国外贸面临对内传统要素优势弱化，对外国际市场需求疲软的客观现实；另一方面，我国外贸发展的重心从以往主要关注外贸进出口数量、增长速度和总体规模，转变到数量与质量、速度与效益、规模与水平并重上来。不过，我国外贸虽然进出口增速下降，但降幅远低于美、欧、日等主要经济体。2013—2017年，我国出口平均年增速为2.2%，连续八年保持全球货物贸易第一大出口国地位；进口平均年增速为0.8%；进出口增速均分别快于世界、发展中经济体、转型经济体和发达经济体平均年增长率，成为全球贸易和经济复苏的重要动力，世界贸易大国地位不断巩固（见表4-7）。

表4-7 2013—2017年世界进出口平均年增速对比

单位：%

	出口	进口
中国	2.2	0.8
世界	−0.5	−0.5
发展中经济体	−0.5	−0.2
转型经济体	−6.0	−4.6
发达经济体	−0.1	−0.4

资料来源：根据 UNCTAD 数据计算。

此外，我国政府主动扩大进口、推动进出口平衡发展、积极应对贸易顺差问题，政策效应逐步显现。2013年进口同比增长7.2%，比同一时期世界进口增长率高出5.6个百分点。2014—2016年，国内经济化解产能过剩、国际大宗商品下跌，进口总额增速持续低迷，但价跌量升，进口效益转好。2017年，随着国内和全球经济形势好转，我国进口回升，总金额达到18 409.8亿美元，同比增长15.9%，贸易顺差收窄17.1%。五年来，我国进口市场持续保持在全球份额的1/10左右，主动让世界共享中国开放红利，以进口带动世界经济增长，充分体现了中国作为世界贸易大国的实力与担当（见表4-8）。

表4-8 2013—2017年我国外贸进出口情况

单位：亿美元，%

年份	进出口		出 口		进 口		贸易差额
	总额	增速	总额	增速	总额	增速	
2013	41 589.9	7.5	22 090.0	7.8	19 499.9	7.2	2590.1
2014	43 015.3	3.4	23 422.9	6.0	19 592.3	0.4	3830.6
2015	39 535.6	−8.0	22 735.3	−2.9	16 800.3	−14.1	5934.9
2016	36 855.6	−6.8	20 976.3	−7.7	15 879.3	−5.5	5097.1
2017	41 045.0	11.4	22 635.2	7.9	18 409.8	15.9	4225.4

资料来源：海关统计。

二、国际市场布局更趋多元

我国在积极巩固与传统主要贸易伙伴贸易市场时，积极开拓与新兴经济体和发展中国家贸易往来。国际市场布局更趋多元化，主要呈现以下特点。

一是主要贸易伙伴格局基本稳定。我国与欧盟、美国、东盟、日本、中国香港、韩国、中国台湾、澳大利亚、巴西、印度和俄罗斯的贸易往来占我国进出口总额比重的70%以上。

二是"一带一路"贸易往来稳步扩大。2014年，中国提出"一带一路"倡议，秉持共商共建共享理念，这一涵盖了40亿人、60多个国家、内容丰富的合作倡议开局良好，进展超出预期，贸易潜力巨大。2014—2017年，中国与"一带一路"沿线国家货物贸易规模基本保持在1万亿美元左右，在中国货物贸易总额中所占比重始终保持在25%以上。2017年，中国与沿线国家的货物贸易额达到10888.98亿美元，同比增长14.9%，高出中国货物贸易整体增速3.5个百分点。其中，出口6353.1亿美元，增长9.2%；进口4535.9亿美元，增长23.9%。

三是自贸区的贸易创造效应逐步显现。2017年，中国对已签协议自贸伙伴的出口额为8005.2亿美元，占中国出口总额的35.4%；中国从自贸伙伴进口 7500.8 亿美元，占中国进口总额的比重的 40.7%。自由贸易区已经成为中国重要出口目的地，中国也为自贸伙伴提供了广阔的市场空间。

三、贸易结构调整优化，质量效益进一步提升

这一阶段，我国进出口商品不断向"优进优出"转变。出口总额中初级产品比重保持在 5% 左右，工业制成品比重持续保持在 95% 左右。

从商品构成看，出口商品质量大幅提升。面对需求偏紧、竞争激烈的市场环境，我国出口企业主动调整转型，在技术研发、品牌培育、质量管理等方面加大投入，出口商品的技术含量和附加值进一步提升，高附加值器械、大型成套设备、高新技术产品等成为出口的新增长点，飞机、机械提升搬运装卸设备及零件、电力、通讯、机车车辆等大型成套设备、手机、船舶、航空航天器、光通信设备、汽车、计算机等产品出口均实现较快增长（见表 4-9）。

表 4-9 2013—2017 年我国出口货物按照 SITC 分类表

单位：亿美元

年份	出口总额	初级产品	0类	1类	2类	3类	4类	工业制品	5类	6类	7类	8类	9类
2013	22 090	1073	557	26	146	338	6	21 027	1197	3607	10393	5815	17
2014	23 423	1127	589	29	158	345	6	22 300	1346	4004	10706	6222	23
2015	22 735	1040	582	33	139	279	6	21 710	1296	3913	10595	5882	25
2016	20 982	1051	611	35	131	268	6	19 931	1219	3512	9845	5296	59
2017	22 635	1177	626	35	154	353	8	21 458	1413	3681	10829	5478	58

注：0 类食品及活动物，1 类饮料及烟类，2 类非食用原料（燃料除外），3 类矿物燃料、润滑油及有关原料，4 类动植物油、脂及蜡，工业制品，5 类化学成品及有关产品，6 类按原料分类的制成品，7 类机械及运输设备，8 类杂项制品，9 类未分类的商品。

资料来源：海关统计。

同时，进口商品效益进一步提升，主要呈现以下特点：一是为满足国内产业结构调整需要，先进技术设备、关键零部件和高新技术产品进口快速增长。二是缓解经济发展面临的资源约束，能源资源产品进口增长较快，价跌量升。三是为满足人民日益增长的美好生活需求，优质消费品进口较快增长，对满足多层次、多样化消费需求发挥了重要作用（见表4-10）。

表 4-10　2013—2017 年我国进口货物按照 SITC 分类表

单位：亿美元

年份	进口总额	初级产品	0类	1类	2类	3类	4类	工业制品	5类	6类	7类	8类	9类
2013	19500	6576	417	45	2861	3149	103	12927	1903	1483	7104	1390	1047
2014	19592	6474	468	52	2701	3168	85	13129	1934	1724	7245	1398	828
2015	16800	4730	505	58	2105	1988	75	12089	1713	1333	6834	1347	861
2016	15874	4402	491	61	2019	1763	67	11473	1640	1218	6579	1260	774
2017	18410	5771	543	70	2602	2478	77	12639	1937	1351	7348	1342	661

注：0 类食品及活动物，1 类饮料及烟类，2 类非食用原料（燃料除外），3 类矿物燃料、润滑油及有关原料，4 类动植物油、脂及蜡，工业制品，5 类化学成品及有关产品，6 类按原料分类的制成品，7 类机械及运输设备，8 类杂项制品，9 类未分类的商品。

资料来源：海关统计。

四、动力转化不断加快

这一阶段，我国外贸动力转换加快，贸易增长呈现出以下新亮点：

一是民营企业出口比重持续增长，成为我国出口的生力军，外贸内生动力增强。2015 年民营企业占我国出口中的比重首次超过外资企业；2017 年，民营企业出口 10 547.3 亿美元，占中国出口总额的 46.6%，同比增长 9.0%，较总体出口增速快 1.3 个百分点。5 年来，在国有企业和外商投资企业表现欠佳的形势下，民营企业凸显活力，表现出巨大的贸易潜力（见表 4-11）。

表 4-11　2013—2017 年我国出口企业性质情况

单位：亿美元，%

年份	国有企业		外商投资企业		其他企业	
	出口总额	出口占比	出口总额	出口占比	出口总额	出口占比
2013	2489.9	11.3	10 442.6	47.3	9167.7	41.5
2014	2564.9	11.0	10 747.3	45.9	10 115.2	43.2
2015	2423.9	10.7	10 047.3	44.2	10 278.3	45.2
2016	2156.1	10.3	9169.5	43.7	9655.9	46.0
2017	2312.3	10.2	9775.6	43.2	10 547.3	46.6

资料来源：海关统计。

二是一般贸易出口比重持续上升，再次成为推动我国外贸的主要动力。5 年来，我国进出口企业主动从代工生产、贴牌出口向自创品牌、自主设计、自主研发转变，努力提升在全球价值链中的地位，贸易方式结构不断调整优化。加工贸易占进出口比重持续下降，一般贸易占比持续上升。2014 年，一般贸易出口占比恢复到一半以上。到 2017 年，我国一般贸易出口 12 300.9 亿美元，占出口的 54.3%，较 2013 年提高了 5.1 个百分点；加工贸易出口 7588.3 亿美元，占出口的 33.5%，较 2013 年下降了 5.5 个百分点。

三是外贸企业创新能力、品牌建设、营销能力不断增强，具有自主品牌、自主知识产权、自主营销渠道以及高技术、高附加值、高效益的产品出口增速高于传统商品。一大批企业持续创新，从供给侧发力，转型升级，不断提升国际竞争力，有效满足甚至创造了市场需求。

四是外贸新业态成为外贸发展的新动能、新亮点。近年来，我国先后逐批逐次开展 13 个跨境电子商务综合试验区建设、8 个市场采购贸易方式试点和 4 家综合服务企业试点，有效促进新业态新模式快速发展，已经形成了一定的产业集群和交易规模，为促进外贸回稳向好和创新发展发挥了积极作用。2014 年以来，市场采购贸易出口年均增速超过 30%。2016 年，4 家外贸综合服务试点企业服务中小企业超过 4 万家。跨境电子商务更是蓬勃发展，2017 年，通过海关跨境电商管理平台零售进出口总额达到 902.4 亿元，增长 80.6%。

第五章　加工贸易的独特作用

改革开放 40 年来，我国对外贸易发展取得举世瞩目的成就。在对外贸易飞速发展的其中，加工贸易扮演了极为重要和独特的角色。从本质上讲，加工贸易是从境外进口料件加工复出口的贸易方式，是海关监管的一种特殊贸易方式。加工贸易的产生是经济全球化不断深化、全球产业链不断延伸的结果，也是从事加工贸易的企业参与全球分工和竞争的结果。

我国加工贸易正式起步于改革开放，从最早的"三来一补"到"世界加工厂"，再到"创新升级"发展，历经 40 年的探索实践，我国加工贸易政策体系日趋完善，方式和结构不断优化，经历了从无到有、从小到大、从大到优的具有中国特色的发展之路。

加工贸易是我国对外开放战略的重要组成部分，是我国参与国际产业分工、融入全球价值链的重要途径。发展到今日，曾经占据我国对外贸易半壁江山的加工贸易，不仅有力推动了我国对外贸易的快速发展，促进了我国产业结构优化和升级，更对整个国民经济的发展起到巨大的推动作用。

第一节 从"三来一补"到加工贸易

一、加工贸易发展的背景

（一）东亚地区跨国产业转移为我国加工贸易发展提供了战略机遇

我国发展加工贸易有着深刻的国际背景。20 世纪中后期，经济全球化浪潮加速发展，国际经济进入产业结构调整和升级的新阶段，全球产业分工日益深化，由产业间分工模式为主导的国际分工模式逐渐改变，产业内分工和产品内分工模式相继出现。而这种新型的国际分工模式是导致加工贸易快速发展的重要原因。

20 世纪 70 年代至 80 年代，东亚地区日本、亚洲"四小龙"开始了以效率寻求为目的的跨国投资，其表现形式即为规避国内较高生产成本而进行跨国产业转移，通过将加工组装活动转移到成本较低的国家或地区，使一些在本国或本地区因成本上升已经丧失出口竞争力的"边际产业"降低生产成本从而获得全球竞争力。东亚地区跨国产业转移浪潮涌动时正值我国改革开放初期，全球产业转移的持续扩张，为我国吸引外资、引进技术、发展出口导向型产业提供了战略机遇。我国牢牢抓住国际产业转移机遇，通过建立经济特区、实行积极的加工贸易政策及鼓励出口导向型外资政策，吸引了大规模劳动密集型出口加工型产业，承接了大量海外转移加工产业，我国加工贸易顺势起步。

我国早期加工贸易的发展主要受我国香港经济转型的影响。最初转入我国内地的出口加工企业主要是来自香港地区。迫于香港境内劳动力成本和商务成本的上升，加工装配产业转移的需求不断加大，香港地区商人最早在珠江三角洲地区寻找委托加工企业，率先采用"三来一补"的方式与内地企业合作开展加工，之后由香港企业利用既有的国际销售渠道出口到发达国家市场。随后，随着内地特区的建立、加工贸易政策的完善和投资环境的改善，香港地区企业开始大规模将其制造活动转移到珠江三角洲地区，形成了"前店后厂"的分工新格局。这种分工格局充分发挥了两地各自的优势，大大降低了产品的生产成本，增强了其在国际市场的竞争力，从而有力地扩大了其国际市场份额。20 世纪 90 年代中期开始，台资企业、韩资企业大规模对华转移，台资企业主要分布在福建及长江三角洲地区，产业活动以运动鞋、IT 产品加工为主。韩资企业主要分布在环渤海地区，尤其是天津和胶东半岛地区，其产业以信息技术、家电产品和服装业为主。

（二）国际产业分工促成了产业内贸易的快速发展

国际产业分工是经济全球化日益深化的结果，是区别于以往一个产业主要局限在一个国家之内的生产布局形态，它是将一种产品的设计、原材料提供、中间品生产与组装，成品销售、回收等所有生产环节在全球范围内分配的分工形式。在经济全球化的不断推动下，各国之间的贸易、投资日益自由化、便利化，货物、服务、技术、资本、信息等产品和要素较易实现跨境流动，而劳动力要素跨境流动的制度性障碍和高经济成本成为促进生成新的跨国生产布局的决定性要素。跨国公司为了降低劳动密集型产业生产成本，将附加值较低的组装加工环节大规模从发达国家向发展中国家转移，改变了以往只在同一个国家进行的产业间分工，形成了同一个产业分布在不同国家和地区的国际分工模式。诚然，这种模式的形成也受益于信息技术革命的大力推动以及货物跨境运输成本的降低。

跨国产业转移将不同附加值的生产环节分布在不同国家，便伴随产生了全球价值链。中国等发展中经济体成为接受跨国产业转移的东道国，凭借低廉的劳动力成本优势参与了跨国公司主导的全球生产价值链。这种国际分工形式伴有中间品的进口和最终产品出口，极大促进了全球产业内贸易快速发展，发展中国家借助外商投资企业原有的销售网络，成为低附加值制成品的出口大国。

二、沿海外向型经济发展战略的提出

外向型经济也称出口导向型经济，以出口创汇为目的，以国际市场需求为导向，以扩大出口为中心，根据比较优势理论，积极参与国际分

工和国际竞争，通过积极开展对外经济交流，引进资金和技术，优化国内产业结构和产品结构，推动国民经济的全面发展。1988年4月，国务院召开沿海地区对外开放工作会议。会议按照党的十三大关于进一步扩大对外开放精神，总结了工作经验，并着重讨论了如何实施沿海地区外向型经济发展战略的问题。

（一）沿海外向型经济发展战略是整个中国经济发展战略的重要组成部分

党的十三大报告在"关于经济发展战略"一节中提出要执行"注重效益、提高质量、协调发展、稳定增长的战略"，"进一步扩大对外开放的广度和深度，不断发展对外经济技术交流与合作"，"以更加勇敢的姿态进入世界经济舞台，正确选择进出口战略和利用外资战略"，"根据国际市场的需要和我国的优势，积极发展具有竞争力、见效快、效益高的出口产业和产品"。[①]为组织实施沿海发展战略，1988年3月，国务院在上海召开沿海地区对外开放会议，对贯彻实施沿海发展战略做了具体部署，"贯彻实施沿海经济发展战略，关键是必须把出口创汇抓上去，要两头在外、大进大出、以出保进、以进养出、进出结合"。

沿海外向型经济发展战略正是根据十三大提出的我国整体经济发展战略的要求、国际市场的需求和我国的具体条件制定的，其目的是为了通过"进一步扩展同世界各国包括发达国家和发展中国家的经济技术合作与贸易交流，为加快我国科技进步和提高经济效益创造更好的条件"[②]，以加速我国的现代化进程。沿海地区作为面向国际经济、政治舞台的前沿地带，其地位日渐重要，沿海地区的经济份额在全国举足轻重，1986年沿海8省3市[③]的外贸出口值占全国的72.9%，工业占全国59.4%[④]。通过进一步扩大开放，充分发挥沿海地区人力资源优势，吸

---

① 党的十三大报告.沿着有中国特色的社会主义道路前进.

② 同上。

③ 8省3市包括：河北、辽宁、江苏、浙江、福建、山东、广东、广西、上海、天津、北京。

④ 中国对外经济贸易年鉴（1987）.

引外资、技术和管理经验，扩大出口贸易，使得沿海经济更快发展，对全国经济发展起到一个引领和保障作用，带动国民经济的全面发展。因此，沿海外向型经济发展战略是全国经济发展战略的重要组成部分。

（二）实施沿海外向型经济发展战略是我国对外开放的纵深推进

从改革开放初期到沿海外向型经济发展战略的施行，这期间我国分三步走形成了基本的对外开放格局。第一步，1980 年 8 月对广东、福建两省实行特殊政策、灵活措施，并建立深圳、珠海、汕头、厦门 4 个经济特区，开辟了一条靠国家政策开发建设的新路子；第二步，1984 年 4 月，开放大连、秦皇岛、天津、烟台、青岛、连云港、南通、上海等 14 个沿海城市和当时的海南行政区，至 1987 年，14 个沿海开放城市的出口额比开放前增长了 78%；第三步，1985 年 1 月，开放长江三角洲、珠江三角洲和闽南三角地带，通过大力贯彻"贸工农"方针，积极发展创汇农业，至 1987 年，苏州、无锡、常州和上海 4 市的乡镇企业出口比重由原来的 7% 升至 20%，1979—1987 年福建省 9 年的出口总值达 38 亿多美元，是开放前 39 年的三倍多。至 1988 年，我国经济对外开放形成的是"经济特区—沿海开放城市—沿海经济开发区—内地"这样一个多层次、有重点、逐步推进的基本格局。

沿海外向型经济发展战略是以上三步战略实施取得进展后，中央根据国际形势的变化和国内经济发展的状况提出和制定的，注重发展"两头在外"的外向型经济，大力发展"三资企业"①，旨在抓住机遇，迎接挑战，积极参与国际经济大循环，主动适应国际市场需求。根据十三大提出的我国整体经济发展战略的要求，1988 年初，国务院进一步扩大了我国沿海经济开放区，对广东、福建和海南实行更加开放的政策，建立改革开放综合试验区，把海南办成全国最大的经济特区；同时，经国务院批准，唐山市市区和市辖的滦县、滦南、乐亭、唐海、丰南五县，作为我国又一个沿海开放区，以新的姿态迈向国际舞台，使胶东半

---

① 三资企业：即在中国境内设立的中外合资经营企业、中外合作经营企业、外商独资经营企业三类外商投资企业。

岛和辽东半岛两大经济开放区之间的"断裂带"拢合，连成一条漫长的黄金海岸。这样，包括胶东半岛、辽东半岛和沿海其他一些地区在内的新扩大地区，与原来的经济特区、14个沿海开放城市、长江三角洲、珠江三角洲和闽南三角地区，就构成了从南到北连成一片的沿海对外开放前沿地带。这样，就形成了包括291个市、县，面积为32万平方公里，有近2亿人口的沿海开放前沿地带。

从区域带动层面来讲，沿海外向型经济发展战略的实施形成了新的中国对外开放格局，由办经济特区、开放沿海城市的试验到建立改革开放的综合试验区，形成沿海开放前沿地带。通过在这些区域内制定吸引外资的优惠政策，从事和发展以出口为主的"两头在外"或"一头在外"的外向型经济，创建外向型经济企业集团，着力深化沿海地区开放程度，扩大沿海开放城市的核心辐射与带动功能，与内地市场形成参与国际经济大循环和国内经济大循环的内部外部两个循环圈，使我国对外开放滚动式地从沿海到内地，从东部到西部逐步深入推进。作为我国经济发展战略的重要组成部分，沿海外向型经济发展战略是将开放、改革、发展密切结合的国家发展战略，以多形式、多层次、多渠道拓展丰富了对外开放的内容和方式，在改革和开放的深度、广度和质量上都有很大的体现，推动了我国对外开放向纵深、全方位发展。

（三）沿海外向型经济发展战略是解决我国经济发展矛盾的创新路径

改革开放以来，我国经济发展出现了诸多矛盾，一是面临着大量农村剩余劳动力如何安置转移的问题。农村家庭联产承包责任制的实行使农村劳动力过剩问题日益突出，迫切需要转移至其他产业合理配置，否则就只能成为经济发展的大包袱。据统计，到20世纪90年代，我国有2亿多农村剩余劳动力。二是面临外汇储备急剧下降的问题，增加出口创汇成为发展外贸的迫切和首要任务。1980年财政赤字爆发，外汇储备跌入负数，之后随着城市经济改革的全面展开和对外开放度的提高，中国对外贸易中的进口额再度大幅增加，并且从1984年开始，中国的对外贸易连年出现逆差，这直接导致中国的外汇储备再度急剧下降，从1983年的89.01亿美元下降到1987年的29.23亿美元；而同期我国的外债债务率则从1985年的56%上升到1987年的77.1%。[①]三是企业面临技术装备、管理经验落后，资金短缺的问题。国内企业尤其是乡镇企业大都存在设备陈旧、工艺技术落后，缺乏有效管理，生产水平低下的问题，由此产生的产品质量问题也很突出。尤其是附有技术含量的机械加工行业，如无锡市1988年自行车商品出口的检验表明，每次检验几乎批批都不能顺利过关，1—5月不合格的自行车占出口数量的90%。[②]四是东中西部经济发展出现争夺市场和资源的矛盾。80年代以来，乡镇企业获得迅速发展，而乡镇企业市场和原料均来自国内，主要靠国内原料加工和国内市场销售，随着乡镇企业的大量兴起，东部与中西部的经济发展出现了争夺资源和市场的矛盾，尤其随着中、西部地区经济的发展，这一矛盾越发激烈。

从国家政策的角度来看，沿海经济发展战略的提出，历史性地宣告了中国特色的非国有企业外向型经济发展道路的开端，于是便有了90年代以乡镇企业为主体的外向型经济发展新局面。而这种新局面有效地化解了上述矛盾。东部沿海地区的劳动密集型产业蓬勃发展成为吸纳农村劳动力的有效空间，农村劳动力实现大规模跨区域流动；"两头在外，大进大出"以出口为导向的外贸发展模式有效积累了外汇，我国出口迅速扩大，从1994年开始，我国出口规模超过进口，呈现连续多年的贸易顺差局面，国家的外汇储备持续扩大，由1992年的194.4亿美元，增长到2000年的1655.7亿美元。沿海外向型经济发展战略把发展内向型经济和外向型经济结合起来，随着大规模外资被引进来，先进的生产技术和生产管理经验也随之引进，有效提升了国内生产水平。沿海地区

---

① 杨殿闯，温铁军.中国外向型经济发展道路选择的内在逻辑——基于沿海经济发展战略的分析.兰州学刊，2012(10):112-116.

② 季永明.关于江阴市乡镇企业发展外向型经济调查之系列报告(续).江苏农村金融，1988(10):35-37.

外向型经济发展战略可以说是我国经济发展的必然趋势，是我国社会化的大生产和有计划商品经济的客观要求，是推动经济发展和化解国内经济问题的有效手段。

三、加工贸易的起步："三来一补"

（一）加工贸易的主要方式

在我国对外贸易中，加工贸易包括来料加工装配贸易（简称"来料加工"）和进料加工贸易（简称"进料加工"）。来料加工装配贸易属于受托性质的加工贸易业务，是指进口料件由外商提供，既不需付汇进口，也不需用加工费偿还，制成品由外商销售，经营企业收取加工费的加工贸易，而进料加工属于境内企业自主经营性质的加工贸易业务，是指进口料件由经营企业（包括三资企业和内资企业）付汇进口，制成品由经营企业外销出口的加工贸易。按照目前我国的外贸统计办法，来料加工和进料加工的进出口值全额纳入外贸统计口径，进料加工出口值全额纳入工业产值和工业增加值统计口径中，而来料加工则只有工缴费收入部分纳入。来料加工与进料加工的相同点在于：两者的料件均来自国外，制成品都在国外销售，即"两头在外"；两者的料件和制成品均属于保税货物。其根本差别在于：（1）进口料件的来源不同。进料加工项下的所有进口料、件由国内企业用外汇购买，拥有料件的所有权。而来料加工项下的进口料、件则由外商无偿提供。进料企业自定生产、自定销售，所以进料加工的风险比来料加工的风险大。（2）制成品的所有权不同。进料加工企业拥有产品所有权，产品由该企业负责外销出口；而来料加工企业不拥有产品所有权，由外商负责产品出口，不需要考虑销售。（3）外商的结算不同。进料加工项下的出口货物，外商按一般贸易方式付款，中国企业赚取外汇。而来料加工项下的中方出口货物不作价，中国企业只按约收取加工费用。

（二）来料加工贸易的兴起

"三来一补"是我国加工贸易的起步，也是改革开放初期加工贸易的主要方式，具体是指：来料加工、来件加工、来样加工和补偿贸易，其中，又以来料加工为主，来料加工也称为"对外加工装配业务"。1978 年广东承接了第一份来料加工贸易合同，标志着我国加工贸易发展的开端。1978 年 7 月 15 日，国务院下发《开展对外加工装配业务试行办法》（国发〔1978〕139 号），规定了 22 条规范和促进来料加工装配的可操作性意见。1979 年 3 月 26 日，国务院批准发布了《以进养出试行办法》，提出"要大力发展以进养出业务，把出口贸易做大做活，增加外汇收入，增强国家外汇支付能力"。1979 年 7 月，中央决定在侨胞众多和毗邻港澳的广东、福建两省中施行特殊政策和灵活措施，并在两省试办深圳、珠海、汕头和厦门 4 个经济特区。1979 年 9 月 3 日，国务院下发《关于颁发开展对外加工装配和中小型补偿贸易办法的通知》，指出"开展对外加工装配和中小型补偿贸易，是较快提高出口产品生产技术，改善产品质量品种，扩大出口商品生产，增加外汇收入的有效途径"。该办法是对 1978 年的《试行办法》进行的补充修订，办法的颁布标志着我国加工贸易发展进入一个有计划有规范的阶段。在政策的有力推动和开放的环境保障下，这一时期，我国"三来一补"加工贸易业务迅速发展。珠江三角洲地区凭借毗邻港澳的区位优势，大量吸纳了以中国香港地区向外转移的简单装配加工工业，来料加工业务作为利用外资、扩大出口的一种贸易方式，率先在广东省范围内迅速发展。珠海香洲毛纺厂、东莞太平手袋厂、广东顺德大进制衣厂等都是我国最早的加工贸易企业。为了加快发展广东地区的来料加工贸易，广东东莞等地区成立了对外加工装配服务公司，专门负责与规模较小的外商签订合同，形成来料加工厂，开展"三来一补"业务，以生产服装、鞋类、玩具、箱包等工艺技术水平不高的传统轻工业产品为主的来料加工业务迅猛发展。1980 年我国的来料加工贸易总额仅为 13.3 亿美元，1985 年达到了 49.1 亿美元，增长了 2 倍多。截至 1987 年底，全国加工厂点达到近 3 万家，1987 年合同数达 84 061 份（见表 5-1）。

表 5-1　1980—1985 年我国来料加工贸易情况

单位：亿美元

年份	来料出口	来料进口	进出口差额	进出口总额
1980	6.1	7.2	−1.2	13.3
1981	9.9	9.6	0.3	19.5
1982	23.7	12	11.7	35.6
1983	15.2	14	1.2	29.2
1984	22.3	27.5	−5.2	49.9
1985	24	25	−1.0	49.1

资料来源：中国海关统计。

（三）"三来一补"为我国加工贸易发展奠定了重要基础

"三来一补"作为我国早期加工贸易的主要形式，对于中国加工贸易的发展具有重要的基础性作用。尽管有人从贸易收益的角度对"三来一补"贸易形式给予了褒贬不一的评价，尤其是发展到"三资"企业以后，有人提出了"三来一补"的低级论。但是我们必须清楚地认识到并加以肯定，以"三来一补"为代表的来料加工贸易为我国加工贸易的发展奠定了重要的基础。"三来一补"投入资金少且投资回收期较短，产品原料和销售"两头在外"，不构成对国内资源和市场的冲击，也无债务风险。作为改革开放后的新兴事物，"三来一补"是适应我国改革开放初期经济发展水平和特征的，是符合我国当时劳动力资源丰富而资金严重短缺的现实的，是符合我国缺乏国际市场销售渠道和急需外汇的实际的。"三来一补"加工贸易的发展对于消化吸收剩余劳动力以及在现有产业发展水平上增创外汇发挥了积极的作用，从一定程度上缓解了我国改革开放初期资金和外汇双匮乏的状况，改善了城乡二元经济结构，有力地促进了国内加工能力和技术水平的提升，对我国经济发展起到了明显的推动作用。

第二节　中国加工贸易政策与实践

加工贸易从起步发展开始就一直受到特殊优惠政策待遇，按照加工贸易的政策取向划分，可以划分为：探索起步与鼓励发展阶段、快速发展与规范管理阶段、调整结构与转型升级阶段以及梯度转移与创新发展阶段。

一、探索起步与鼓励发展阶段：1979—1988 年

（一）加工贸易政策的探索起步

在改革开放初期，加工贸易以"三来一补"形式为主，其中来料加工装配是主要形式，也是我国利用外资、扩大出口的启动模式。这一时期，围绕我国加工贸易的主要特征以及国内经济发展的现实情况，加工贸易政策处于探索起步阶段，主要鼓励发展以来料加工的贸易形式。

1979 年《以进养出试行办法》的发布，提出了我国加工贸易发展的初衷"要引进新技术，进口成套设备……在充分挖掘国内出口货源潜力的同时，积极利用国外原材料和技术，发挥国内生产能力，大力发展以进养出业务，把出口贸易做大做活，增加外汇收入，增强国家支付外汇的能力"。1979 年《关于发展对外加工装配和中小型补偿贸易办法》，规定了加工装配贸易的内涵："是由外商提供一定的原材料、零部件、元器件，必要时提供某些设备，由我国工厂按对方要求进行加工或装配，成品交给对方销售，我方收取工缴费。外商提供设备的价款，我方用工缴费偿还。也可采取灵活做法，运进的原料和运出的成品各作各价，分别订立合同，我方赚取差价，用差价即工缴费偿还设备价款。"

1987 年 9 月，国务院办公厅转发了对外经济贸易部《关于抓住有利时机加快发展来料加工装配等业务的请示》，确立了进一步发展来料加工装配业务的原则：重点发展轻工和纺织品的来料加工；充分发挥现有生产潜力；更多地注意发挥中小型企业和乡镇企业机制灵活的优势；

将经济特区、沿海开放城市和开放地带等有优势条件的地区作为重点发展地区。根据上述原则，对从事来料加工装备业务的企业简化审批和监管手续。

1988 年发布了《关于加强综合管理促进对外加工装配业务发展的通知》，明确了对进料加工的鼓励和扶持，放宽了对进料加工的限制。海关总署于 1988 年 5 月发布《海关对进料加工进出口货物管理办法》，明确指出"进料加工进出口货物是指经营单位专为加工出口商品而用外汇购买进口的原料、材料、辅料、元器件、零部件、配套件和包装物料，以及经加工后返销出口的成品和半成品；对于进料加工给予同来料加工同样的税收优惠；对专为加工出口商品而进口的料、件，海关按实际加工复出口的数量，免征进口关税、产品税（或增值税）；加工的成品出口，免征出口关税"。这种开放式的信任管理模式世界独一无二，发挥了我国在国际分工中的比较优势，加之不断活跃的投资政策，中国的加工贸易迅速发展起来。

（二）加工贸易获得初步发展

1981 年，我国加工贸易进出口规模仅为 26.3 亿美元，1988 年迅速发展至 292 亿美元，是 1981 年的 11.1 倍。1988 年，加工贸易出口 140 亿美元，占全国出口总值的 29.5%；其中来料加工 77 亿美元，占加工贸易出口的 55%、全国出口总值的 16.2%。这一时期，我国加工贸易发展的特点是:(1) 从贸易方式来看，由于我国原材料短缺，制造业落后，产品的花色和品种单一、档次不高，我国加工贸易以外商提供原材料、加工技术及相关设备的来料加工为主;（2）从区域分布看，具有明显区域特征，开展来料加工贸易业务主要在广东、福建两省;（3）从行业特点看，加工贸易涉及的行业基本上都属于加工工序简单、技术含量低的劳动密集型产业，其特点是粗放型、低档次和作坊式对外加工，生产品种涉及塑胶、玩具、电子、纸制品、印刷、钟表、五金、鞋业、服装、通信器材、副食品加工等（见表 5-2）。

表 5-2　1981—1988 年我国加工贸易进出口情况

单位：亿美元，%

年份	出口	占比	进口	占比	进出口	占比
1981	11.31	5.14	15.04	6.83	26.35	5.98
1982	0.53	0.24	2.76	1.43	3.29	0.79
1983	19.44	8.74	22.72	10.62	42.16	9.67
1984	29.29	11.21	31.47	11.48	60.76	11.35
1985	33.16	12.12	42.74	10.12	75.90	10.91
1986	56.20	18.16	67.03	15.62	123.23	16.69
1987	89.94	22.80	101.91	23.58	191.85	23.21
1988	140.60	29.59	151.05	27.33	291.65	28.37

资料来源：中国海关。

二、快速发展与规范管理阶段：1989—2003 年

（一）政策与实践：注重加工贸易规范发展

1988 年 12 月，沿海地区对外开放工作会议在北京召开，中央和国务院提出了沿海地区经济发展战略。会议指出，必须要千方百计争取 1989 年外贸出口持续增长，努力提高"两头在外"产品在出口贸易中的比重。这次会议正式将加工贸易提上经济发展战略的高度。进入 90 年代后，以信息技术为代表的第三次产业革命的兴起进一步深化了国际分工，由产业内分工变成全球范围内产品内分工，在愈加精细的全球分工模式下，我国加工贸易迎来了飞速发展期。加入世界贸易组织以后，我国对外开放进入了体制性开放的新阶段，开放的步伐和程度明显加快，中国吸引外资的条件更加成熟，外商投资连年增长，加工贸易顺势进入了一个新的发展阶段。这一阶段的加工贸易政策除了保持鼓励之外，针对加工贸易快速发展中出现的不规范性问题，相关政府部门也陆续出台了一系列政策措施加强对加工贸易的监管和规范性管理，加工贸易进入加强管理与促进发展并重阶段。

1989 年 7 月，外经贸部发布了《对外经济贸易部关于加强进料加工复出口管理工作的通知》，并于 1990 年 5 月进行了补充，指出"进

料加工复出口是'两头在外'的贸易方式，除 20 种需要加强宏观管理的商品须报外经贸部审批、凭批件向海关领取《进料加工登记手册》外，其余商品不需事先报批"。该通知对进料加工管理工作进一步提出了明确的要求，强化了对进料加工的鼓励和支持，放宽了对进料加工的限制。

这一时期规范加工贸易的政策中，最重要的监管措施当属保证金台账制度的实施。1995 年，国务院出台保证金台账制度，随后，海关总署、中国银行、国家计委、国家经贸委、财政部、外经贸部、中国人民银行、国家税务总局联合公布了《关于对加工贸易进口料件试行银行保证金台账制度暂行管理办法》。该管理办法实质上是将加工贸易保税制度变成了"先征后退"制度。根据该办法，加工贸易单位或企业凭海关核准的手续，按合同备案料件金额向指定银行申请设立加工贸易进口料件保证金台账，加工成品在规定的加工期限内全部出口，经海关核销后，由银行核销保证金台账。1999 年国务院批转了《关于进一步完善加工贸易银行保证金台账制度的意见》，为了降低企业成本，只有极少数信用较差的企业实行了台账"实转"，信用较好的企业实行"空转"，从而台账管理演变成为加工贸易企业分类管理、商品分类管理。根据该《意见》，加工贸易按进出口商品划分为禁止类、限制类和允许类，加工贸易企业划分为 A、B、C、D 四类。对生产不同类型商品的不同类型企业，在银行保证金台账方面给予不同的待遇。为进一步落实加工贸易商品和企业分类管理制度，海关、外经贸部、国家经贸部等各有关部门于1999 年出台了一系列政策，包括《海关对企业实施分类管理办法》《海关对企业实施分类管理办法细则》《关于加工贸易企业分类管理评定标准和审定程序问题的通知》以及《关于确定第一批加工贸易禁止类和进口限制类商品目录的通知》等。

自加工贸易起步发展开始，我国加工贸易一直属于开放式管理，加工贸易企业经营地不受限制，形成了分布区域广、涉及行业面宽的格局。实践经验表明，对加工贸易的开放式监管模式不利于企业自我监督和管理，如贸易加工企业法律意识淡薄，因而出现管理成本高昂、走私严重等问题。因此，监管部门对新增加工贸易做出了管理模式方面的调整，设立了出口加工区，对区内企业实施封闭式监管，加大管理力度，严格审批手续，坚决打击利用加工贸易进行走私的犯罪活动。2000 年 4 月 27 日，《国务院办公厅 < 关于进行设立出口加工区试点 > 的复函》批准在大连、天津、北京、烟台、深圳、广州等地设立出口加工区。《复函》指出，"要按照优化存量、控制增量、规范管理，提高水平的方针，先把新增加的加工贸易企业引入出口加工区，逐步实现对加工贸易企业的集中规范管理"，并规定"区内企业只能经营与加工贸易有关的仓储、运输、进口加工复出口等业务；区内企业开展加工贸易业务不实行银行保证金台账制度和《加工贸易登记手册》管理，区内加工企业不征收增值税；加工区从境外进口的货物，除区内企业和行政管理机构自用的交通运输工具、生活消费品外，其余产品均予以免税"。同年 5 月 24 日，海关总署颁布《中华人民共和国海关对出口加工区监管暂行办法》，作为出口加工区监管的法律依据；国家税务总局也出台了《出口加工区税收管理暂行办法》，进一步落实区外企业向区内企业销售货物的出口退税政策。出口加工区的设立实际上为区内加工贸易企业引入了封闭式的监管模式，通过对存量加强监管力度和将增量纳入封闭式监管的方法，改变了之前加工贸易企业遍地开花不便于管理的局面，较好地解决了我国加工贸易中存在的走私严重的问题，促进了我国加工贸易健康发展。

（二）加工贸易步入高速发展

20 世纪 90 年代是我国加工贸易快速发展的重要时期。这一时期，我国处在以机电产品为主的第五次国际产业转移大潮中，通过积极吸收和有效利用外资，加工贸易获得快速发展并成为拉动我国外贸增长的重要动力。1988—2003 年，我国加工贸易进出口值由 292 亿美元大幅增加到 4047.6 亿美元，增长了 12.7 倍，年平均增长速度达 19.2%。加工贸易出口由 1989 年的 197.9 亿美元增长到 2003 年的 2418.5 亿美元，增长了 11.2 倍，年均增速为 18.2%；进口由 1989 年的 171.6 亿美元增长到 2003 年的 1629 亿美元，增长了 8.5 倍，年均增速为 16.2%。1996 年，加工贸易进出口占比达到 50.6%，首次超过一般贸易，占据了我国外贸发展的半壁江山。1998 年，加工贸易进出口占比达到最高值 53.4%，其中出口占比为 56.9%，进口占比为 48.9%。

1985 年之前，我国加工贸易主要以"三来一补"为代表的来料加工为主，进料加工比重较小。从 1985 年起，进料加工贸易进出口增速开始持续超过来料加工，进料加工比重迅速上升。至 1989 年，进料加工进出口达 201.54 亿美元，首次超过来料加工，占加工贸易的 57%。与此同时，电子、电气设备、办公用品、通讯、计算机及生物制药等高科技产品的生产及制成品的组装在东南沿海地区迅猛发展，加工贸易商品结构持续改善，资本密集型产品比重明显增加，最明显的例子是机电产品加工贸易迅速发展，并位居加工贸易主导地位。1992 年我国机电产品加工贸易占总量的 21.72%，仅次于纺织品。1995 年，机电产品加工贸易进出口超过了纺织品，占加工贸易进出口总额的 28.24%，位居首位。2000 年，机电产品占加工贸易的比重已经超过一半，达到 57.3%（见表 5-3）。

表 5-3　1989—2003 年加工贸易进出口情况

单位：亿美元，%

年份	加工贸易						
	出口	占比	进口	占比	进出口	占比	进出口增速
1989	197.85	37.7	171.64	29.0	369.49	33.1	−
1990	254.20	40.9	187.60	35.2	441.80	38.3	19.6
1991	324.30	45.1	250.30	39.2	574.60	42.3	30.1
1992	396.20	46.6	315.40	39.1	711.60	43.0	23.8
1993	442.50	48.2	363.70	35.0	806.20	41.2	13.3
1994	569.80	47.1	475.70	41.1	1045.50	44.2	29.7
1995	737.00	49.5	583.70	44.2	1320.70	47.0	26.3
1996	843.30	55.8	622.70	44.9	1466.00	50.6	11.0

年份	加工贸易						进出口增速
	出口	占比	进口	占比	进出口	占比	
1997	996.02	54.5	702.06	49.3	1698.08	52.2	15.8
1998	1044.54	56.9	685.99	48.9	1730.53	53.4	1.9
1999	1108.82	56.9	735.78	44.4	1844.60	51.1	6.6
2000	1376.52	55.2	925.58	41.1	2302.10	48.5	24.8
2001	1474.33	55.4	939.74	38.6	2414.07	47.4	4.9
2002	1799.28	55.3	1222.01	41.4	3021.29	48.7	25.2
2003	2418.51	55.2	1629.04	39.5	4047.55	47.6	34.0

资料来源：中国海关。

三、调整结构与转型升级阶段：2004—2010 年

（一）政策与实践：注重加工贸易的结构调整

多年来，我国加工贸易走的是粗放型发展道路，出口商品多为劳动密集型和资源消耗型产品，大量外汇的换取是以消耗国内资源和恶化国内环境为代价的，严重影响了我国经济的可持续发展。为此，国家有关部门连续出台了多项政策对加工贸易发展予以调整，这些政策包括加工贸易禁止目录、加工贸易保证金台账实转、出口退税调整、加工贸易海关联网监管方式等。在党的十六届三中全会及中央经济会议上，胡锦涛总书记提出了"引导加工贸易向产业链高端发展，促进加工贸易转型升级"的要求。这一时期加工贸易政策调整可以概括为"限制"和"发展"。限制或禁止"两高一资"产品、低附加值加工贸易产品的进出口，通过激励政策促进加工贸易结构优化，推动加工贸易健康发展。

2003 年之前，我国规定的禁止类、限制类商品比较少，影响范围也比较有限。2006 年国家先后三次调整加工贸易禁止类目录，2007 年又进行了两次调整。2007 年加工贸易禁止类目录共计 1140 个税号商品列入加工贸易禁止类目录。如禁止为种植、养殖等出口产品而进口种子、种苗、种畜、化肥、饲料、添加剂、抗生素等，禁止开展进口料件属于国家禁止进口商品的加工贸易，如含淫秽内容的书刊，含有害物、放射

性物质的工业垃圾等。截至 2008 年，共有 1816 个 10 位海关商品编码商品被列入加工贸易禁止类目录，超过全部进出口商品税号总数的 9%。

2007 年 7 月 23 日，商务部、海关总署联合发布 2007 年第 44 号公告，公布新一批加工贸易限制类目录，主要涉及塑料原料及制品、纺织纱线、布匹、家具等劳动密集型产业，共计 1853 个十位商品税号，占全部海关商品编码的 15%。对列入限制类的商品将实行银行保证金台账实转管理。同时，对东中西部采取差别政策，东部（东部地区包括北京市、天津市、上海市、辽宁省、河北省、山东省、江苏省、浙江省、福建省、广东省）新设外贸企业不批限制类加工贸易业务，中西部（除东部以外地区）A、B 类企业银行保证金台账空转管理。对东、中西部的差别政策表明了国家产业转移的思路：梯度转移，东部做高端，中西部做两端。

2008 年 12 月 31 日，商务部会同海关总署联合发布了 2008 年第 120 号和 121 号公告，调整加工贸易限制类和禁止类目录。从限制类目录中剔除 1730 个十位商品编码，具体涉及纺织品、塑料制品、木制品、五金制品等，占加工贸易限制类产品总数的 77%，涉及加工贸易出口额约 300 亿美元。调整后的加工贸易限制类目录共计 500 个商品编码，其中限制出口 106 个，限制进口 394 个；从禁止类目录中剔除 27 个十位商品编码，主要涉及铜、镍、铝材等产品，涉及加工贸易出口额约 15 亿美元，占禁止类总金额的 30%。调整后的加工贸易禁止类目录共计 1789 个十位商品编码。

此外，政策还倾向于对加工贸易保税监管措施调整。2006 年 8 月开始施行《中华人民共和国海关加工贸易企业联网监管办法》（海关总署第 150 号令）。另外，2006 年 1 月开始施行《出口加工区加工贸易管理暂行办法》（商务部 2005 年第 27 号令）。加大了对加工贸易产业的检测和审批力度，以求保证我国产品在国际市场的竞争力和防止不法分子利用加工贸易的渠道进行走私。

为进一步完善加工贸易管理，鼓励加工贸易企业优化结构、提高效益、自主创新、积极履行社会责任，限制和减少加工贸易企业从事能源消耗高、环境污染重、附加值低的生产加工，有效推进加工贸易转型升级，促进加工贸易健康发展，商务部于 2007 年 4 月下发《关于加强加工贸易管理有关问题的通知》，通知规定"下放加工贸易内销审批权限"，"完善加工贸易企业准入管理"，将环保、能耗、用工、设备水平等指标纳入加工贸易企业经营状况及生产能力核查范围。

从这一时期国家对加工贸易政策的历次调整来看，政策调整的目的可归纳为如下三个方面：一是着重优化加工贸易商品结构，促进加工贸易转型升级；二是减少顺差，降低顺差过大给国民经济发展带来的不利影响；三是要逐步实现加工贸易向中西部地区梯度转移。

（二）加工贸易趋于优化发展

2004—2010 年，我国加工贸易进出口规模由 5496.6 亿美元扩大到 11 577.7 亿美元，年平均增长速度达 13.2%。其中，出口由 2004 年的 3279.7 亿美元增长到 2010 年的 7403.4 亿美元，增长了 1.3 倍，年均增速为 14.5%；进口由 2004 年的 2216.9 亿美元增长到 2010 年的 4174.3 亿美元，是 2004 年的 1.88 倍，年均增速为 11.1%。随着我国加工贸易政策的调整，我国加工贸易结构不断优化，"两高一资"产品得到有效遏制，机电产品加工贸易占比持续提升，传统轻纺类商品加工贸易占比持续下降，列入加工贸易禁止类目录的钢铁、水泥出口大幅下降，铁合金、生铁、碳化硅、未锻造铜、铝等加工贸易出口全部停止（见表 5-4）。

表 5-4　2004—2010 年加工贸易进出口情况

单位：亿美元，%

年份	加工贸易						进出口增速
	出口	占比	进口	占比	进出口	占比	
2004	3279.70	55.3	2216.94	39.5	5496.64	47.6	35.8
2005	4164.67	54.7	2740.12	41.5	6904.79	48.6	25.6

131

续表

年份	加工贸易						
	出口	占比	进口	占比	进出口	占比	进出口增速
2006	5103.55	52.7	3214.72	40.6	8318.27	47.3	20.5
2007	6176.56	50.6	3683.93	38.5	9860.49	45.3	18.5
2008	6751.80	47.2	3784.00	33.4	10 535.80	41.1	6.8
2009	5869.80	48.8	3223.40	32.0	9093.20	41.2	−13.7
2010	7403.40	46.9	4174.30	29.9	11 577.70	38.9	27.3

资料来源：中国海关。

四、梯度转移与创新发展阶段：2011 年至今

（一）政策与实践：注重加工贸易的创新升级

1. 促进加工贸易梯度转移

后金融危机时期，我国经济面临的国内国际环境均发生了较大变化，支撑我国外贸高速发展的国内比较优势条件逐渐消失，国际经济也一直处于金融危机后的深度调整期，世界经济格局发生深刻变化，全球经济不稳定、不确定因素增多。

在 2007 年和 2008 年，我国就已经确立了两批加工贸易梯度转移的重点承接地名单。其中，第一批包括南昌、赣州、郴州、武汉等 9 座中部城市，第二批包括河南省洛阳市、郑州市、湖北省宜昌市等 22 个地区。2010 年第三批加工贸易重点承接地公布，包括辽宁省锦州市、吉林省延边朝鲜族自治州、安徽省马鞍山市等 13 个地区。为进一步支持中西部承接产业转移，2011 年 11 月，商务部、发改委等六部门联合发布的《关于促进加工贸易转型升级的指导意见》提出，"引导发达地区加工贸易向具备一定条件的欠发达地区有序转移、鼓励具备一定条件的欠发达地区承接加工贸易转移、支持加工贸易梯度转移重点承接地建设"。2011 年 12 月 16 日，商务部发布《商务部人力资源社会保障部海关总署关于促进加工贸易梯度转移重点承接地发展的指导》，提出在中西部地区和东部欠发达地区培育若干区位优势较明显、产业基础较好、

配套能力较强、基础设施完善、具有比较优势的加工贸易梯度转移重点承接地，有序承接加工贸易梯度转移，逐步提高中西部地区加工贸易在全国的比重。2016年1月，国务院印发了《关于促进加工贸易创新发展的若干意见》，提出支持内陆沿边地区承接产业梯度转移、研究制定差异化支持政策等工作要求。5月5日，国务院出台了《关于促进外贸回稳向好的若干意见》，再次把对加工贸易的支持放到了更加突出的位置，强调综合运用财政、土地、金融等政策，支持加工贸易向中西部地区转移。

2. 促进加工贸易创新发展

长期以来，我国加工贸易一直属于传统的"两头在外，大进大出"模式，由于加工贸易自身的缺陷和脆弱性导致我国加工贸易存在着许多问题：（1）我国加工贸易在国内的产业链条短、关联度低，增长质量和效益不高，对产业发展升级带动力较弱；（2）自主创新能力不强，处于全球价值链的低端环节，利润微薄；（3）对国外市场依赖性大，易受到海外市场波动的冲击；（4）地区发展不平衡；（5）管理机制和政策与转型升级的要求不相适应。此外，随着世界经济深度调整和中国经济发展进入新常态，中国传统竞争优势削弱，国内企业生产成本上升，承接国际产业转移放慢，劳动密集型产业和产品订单加快转移至周边发展中国家，加工贸易在对外贸易中所占比重下降。为适应新形势，2011年11月，商务部等六部门联合发布《关于促进加工贸易转型升级的指导意见》，提出我国加工贸易转型升级的发展目标是实现"五个转变"。一是产品加工由低端向高端转变，逐步改变以低端加工组装为主的现状，提高产品技术含量和附加值。二是产业链由短向长转变，促进加工贸易配套体系向研发设计、创立品牌、生产制造、营销服务产业链上下游延伸，延长加工贸易国内增值链。三是经营主体由单一向多元转变，促进内外资企业共同发展。四是区域由东部主导向东中西部协调发展转变，遵循客观经济规律，引导加工贸易由发达地区向欠发达地区有序梯度转移。五是增量由区外为主向区内为主转变，发挥并完善海关特殊监管区功能，引导增量入区发展，促进区内外加工贸易协调发展。

2016 年初，国务院发布《关于促进加工贸易创新发展的若干意见》，提出"以创新驱动和扩大开放为动力，以国际产业分工深度调整和实施'中国制造 2025'为契机，立足我国国情，创新发展加工贸易"。具体措施包括：（1）改革创新管理体制。（2）改进加工贸易监管方式。（3）加快海关特殊监管区整合。（4）加大财政支持力度。推动加工贸易转型升级和梯度转移，实施支持中西部地区承接加工贸易转移的政策。（5）提升金融服务水平，为加工贸易企业转型升级提供多样化融资服务。（6）完善社会保障制度。做好加工贸易重点发展地区流动就业人员的社会保险工作。（7）优化加工贸易法律法规体系。完善加工贸易企业分类管理，建立商务、环保、海关、工商、质检等部门协调机制，推进加工贸易企业信用评价体系建设。

（二）加工贸易占比下降促进贸易结构优化

2011—2017 年，我国加工贸易进出口值由 13 052 亿美元缩减到 11 900 亿美元，占我国进出口总额的比重由 35.8% 降至 29%，下降 6.8 个百分点，逐年下降趋势明显。其中，出口由 8354.1 亿美元下降至 7588 亿美元，占比由 44% 下降至 33.5%；进口由 4697.9 亿美元下降至 4312 亿美元，占比由 26.9% 下降至 23.4%。这一时期，加工贸易告别了高速增长阶段，增速放缓，2015、2016 年甚至出现负增长，与此同时，加工贸易占比下降趋势明显。加工贸易比重降低主要有以下几点原因：从国际环境看，在全球经济放缓和产业格局调整下，外需低迷导致我国加工贸易承接国际产业转移放缓，支撑加工贸易高速增长的外部条件发生根本变化。从国内环境看，一是传统竞争优势逐渐削弱，企业综合成本上升，越南、老挝、柬埔寨等周边国家构成了我国加工贸易转出的竞争地，存在一部分产业和订单转出。二是在产业结构政策及供给侧结构性改革持续推进的背景下，我国加工贸易处在转型升级阶段，发展的重点由追求规模扩大向追求质量提升转变。三是经过多年发展，加工贸易带动国内配套产业链发展日趋完善，国内采购料件内源化和本地化趋势明显比例上升，这也是我国加工贸易进出口占比下降的原因之一（见表5-5）。

表5-5 2011—2017年加工贸易进出口情况

单位：亿美元，%

年份	加工贸易						
	出口	占比	进口	占比	进出口	占比	进出口增速
2011	8354.1	44.0	4697.9	26.9	13 052.0	35.8	12.7
2012	8627.8	42.1	4811.7	26.5	13 439.5	34.8	3.0
2013	8608.2	39.0	4969.9	25.5	13 578.1	32.6	1.0
2014	8843.6	37.8	5243.8	26.8	14 087.4	32.7	3.8
2015	7977.9	35.1	4470.0	26.6	12 447.9	31.5	−11.6
2016	7158.7	34.1	3967.1	25.0	11 125.8	30.2	−10.6
2017	7588.0	33.5	4312.0	23.4	11 900.0	29.0	7.0

资料来源：中国海关。

第三节　加工贸易的历史性贡献

一、加工贸易是我国成为贸易大国的重要支撑

改革开放40年，我国外贸发展取得了举世瞩目的成就。2009年，我国出口额达到12 016.1亿美元，成为全球第一大出口国。2013年，我国进出口总额达到41 589.9亿美元，首次超过美国成为世界第一货物贸易大国。2017年，外贸进出口额41 044.7亿美元，比改革开放初期增长了近200倍。作为我国对外贸易和开放型经济的重要组成部分，加工贸易在推动我国形成贸易大国的过程中发挥了重要的作用。

由于实行加工贸易政策，我国成功地承接了出口导向型的外商直接投资，将外资企业的技术、管理、设备、销售渠道、品牌等方面的优势与我国劳动力、土地成本、基础设施等方面优势有机结合，使我国迅速成为面向全球的低成本加工制造基地，加工贸易迅速崛起，成为我国

对外贸易中最重要的一种方式。1981年加工贸易占我国贸易总额的比重仅为6%，进出口规模只有26.35亿美元，经过10年的迅速发展，至1991年，该比重已经大幅提升至42.3%，进出口规模上升至574.6亿美元。1996年，加工贸易进出口总值达到1466亿美元，占比首次超过一半，1998年占比最高达到53.4%。1996—2007年，我国加工贸易出口占比均超过50%，是我国扩大出口的重要动力。金融危机之后，随着我国外贸结构的调整，加工贸易占比呈现下降趋势，但是进出口规模持续扩大，至2014年，加工贸易进出口额达到14 087.4亿美元，为历史最高值，占我国贸易总额的32.7%。经过40年的发展，加工贸易从主要集中在纺织、服装和轻工等劳动密集型行业，转变为以机电、高新技术产业为主的资本、技术密集型产业，加工贸易项下商品结构的优化也推动了我国对外贸易出口结构的转变。从改革开放40年的外贸发展历程来看，曾经占据外贸半壁江山的加工贸易在我国对外贸易中扮演了重要的角色，加工贸易规模的扩大和结构的优化是推动我国成为世界贸易大国的重要支撑。

二、加工贸易是我国利用外资的重要渠道

从广义上讲，加工贸易是外国的企业以投资的方式把某些生产能力转移到东道国或者利用东道国已有的生产能力为自己加工装配产品，然后运出东道国境外销售。因此从理论上来讲，加工贸易本质就是跨国公司在全球范围内通过对外直接投资配置资源的结果，是国际直接投资的一种形式。加工贸易的产生，是与跨国公司全球战略紧密结合在一起的，跨国投资是生产要素国际间整合的工具，而加工贸易则是生产要素国际间整合的实现方式。

改革开放初期，我国制定加工贸易政策的目的是扩大开放和利用外资。因此，"三来一补"作为我国加工贸易早期的主要形式，也是沿海早期利用外资的主要方式，是我国改革开放后利用外资的启动模式。这一时期，港澳地区是外资最重要的来源地。进入20世纪90年代以来，

我国进入多层次、全方位的开放格局，我国利用外资形式也随着外国跨国公司的进入发生改变，按投资方式看，以合资经营和合作经营为主，加工贸易中的进料加工成为主要的利用外资的形式。从"三来一补"到成立"三资企业"，无论是来料加工还是进料加工，"两头在外"这种加工贸易形式有效引进利用外资，并结合国内劳动力等成本优势，实现了以出口导向为主的创汇目标。

资金短缺是所有发展中国家在经济发展中面临的共同问题。在改革开放初期资金匮乏、技术短缺的情况下，选择出口导向型利用外资，符合我国当时经济社会发展的迫切需求，改变了我国创汇能力不足、外贸收支长期逆差的状况。在东部沿海地区尤其是经济特区，外商直接投资已经成为经济发展的主要资金来源，对扩大出口、发展外向型经济发挥了至关重要的作用。据统计，1991 年，中国有产品出口的外商投资企业数量达到 1.2 万家，占已开业生产型企业的 70%，平均每个企业出口额 100 万美元。全国外商投资企业总体外汇收支都平衡有余，企业年末外汇结存和在外汇调剂市场上的外汇净调出逐年增长。1991 年，外商投资企业出口工业制成品占出口总额的 93.5%，大大高于全国平均水平。加工贸易不仅仅是一种贸易行为，更重要的是它与利用外资相联系，是我国参与国际化生产的重要环节和组成部分，我国已形成以加工贸易为主的外商投资格局，加工贸易成为外贸、外资相连接的载体。1998 年，外资企业加工贸易总额占外资企业贸易总额的比重达到最高值的 74.5%。

三、加工贸易是我国融入国际产业分工体系的重要工具

我国加工贸易是在经济全球化和国际分工不断深化的背景下发展起来的。随着经济全球化的发展，国际分工由传统的产业间分工逐步向产业内分工甚至产品内分工方式转变、由垂直分工向水平分工转变，跨国公司在全球范围内布局产业链，由此带来的国际产业转移步伐不断加快。改革开放后，我国政府抓住了国际产业转移的历史机遇，利用自身丰富的自然资源禀赋、廉价的劳动力资源和国家各项优惠政策等比较优

势，大力发展加工贸易，使我国迅速融入全球生产网络，参与了跨国公司主导的全球生产价值链。可以说，加工贸易是国际产业分工发展的产物，是我国抓住机遇承接转移的结果，体现了国际产业水平分工的特征。从 20 世纪 70 年代末以"三来一补"方式承接香港地区传统制造业起步，到 80 年代中期开展机械设备、电气装配等产品的组装加工，再到 90 年代中后期大量承接欧、美、日、韩等国家和地区技术含量较高的电子信息制造业，国内加工贸易获得了迅猛发展，产业层次不断提升，经过 40 年的成长，加工贸易已成为我国参与国际分工的主要方式之一，成为我国融入国际产业分工体系的重要工具。

四、加工贸易是吸纳城乡劳动力资源就业的重要载体

我国发展加工贸易，实质上就是从国外引进我国相对短缺的资源、半成品等料件，利用国内丰富的劳动力资源，发挥比较优势，通过加工组装，实现产品的增值，然后出口到国际市场，换回宝贵的外汇，再用这些外汇进口我国经济发展所需的资源和先进的设备、技术，促进经济的快速发展。加工贸易的发展利用了国内的"人口红利"优势，通过在全国范围内进行资源的优化配置，创造了大量的就业机会，尤其是在 20 世纪 80 年代末 90 年代初期，随着东部沿海开放型经济发展战略的实施，"两头在外，大进大出"的加工贸易成为大量农村剩余劳动力产业外转移的安置空间。据统计，1991 年，仅进料加工一项就带动了 2800 万工人就业。[①]

加工贸易对解决国内就业问题的作用主要体现在三个方面：其一，加工贸易的发展创造了大量的就业岗位，扩大了国内就业，尤其是解决了大批农民工的就业问题，极大地缓解了国内就业压力。2012 年我国加工贸易企业约 10 万家，直接从业人员 4000 万左右，大约占我国第二产业就业人数的 20%。随着加工贸易企业的集聚，也带动了大量间接就业。其二，加工贸易提升了人力资源的整体水平，为产业发展提供

---

① 石广生. 中国对外经济贸易改革和发展史. 北京：人民出版社，2013：141.

了更多的优质劳动力。为降低成本提高竞争力，来华从事加工贸易的外商投资企业大多实行人才本地化战略，本土劳动力不断学习掌握先进技术、标准、生产管理方式，实现了"干中学"，可以说加工贸易的发展培养了大量能够适应工业化大生产的熟练劳动力和大批适应国际化竞争的技术与管理人才，这些人才的流动成为技术与管理扩散最为有效的途径，为我国工业的现代化储蓄了大量人力资源。据测算，加工贸易为我国直接或间接创造技能型、管理型岗位超过 4000 万个，这些蓝领工人、技术和管理人才规模的不断扩大，为我国优化调整产业结构和推动新型工业化发展提供了坚实的基础。其三，加工贸易促进了劳动力的转移，实现了就业结构的转变和资源的再分配。一方面，加工贸易促进了城乡劳动力资源配置，使大量低文化水平的农村人口转型为产业工人，加快了城镇化进程，带动了民营经济的发展，如从加工贸易发展起来的深圳布吉的电子信息产品、虎门的服装、顺德的家电、东莞的厚街家具等，这些专业乡镇利用加工贸易这一不出国门的"走出去"推动当地经济发展，已基本完成了由农村向城市的转变。另一方面，农民工从农业部门转移到制造业和相关服务部门，有力地促进了其收入增长，因此，加工贸易实际上有利于收入分配结构的优化调整，对于缩小城乡差距、促进社会和谐有着重要作用。

五、加工贸易是加速中国工业化的重要推动力量

加工贸易是我国通过体制创新、扩大开放和监管方式的创新来抓住全球产业跨境转移的一个典范。从 40 年来的发展来看，基于加工贸易政策的中国工业化模式取得了巨大成就，加工贸易的发展在使我国成为"世界工厂"过程中扮演了不可或缺的主力军角色，为我国成为世界级制造业基地打下了基础，同时更展示出一条全球化背景下中国工业化的新道路。

（一）加工贸易的发展带来的技术进步推动国内制造业升级

外商投资企业作为加工贸易的主体，来华投资的同时也带来了很多

新的产品、先进的技术和现代化的管理方式，用工业文明熏陶了大批劳动者，增强了我国制造业国际竞争力，有力地促进了我国制造业的发展。加工贸易项下的机电产品、高新技术产品的进出口贸易蓬勃发展。深加工结转业务的不断扩大，加工链条的不断延伸，促使产品配套生产与供应能力不断增强，产业聚集效应效果明显，加工贸易的技术与管理的辐射和扩散作用带动了国内相关企业的技术进步与产业升级。

（二）加工贸易发展直接带动了新兴制造业的发展

依托加工贸易的快速发展，我国从一个电子工业相对落后的国家，迅速崛起为世界 IT 产业最重要的硬件制造基地，制造水平和部分领域的设计水平已跻身世界一流，最新款的手机、电脑、数码相机等电子产品都由在华企业设计制造，加工贸易发展对推进工业化进程具有显著的正向相关效应，二者间形成了良好的互动发展格局。

（三）加工贸易促进技术研发能力的提高

加工贸易起步发展时主要是外商来华投资开展简单低级的加工装配。当前，越来越多的跨国公司为了增加产品的国际市场竞争力，将研发贴近生产制造，在中国设立独立研发中心。

（四）加工贸易解决了改革开放初期我国外汇严重不足的困难

国际经验表明，外汇短缺是制约发展中国家推进工业化的一个重要因素，大力发展以出口创汇为导向的加工贸易使得中国克服了制约发展中国家工业化的外汇缺口，为推进工业化提供了必备的条件，有力地推动了中国的工业化进程。

从历史的角度看，作为我国外贸的重要组成部分，加工贸易是我国参与全球价值链分工和国际竞争的重要形式，也是我国充分利用国内国外"两个市场""两种资源"的有效途径，在推动我国对外贸易的快速发展的同时也促进了我国产业结构优化和升级，对整个国民经济发展做出了巨大贡献。在新时代贸易强国发展目标和要求下，创新发展、提质增效成为我国加工贸易的发展重点，实现加工贸易的创新升级是促进我国产业向全球价值链高端跃升的重要途径，也是我国迈向贸易强国的必要路径。要以国际产业分工深度调整和实施"中国制造2025"为契机，通过延长产业链、增强企业创新能力、促进产业融合升级等，实现加工贸易创新发展，推动加工贸易转型升级，提升加工贸易在全球价值链中的地位，助力我国从贸易大国向贸易强国转变。

第六章　服务业开放与服务贸易发展

改革开放 40 年来，尤其是十八大以来，中国进一步加大了服务业开放和服务贸易发展力度，积极探索建立服务业开放和服务贸易发展的试验试点平台，把我国服务业开放和服务贸易发展推向了更高水平，为新时代条件下中国经济贸易高质量发展做出了重要贡献。

第一节　服务业开放与服务贸易发展的政策实践

与制造业开放和招商引资相伴的，是服务业的改革开放。酒店业、航空运输业等服务业是我国改革开放大潮中首批对外开放的服务产业。服务业的对外开放不仅为服务贸易发展创造了条件，也为我国制造业开放，并参与国际分工、融入世界经济提供了支撑。

一、不断推进服务产业改革发展

改革开放以来，我国政府积极采取措施促进服务业改革发展。一些新兴服务业经历从无到有、由弱到强的发展过程，现在已经基本形成了一个完整的服务产业体系。国内服务业改革发展为服务业开放和服务贸易发展创造了良好条件。

1992 年国务院发布《关于加快第三产业发展的规定》，文件明确了新时期大力发展服务业的重大战略意义，界定了服务业发展的目标和重点，并提出了相应的政策和措施。该文件的出台意味着我国结束了长期忽视服务业发展的历史。自此之后，加快服务业的发展，提高服务业在国民经济中的地位，便成为我国政府调控经济活动的重要导向。

1994 年实施的分税制改革为地方政府扶持服务业发展注入了强劲的动力。分税制财政体制改革是新中国成立以来调整利益格局最为明显的一次制度变革。它将来自工业产品的增值税的大部分和消费税的全部划归中央，而把来自服务业的税种划归地方。这种中央和地方政府间分配格局的调整，刺激了地方政府重新分配工业和服务业的发展资源，使地方经济发展政策开始向服务业倾斜。

2002 年国务院发布《"十五"期间加快发展服务业若干政策措施的意见》，提出了 12 个方面的政策措施，包括优化服务业行业结构，扩大服务业就业规模，加快企业改革和重组，放宽服务业市场准入等。通过这些政策措施，强化了对交通运输、商贸流通、餐饮、公用事业、农业服务等行业的改组改造，推进了连锁经营、特许经营、物流配送、代理制、多式联运、电子商务等组织形式和服务方式的发展。

2007 年 3 月《国务院关于加快发展服务业的若干意见》提出，到 2020 年，基本实现经济结构向以服务经济为主的转变，服务业增加值占国内生产总值的比重超过 50%，服务业结构显著优化，就业容量显著增加，公共服务均等化程度显著提高，市场竞争力显著增强，总体发展水平基本与全面建设小康社会的要求相适应。

党的十八大以来，党中央、国务院高度重视服务业尤其是现代服务业发展。党和国家出台了一系列服务业发展的政策文件。十九大报告站在推进供给侧结构性改革、建设现代化经济体系的高度，对文化产业、数字经济、人力资本服务等领域做了重要论述。2017 年国家发展改革委发布《服务业创新发展大纲（2017—2025）》。

在党中央、国务院的高度重视和持续推动下，我国服务业规模持续扩大，就业迅速增加，在经济社会生活中发挥了越来越重要的作用。各地方政府也相继加大了资金投入，使服务业结构得到改善，生产性服务业作用加强，传统服务业改造提升步伐加快，新兴行业、新型服务产品不断涌现，许多大中城市已经呈现出服务经济的特征。

二、促进服务业对外开放

（一）加入 WTO 以前的服务业开放进程

20 世纪 80 年代，我国只有旅游设施、饮食服务等少数服务业领域对外资开放。进入 90 年代，特别是 1992 年以来，我国加快了服务领域的对外开放步伐，服务业开放已成为我国全方位开放格局初步形成的重要标志。交通运输、房地产、信息咨询、广告制作等开始引进外资，金融保险、零售业等领域开始试办外商投资企业，邮电通讯也开始大幅度对外开放。但是由于服务业在对外开放中属于较敏感、难度较大且滞后的部门，因此我国在引进外资时十分谨慎，基本上采取的是合资或合作方式，某些部门对外资比例做了很大限制。

1995 年 2 月，我国允许外商投资服务贸易的领域进一步扩大至银行业、保险业、会计和审计服务、医疗保险服务、石油业服务等。1995 年 6 月，国家计委颁布《外商投资产业指导目录》，鼓励外商投资相关服务业领域，包括：科技信息咨询、精密仪器设备维修、售后服务、地方铁路、桥梁、民用机场的建设与经营等。1995 年 10 月，我国政府颁布"九五计划"后，各地积极鼓励外商投资于基础设施、信息设施等服务业领域，扩大外商投资零售业、连锁业、批发业和物资供销业的试点开放。

金融服务是我国服务业开放的重要部门，到 2000 年，我国已允许外资金融机构在 23 个城市和 1 个省份建立营业性机构，批准 184 家外资银行在我国设立营业性机构，并允许经营面向外资企业和外国个人的人民币业务。允许外资在中国 11 个城市经营商业零售业务，批准了一些外国会计师事务所在华发展成员所，允许外资在 19 个城市设立代表处。

我国参加了整个"乌拉圭回合"谈判，而且参与制定了服务贸易总协定（GATS）。1990 年 5 月 4 日，我国联合印度、喀麦隆、埃及、肯尼亚、尼日利亚和坦桑尼亚等发展中国家向服务贸易谈判组提交了对 GATS 文本结构具有重大影响的"亚非提案"。1990 年底，服务贸易谈判进入市场准入初步承诺谈判阶段。根据谈判规则，只有已经提出开放本国服务市场初步承诺开价单的国家，才有资格向其他国家提出要价单，也才有资格参加初步承诺谈判，成为 GATS 的成员方。1991 年、1992 年、1997 年我国曾先后提交承诺开价单，涉及专业服务（包括会计、律师业等）、计算机及有关服务、广告、近海石油服务、陆上石油服务、建筑工程、房地产、城市规划、银行、保险、旅游、远洋运输、航空和陆地运输等 14 个服务领域。

（二）加入 WTO 后我国大幅提高了服务业开放水平

在《中国加入 WTO 议定书》中，我国政府承诺全方位、有步骤地开放服务业市场。对服务贸易领域开放所做出的承诺涵盖《服务贸易总协定》12 个服务大类中的 10 个，涉及总共 160 个小类中的 100 个，占服务部门总数的 62.5%，开放程度接近发达国家水平。在列入服务贸易开放减让表的 33 项内容中，银行、保险、证券等领域进一步放宽了限制；电信、视听服务、燃气、热力、供排水等被列为开放的领域；商业分销服务、会计、审计、法律等专业服务领域都给予了较大程度的开放。随着入世过渡期的结束，除关系到国家安全和国计民生的重要行业、敏感行业对外资继续实施必要限制外，逐步取消了服务行业对外商投资在地域、股权和业务范围等方面的限制。

为了积极参与区域和次区域自由贸易协定，适应国际区域经济一体化的发展趋势，我国政府与东盟签署了《中国—东盟自由贸易框架协议》，与中国香港特别行政区、澳门特别行政区政府签订了《关于建立更紧密经贸关系的安排（CEPA）》。在这些多边和双边自由贸易协定中，服务贸易自由化成为重要内容，尤其是在 CEPA 中，服务贸易自由化的内容更加突出。此外，我国与韩国、日本还就信息产业、人力资源开发与合作等服务贸易达成专项协议。2014 年 12 月，广东省对港澳基本实现服务贸易自由化的协议签署，明确提出"2014 年底前率先基本实现粤港澳服务贸易自由化"目标。2015 年 11 月，内地与香港、澳门分别在 CEPA 项下签署务贸易专项协议，标志着内地与香港和澳门的服务贸易开放合作水平达到了新高度。

（三）十八大以来我国服务业自主开放的持续探索

党的十八大以来，我国通过建立一系列服务业开放试验平台，进一步加大了服务业开放步伐。2013 年 8 月以来，国务院先后批准设立中国（上海）自由贸易试验区、中国（广东）自由贸易试验区、（天津）自由贸易试验区、中国（福建）自由贸易试验区等 11 个自由贸易试验区，旨在打造中国经济改革开放新的试验田，并在试验区实行政府职能转变、金融制度、服务业开放、外商投资和税收政策等多项改革开放措施。

2015 年 5 月，国务院发布《关于北京市服务业扩大开放综合试点总体方案的批复》（国函〔2015〕81 号），对北京市服务业扩大开放综合试点进行部署，在科学技术、文化教育、金融服务、商务旅游、健康医疗等领域分批次推出一系列扩大开放举措，努力形成可推广复制到全国的服务业扩大开放经验。

2018 年 4 月，习近平总书记在博鳌亚洲论坛期间宣布扩大金融业开放的一系列举措，并在庆祝海南建省办经济特区 30 周年大会上郑重宣布，党中央决定支持海南全岛建设自由贸易试验区，支持海南逐步探索、稳步推进中国特色自由贸易港建设，分步骤、分阶段建立自由贸易港政策和制度体系。

三、加强服务贸易管理，不断完善服务贸易政策体系

（一）完善服务产业和服务贸易立法

自 20 世纪 80 年代起，我国就开始着手有关服务产业和服务贸易的国内立法工作，先后颁布实施了《民法通则》《对外贸易法》《商业银行

法》《海商法》等多部法律，构建起了一个服务贸易基本规则框架体系。这些法律大都参照了大陆法与英美法的相应规定，并按照我国所参与的国际公约制定和实施。

加入 WTO 之前，我国就初步形成了由法律、行政法规、规章及大量的地方性法规共同组成的多层次的涉外服务贸易法律体系。它以《中华人民共和国对外贸易法》（以下简称《外贸法》）为核心，包括了广泛涉及投资、金融、保险、电信、法律服务、海运及工程承包、咨询等服务领域的各种法律法规。包括金融服务业立法，主要有《人民银行法》《商业银行法》及《外资金融机构管理条例》等；保险服务业立法，主要有《保险法》及《上海外资保险机构暂行管理办法》；运输服务业立法，主要有《海商法》《国际班轮运输规定》《国际船舶代理管理规定》《民用航空法》等；旅游服务业方面，有《旅行社管理条例》及《实施细则》；建筑工程服务业立法，主要有《建筑法》及《在中国承包工程的外国企业的资质管理办法》；广告服务业方面，颁布了《广告法》，另外，还有国务院颁布的《涉外广告代理条例》；专业服务业方面，主要有《律师法》《注册会计师法》等。

加入 WTO 后，按照入世承诺，我国进一步完善我国服务行业的法律法规，显得十分迫切，并启动了大规模服务业国内法规的立、改、废工作。2004 年,《对外贸易法》修订过程中进一步充实了服务贸易内容。

（二）加强服务贸易发展规划

截至目前，我国共制定了三个服务贸易五年规划。《服务贸易发展"十一五"规划纲要》是我国服务贸易领域的第一个规划，详细提出了未来几年我国服务贸易发展的目标及路径，并提出了如下工作内容：构建服务贸易发展管理体系；建立和完善服务贸易统计体系；建立服务贸易发展促进体系；继续积极稳妥扩大服务业开放；分类指导，重点促进服务贸易发展；服务贸易发展的保障措施等。《服务贸易"十二五"发展规划》进一步对中国服务贸易发展进行了系统、全面规划，并提出了 30 个服务贸易重点发展领域和服务外包重点发展方向。《服务贸易

"十三五"规划》，明确了今后一个时期服务贸易及其重点领域发展的总体目标、主要任务、战略布局、保障措施等，提出构建北京、上海、广东服务贸易三大发展核心，打造中国服务品牌等创新性思路举措。

（三）建立服务贸易协调管理机制

2015 年 8 月，为加强对全国服务贸易工作的宏观指导和部门间协调配合，推动服务贸易加快发展，国务院建立服务贸易发展部际联席会议制度，标志着服务贸易工作部门间协调机制化建设取得重要进展。联席会议由 39 个部门和单位组成，职能包括研究加快服务贸易发展的政策举措，协调各部门服务进出口政策，统筹服务业对外开放，将服务业对外开放与促进服务进出口有机结合，推进服务贸易便利化和自由化等。

（四）全力开展服务贸易创新发展试点

2016 年 2 月，国务院批复同意在天津等 15 个地区开展服务贸易创新发展试点，重点在管理体制、促进机制、政策体系和监管模式方面先行先试，探索适应服务贸易创新发展的体制机制和政策措施，打造服务贸易制度创新高地。各试点地区先行先试，创新服务贸易发展模式、探索与服务贸易相适应的监管体制、积极培育服务新业态、探索服务业双向开放路径，为全国服务贸易创新发展积累经验。通过两年试点，形成了 29 条可复制可推广的政策经验。

2018 年 6 月，国务院发布《深化服务贸易创新发展试点总体方案》国函〔2018〕79 号，在先前 15 个试点基础上，增加北京和雄安新区作为新的试点地区，同时把江北新区、哈尔滨新区试点范围扩展至南京市和哈尔滨全市范围。深化试点期限为 2 年，自 2018 年 7 月 1 日起至2020 年 6 月 30 日止。方案要求试点地区要以供给侧结构性改革为主线，充分发挥地方的积极性和创造性，推动在服务贸易管理体制、开放路径、促进机制、政策体系、监管制度、发展模式等方面先行先试，加快优化营商环境，最大限度激发市场活力，打造服务贸易创新发展高地，带动全国服务贸易高质量发展，不断培育"中国服务"核心竞争优势，推动形成全面开放新格局。

（五）建立完善服务贸易支持政策

2014 年以来，国务院先后出台《国务院关于加快发展服务贸易的若干意见》《国务院关于促进服务外包产业加快发展的意见》《国务院关于加快发展对外文化贸易的意见》等政策文件，强化了服务贸易顶层设计。印发《服务出口重点领域指导目录》《鼓励进口服务目录》和《服务外包产业重点发展领域指导目录》，加强对服务进出口重点领域的支持引导，为出台和落实支持政策提供依据。设立服务贸易创新发展引导基金。逐步建立服务贸易促进政策和公共服务体系，财税、金融支持服务贸易发展的范围和领域不断扩大，服务贸易便利化取得明显成效。

（六）搭建服务贸易促进平台

2012 年 5 月，全球唯一一个国家级、国际性、综合型的服务贸易平台，中国（北京）国际服务贸易交易会（京交会）在北京召开。近年来，以京交会为龙头的服务贸易综合展会平台影响力增强，形成了以京交会为龙头，包括中国（上海）国际技术进出口交易会、中国国际软件和信息服务交易会、中国国际服务外包交易博览会、中国（深圳）国际文化产业博览交易会、中国（香港）国际服务贸易洽谈会等专业类展会交易平台体系。通过一系列服务贸易促进活动，引导和推动行业协会、中介组织、公共智库和新闻媒体加大对服务贸易的促进、服务和宣传力度。

（七）服务贸易统计体系走向完善

我国一直十分重视服务贸易统计工作。商务部联合国家统计局定期发布修订《国际服务贸易统计制度》。同时服务贸易主管部门重点加强"服务贸易统计监测管理信息系统"建设，努力促进服务贸易业务系统的整合，推进与外汇、税务、海关等部门数据的互联互通，推动逐步实现统计监测分析、政策支持保障、服务贸易公共服务等功能。推动建立服务贸易重点监测企业联系制度，推进服务贸易企业数据直报工作，将服务贸易统计纳入国家统计局统计执法；完善服务贸易统计体系，提高服务进出口（BOP）数据的及时性、准确性、细分性和全面性，首次发布附属机构服务贸易（FATS）统计数据，开展留学、境外就医等重点服务贸易领域的抽样调查。经过多年努力，我国服务贸易统计制度不断完善，服务贸易数据的统计与发布更加制度化、定期化和透明化。

第二节　中国服务贸易发展的历史性成就

一、服务贸易发展历程

过去的 40 年，我国服务业开放和服务贸易发展经历了以下四个发展阶段。

（一）十一届三中全会开启了我国服务业和服务贸易开放发展新征程（1978—1991 年）

伴随着改革开放的春风，我国服务业从封闭走向开放。航空运输和酒店行业成为我国首批对外开放的服务产业。1980 年中国民航北京管理局与香港中国航空食品公司外资成立了"北京航空食品公司"，成为当时我国最早的三家合资企业之一。1982 年新中国成立后的第一家中外合资饭店——位于北京建国门外的建国饭店正式营业。航空和酒店行业的开放，为当时华人华侨来华投资办厂、探亲旅行提供了便利。经济特区建立后，特区城市的服务业开放进一步拓展到了银行、交通、融资租赁等领域。此阶段，我国服务业增加值从 1982 年的 463.3 亿美元增长至 1991 年的 1321.8 亿美元，服务业占 GDP 比重从 1979 年的22.3% 上升至 1991 年的 34.5%。在这一阶段，我国服务贸易主要体现在技术引进、劳务输出和旅游等少数领域，甚至在国际收支中并未有"服务贸易收支"这一概念。根据历史追溯的数据，1982 年我国服务贸易总额为 47 亿美元，到 1991 年，服务贸易规模已经扩大至 137 亿美元，增长了近 3 倍。此阶段，由于我国服务业开放度仍然不够，服务进口受到限制，我国服务贸易总体呈现顺差，顺差规模由 1982 年的 6 亿美元扩张至 1991 年的 54 亿美元。

（二）在复关和加入 WTO 进程中持续推进服务业开放和服务贸易发展（1992—2001 年）

20 世纪 90 年代以来，为了更好地融入经济全球化并与国际规则接轨，我国加快了复关和加入 WTO 谈判进程，这在客观上又进一步扩大了服务业开放水平。在此期间，我国积极参与乌拉圭回合谈判，在《服务贸易总协定》框架下，在服务业开放众多领域做出了较高承诺。1994 年《对外贸易法》第一次明确了技术进出口和国际服务贸易，与货物贸易并列，作为对外贸易的三大基本内容。1997 年，我国国际收支平衡表根据国际通行标准，专门针对国际服务贸易收支进行统计。至此，"服务贸易"这一概念正式诞生，并为服务贸易统计数据提供了基本来源。在此阶段，我国服务业在 GDP 中比重从 1992 年 35.6% 上升至 2001 年 41.2%。服务业成为吸收外资重要来源，截至 2001 年底，全国累计批准设立的外商投资企业和合同外资中，服务产业比重达到 24.1%。1991 年至 2001 年，我国服务贸易总额从 108 亿美元增加至 719 亿美元，年均增幅 21%，占世界贸易份额也从 0.6% 升至 2.4%。其中出口额从 69 亿美元增加至 329 亿美元，年均增长 17%，进口额从 39 亿美元增为 390 亿美元，年均增幅 26%。旅游是我国最主要的服务出口领域，2001 年旅游出口额为 177.9 亿美元，占当年我国服务出口总额的 54.1%。

（三）加入 WTO 后我国服务业和服务贸易发展成就举世瞩目（2002—2012 年）

2001 年 12 月，我国成功加入世界贸易组织，服务业开放进一步扩大。加入 WTO，我国对服务贸易总协定 12 大类中的 9 大类、近 100 个小类进行了渐进的开放承诺，其中金融、通信、旅游、运输和分销服务业成为开放重点。这一阶段，服务产业和服务贸易发展成就令世界瞩目。一是服务业成为吸收外资的主导产业。2002—2007 年，我国服务业吸收外资实际金额从 121 亿美元增长为 306.9 亿美元，服务吸收外资水平有了较大提升。2007—2012 年，我国服务业实际吸收外资金额从 306.9 亿美元增长为 538.4 亿美元。二是确立服务贸易大国地位。2003

年我国服务贸易突破千亿美元关口，2007 年突破 2000 亿美元，达到 2059 亿美元。此时，我国服务贸易总额在世界排名从第 13 位上升至第 6 位；出口排名从第 12 位上升至第 7 位；进口排名从第 10 位上升至第 5 位。2007 年到 2012 年，我国服务贸易总额从 2509 亿美元增为 4705 亿美元。2012 年我国服务贸易成为世界第三大贸易国，仅次于美国和德国。其中出口额为 1904 亿美元，位居世界第五位；进口额为 2801 亿美元，位居世界第三位。

（四）全面推进服务业和服务贸易改革创新（2012 年至今）

十八届三中全会通过了《中共中央关于全面深化改革若干重大问题的决定》，提出构建开放型经济新体制。党的十九大报告指出："推动形成全面开放新格局""推进贸易强国建设""扩大服务业对外开放"。党的十八大以来，我国通过北京服务业开放试点、上海等自贸试验区、商签 CEPA 协议等途径加大了服务业开放力度。服务业开放领域进一步向金融、教育、文化、医疗、育幼养老、建筑设计、会计审计、商贸物流、电子商务等领域深化，并引入"准入前国民待遇 + 负面清单"的新型开放模式。这一时期我国服务产业和服务贸易的改革创新发展不断取得新成果。一是服务业加快发展。2015 年，服务业增加值占 GDP 比重超过了 50%，2017 年进一步提升至 51.6%。信息传输、软件和信息技术等高技术服务业增长速度明显高于传统服务产业。二是服务贸易成为对外贸易发展的新动力。2017 年，我国服务贸易 6957 亿美元，世界排名第二，仅次于美国。服务贸易创新发展试点深入推进，并形成 29 条可复制可推广的政策经验。2018 年国务院发布深化服务贸易创新发展试点方案，并新增北京、雄安新区两个试点地区。三是在国际合作方面，服务贸易成为深化"一带一路"国际经贸合作的新动能。2017 年，中国与"一带一路"沿线国家服务贸易总额达 977.6 亿美元，同比增长 18.4%，占中国当年服务贸易总额的 14.1%。与沿线国家服务贸易额及占比稳步提升，运输和旅游是主要领域。服务贸易在形成"一带一路"国际价值链中起到关节点和黏合剂的重要作用，是打造中国主导的国际价值链的关键。

二、服务贸易发展的巨大成就

经过改革开放 40 年的发展，我国服务贸易规模位居世界第二，实现了历史性的跨越，已经跻身世界服务贸易大国行列。

（一）服务贸易规模不断扩大

改革开放中，我国服务贸易总额从 1982 年的 47 亿美元，增长至 2017 年的 6957 亿美元，规模扩大了 148 倍，贸易平均增速达到 15.3%。从服务进出口方面看，从 1982 年出口 27 亿美元，增长至 2017 年出口 2281 亿美元；同期服务进口从 20 亿美元增长至 4676 亿美元。2017 年，中国服务贸易规模仅次于美国，位居世界第二位（见图 6-1）。

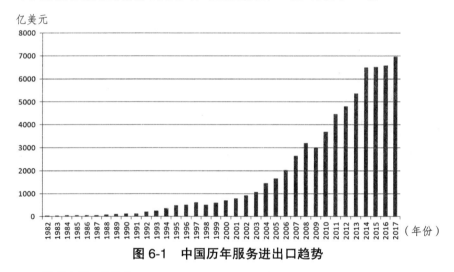

图 6-1　中国历年服务进出口趋势

资料来源：商务部。

（二）服务贸易逆差不断扩大

1982—2017 年，随着中国服务业的开放，服务贸易经历了由顺差到逆差的转变。1982 年，中国服务贸易顺差 8 亿美元，而 2010 年以后，服务贸易逆差迅速扩大，到 2017 年逆差扩大至 2395 亿美元。从逆差结构来看，主要集中于运输与旅行等领域（见图 6-2）。

亿美元

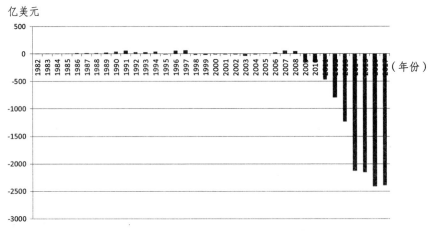

图 6-2　历年中国服务贸易逆差趋势

资料来源：商务部。

（三）新兴服务贸易快速发展

伴随我国自主研发能力不断提升，服务贸易开放逐步扩大，我国知识密集型的新兴服务贸易出口规模也呈现增长态势。2017 年，我国新兴服务贸易出口 1084.9 亿美元。电信、计算机和信息服务进出口增长 20.1%，个人、文化和娱乐服务增长 21.8%，维护和维修服务增长 14.4%。金融服务、其他商业服务均有小幅增长，取得稳定发展。知识产权使用费服务进出口额增长 32.6%（见图 6-3）。

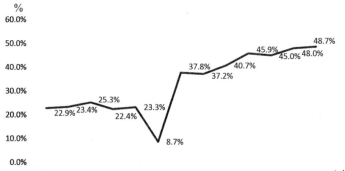

图 6-3　2005—2017 新兴服务出口占服务出口比重趋势图

资料来源：商务部。

（四）试点地区的集聚引领作用不断增强

2016 年，15 个服务贸易创新发展试点地区服务贸易增速普遍超过全国平均水平。2017 年全年，15 个试点地区服务贸易总额完成 7.53 亿美元，同比增长 280.3%，服务进出口占全国的比重达 51.6%，比试点前提高 5 个百分点，试点地区服务贸易加快发展的成效初显。经过 2016—2017 年两年的试验，形成了 29 条可复制可推广的政策经验。

（五）服务贸易国际合作深入推进

积极与主要服务贸易伙伴、"一带一路"沿线重点国别、具有独特产业优势国家建立服务贸易合作机制。目前，中国与 200 多个国家和地区建立了服务贸易往来，与德国、澳大利亚、英国等 8 个国家建立了服务贸易合作促进机制。国际服务外包业务的发包国家或地区达 201 个，比 2012 年增加 12 个。同时，与 WTO、联合国贸易与发展会议等国际组织开展服务贸易领域合作，利用"一带一路"高峰论坛、金砖国家领导人会晤、上合组织峰会等平台，推动多边务实合作。

（六）服务贸易占对外贸易比重提升明显

我国积极推动服务贸易自由化和便利化，为中国与世界各国在服务贸易领域深化合作创造有利的条件和公平的竞争环境。服务贸易占对外贸易（货物 + 服务）比重不断提升，从改革开放之初的占比不足 10% 发展至 2017 年服务贸易占外贸比重达到 15% 左右，逐步向发达国家贸易占比水平接近。"十三五"期间，中国服务贸易将迎来全面发展的黄金时代，为世界服务企业提供了巨大的市场和重要的合作机遇。

（七）服务贸易在全球地位不断提升

改革开放之初，我国服务贸易出口较少，1982 年服务出口仅为 27 亿美元，占世界比重不到 1%。经过改革开放 40 年发展，我国服务贸易出口快速增长，目前服务出口占世界比重逐步上升至 4.3%。出口规模提升的同时，出口结构也不断优化升级，知识和技术密集型服务贸易出口占比不断提升，达到 48.7%，服务贸易世界地位逐步提升（见图 6-4）。

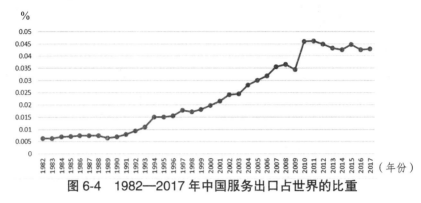

图6-4　1982—2017年中国服务出口占世界的比重

资料来源：WTO。

三、服务贸易对经济转型升级的巨大贡献

我国经济已由高速增长阶段转向高质量发展阶段，正处在转变发展方式、优化经济结构、转换经济增长动力的攻关期，建设现代化经济体系是跨越关口的迫切需要和我国发展的战略目标。

一是随着服务经济的迅速崛起，服务业与服务贸易的发展持续推动我国产业结构转型升级。特别是信息技术的发展进一步使得服务贸易的组织形式、商业模式、交易方式、交易对象等都发生了深刻变革，推动了制造业的转型升级、促进了制造业的服务化、新服务业的产生、传统服务业的数字化转型，对产业结构性转变起到了重要的支撑作用。服务产业所占GDP比重不断提升，从1978年的24.6%增加至2017年的51.6%，服务业成为第一大产业，我国经济转型升级明显（见图6-5）。

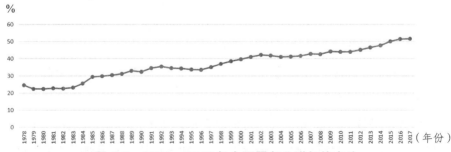

图6-5　1978—2017年中国服务业增加值占比

资料来源：国家统计局。

二是促进形成新旧业态转型、新模式相互渗透、协同发展的产业新生态。我国服务外包企业依托信息技术优势，利用云计算、大数据、人工智能等先进技术，支持制造企业改造研发、生产、销售和售后服务流程，逐步由生产型制造向服务型制造转型。2017年，我国研发、设计、维修维护服务等生产性服务外包执行额2902.6亿元，同比增长24%。一批领军IT企业提供云外包服务达到200亿元，成为实现中国制造向中国"智"造迈进的关键基础设施。

三是推动国内新业态、新模式的快速发展。在"互联网+"、大数据、人工智能等国家战略推动下，服务外包企业广泛应用新一代信息技术，加快与传统产业的跨界融合，数据分析、电子商务平台、互联网营销推广和供应链管理等服务新业态、新模式快速发展，2017年执行额同比分别增长55.4%、44%、40.6%和17.8%。

四是服务贸易发展持续推进服务业国际化进程。伴随着我国服务业不断开放，服务贸易自由化水平不断提高，我国服务业国际化程度与日俱增。自由贸易试验区实行负面清单管理模式，大幅放开了服务业的市场准入限制；海南探索建立自由贸易港，在服务业方面进行更深层次的开放，服务业国际化程度不断升级。我国正在以服务业为重点，推进新一轮的对外开放，推进金融、教育、文化、医疗等服务领域有序开放，放开育幼养老、建筑设计、会计审计、商贸物流、电子商务等服务业领域外资的准入限制。

第三节　中国服务外包政策实施与发展成就

服务外包是指企业将价值链中原本由自身提供的具有基础性的、共同性的、非核心的IT业务流程剥离出来后，外包给企业外部专业服务提供商来完成的经济活动。服务外包是现代高端服务业的重要组成部分，具有信息技术承载度高、附加值大、资源消耗低等特点。服务外包的发展给现代服务业带来从管理技术、管理理念到商业模式的创新，提高了服务贸易的管理水平、技术水平和创新水平，从而促进了服务贸易的发展。

一、中国服务外包的政策与实践

改革开放以来，我国服务外包从无到有，规模不断扩大、领域逐步拓宽，业务范围涉及电子信息产业、生产性服务业以及文化创意产业等，服务对象涉及日、韩、欧、美、印度等多个国家和地区。中国凭借在宏观经济环境、基础设施、政策支持、劳动力成本、人力资源等方面的优势，经过多年发展，在软件和信息服务外包等方面形成了自身特色和优势领域，承接服务外包的综合竞争力大幅提高，现已成为国际服务外包主要承接地之一。

（一）中国服务外包发展阶段

根据调查，中国承接服务外包始于 20 世纪 80 年代末期，并经历了三个发展阶段。第一阶段始于 20 世纪 80 年代末，以华信、用友等为代表的国内软件企业起步发展，并以外派软件工程师和小规模承接国外嵌入式软件外包业务为特征。第二阶段从 20 世纪 90 年代末到 2004 年，大连等地方政府开始制定相关促进政策；以用友、东软等国内软件企业获得国际 CMM5 至 CMMI5 认证为标志，我国软件企业获得进入国际市场的通行证，这一阶段承接服务外包的业务快速发展。第三阶段则是2004 年后，国家高度重视服务外包，商务部先后出台支持软件外包发展的政策，并于 2006 年实施"千百十工程"，在全国兴起一场建设服务外包基地城市、全国各地竞相发展服务外包的热潮，这一阶段国内软件和信息技术服务外包产业进入快速扩张时期。

总体上，21 世纪以来，我国服务外包业务发展明显加快，许多国际大型集团公司都把中国当成其服务外包基地。2000—2002 年，惠普公司在我国的采购和外包订单超过了 100 亿美元，思科公司每年交给我国企业的外包生产也有 30 亿美元。①一些跨国公司的客户服务业务也外包给了我国企业。2003 年诺基亚公司把手机日本本土客户服务外包给了我国的呼叫中心运营商——九五资讯公司。摩托罗拉公司将人力资源服务外包给上海对外服务公司，为其进行销售团队的招聘、培训和管理工作。

（二）服务外包支持与促进政策

改革开放以来，我国政府在明确服务外包定位的基础上，不断制定鼓励服务外包发展的具体政策，抓住国际产业转移的大好时机，积极推动中国服务外包的发展。总体看来，国务院和有关部委颁布的对服务外包的鼓励政策主要有：2000 年《国务院关于印发鼓励软件产业和集成电路产业发展若干政策的通知》《财政部、国家税务总局、海关总署关于鼓励软件产业和集成电路产业发展有关税收政策问题的通知》，2002 年国务院颁布的《振兴软件产业行动纲要》，2006 年《商务部关于实施服务外包"千百十工程的通知"》等。

在服务外包的发展过程中，政府企业、中央和地方形成了互动的局面。政府对服务外包给予了充分的优惠。如从 2000 年起，发展改革委员会、信息产业部、商务部、税务总局联合认定"国家规划布局内重点软件企业"享受 10% 所得税优惠。政府不仅用税收政策支持服务外包的发展，在人才培养、财政支持、国际市场开拓等方面也给予了大力的支持。

2006 年 10 月，商务部启动了我国服务外包"千百十工程"。推动该"工程"的相关举措包括：国家有关部委和各地政府纷纷制定鼓励政策，大力推动服务外包的发展；给予服务外包企业一定的税收优惠政策；推动外包基地城市建设，开展中国服务外包基地城市的认定工作；鼓励服务外包企业取得国际认证；积极有效开展服务外包投资促进工作；开展服务外包统计和业务管理工作等。该工程还要求在"十一五"期间，全国建设 10 个具有国际竞争力的服务外包基地城市，推动 100 家世界著名跨国公司将其服务外包业务转移到中国，培育 1000 家获得国际资

---

① 华德亚.承接跨国公司服务外包对我国服务业发展的影响.商业研究,2008(1).

质的大中型服务外包企业，全方位承接离岸服务外包业务，实现 2010 年服务外包出口额在 2005 年基础上翻两番。

2009 年 1 月，国务院办公厅下发了《关于促进服务外包产业发展问题的复函》，批复了商务部会同有关部委共同制定的促进服务外包发展的政策措施，将北京、天津、上海、重庆、广州、深圳、武汉、大连、南京、成都、济南、西安、哈尔滨、杭州、合肥、长沙、南昌、苏州、大庆、无锡 20 个城市确定为中国服务外包示范城市，深入开展承接国际服务外包业务，促进服务外包产业发展试点。国家将在这 20 个试点城市实行一系列鼓励和支持措施，包括税收优惠、财政资金支持、实用人才培训、特殊劳动工时、金融支持等，把促进服务外包产业发展作为推进中国产业结构调整、转变外贸发展方式、增加高校毕业生就业机会的重要途径。

2013 年，根据《国务院办公厅关于进一步促进服务外包产业发展的复函》（国办函〔2013〕33 号）工作部署，商务部会同相关部门公布《中国服务外包示范城市综合评价办法》，旨在逐步探索建立服务外包示范城市的动态调整机制。

2014 年 12 月 24 日，国务院以国发〔2014〕67 号印发《关于促进服务外包产业加快发展的意见》。该《意见》分总体要求、培育竞争新优势、强化政策措施、健全服务保障四部分，并公布了北京、天津、上海、重庆、大连、深圳、广州、武汉、哈尔滨、成都、南京、西安、济南、杭州、合肥、南昌、长沙、大庆、苏州、无锡、厦门 21 个中国服务外包示范城市。

2016 年 5 月，经国务院批准，新增青岛等 10 个城市为服务外包示范城市，进一步发挥示范城市在产业集聚和创新引领中的带动作用。

二、中国服务外包的发展成就

（一）国际服务外包业务规模持续扩张

自 2005 年以来的十多年间，中国国际（离岸）服务外包业务持续扩张，业务规模不断迈上新台阶，实现了从无到有、由小变大的发展历程。"十五"末期的2005年中国国际服务外包业务额仅为9.33亿美元。尽管遭受世界金融危机的影响，"十一五"期间中国国际服务外包业务仍然实现了超高速发展，到"十一五"末的2010年中国国际服务外包业务增长了14倍以上，达到144.5亿美元。"十二五"期间，中国国际服务外包业务依然保持了高速增长态势，业务规模扩张至2015年的646.4亿美元，相对期初的业务规模翻了两番以上。"十三五"以来，中国服务外包领域着力实施供给侧结构性改革，促进产业转型升级，国际服务外包业务继续保持了较快发展。2017年中国国际服务外包业务规模接近800亿美元，同比增长了13.15%（见图6-6）。

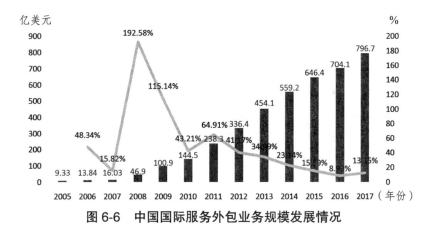

图 6-6　中国国际服务外包业务规模发展情况

资料来源：商务部。

（二）服务外包业务结构持续优化

信息通信技术持续创新应用及相关基础设施不断完善，使得服务业在瞬时异地转移成为可能，以电子信息为主和以高科技为先导的服务外包日益成为国际服务贸易快速发展的亮点。中国服务外包发展的初期，国际服务外包业务的主要部分也是由信息技术外包（ITO）构成，2008年中国国际服务外包业务中近70%的业务属于信息技术外包（ITO）。随着服务外包企业业务能力和水平的不断提升，以数据分析、工业设计、工程设计、检验检测、医药和生物技术研发等为主的知识流程外包（KPO）实现更快速增长，业务比重逐步增大，持续推动服务外包产业结构优化。截至 2017 年，中国服务外包产业的构成发生了根本性变化，信息技术外包（ITO）业务所占比重约降至 50% 以下，而知识流程外包（KPO）业务所占比重由初期的不足 10% 提升至约 1/3。服务外包企业向高附加值业务环节拓展势头显现，2017 年知识流程外包（KPO）业务执行额 407.2 亿美元，同比增长 21.3%（见图 6-7）。

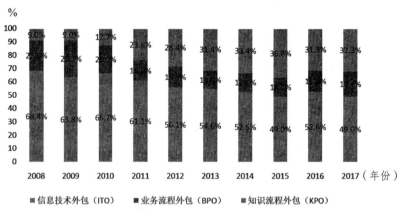

图 6-7　中国国际服务外包产业结构发展情况

注：2016 年、2017 年数据根据离岸和在岸业务执行金额加总计算。

资料来源：商务部。

（三）服务外包企业群体迅速扩大

目前，服务外包企业群体扩张到 4 万多家。2017 年，中国新增服务外包企业 4173 家，全国累计共有服务外包企业 43450 家。通过积极参与国际市场合作与竞争，中国服务外包产业已涌现出一批由行业领军型企业、成长型企业构成的较具竞争力的企业群体。根据国际外包专家协会 (International Association of Outsourcing Professionals, IAOP) 发布的年度"全球外包 100 强"榜单，近几年来，文思海辉、中软国际、大连华信、浪潮、软通动力、微创等多家企业曾经入选（见图 6-8）。

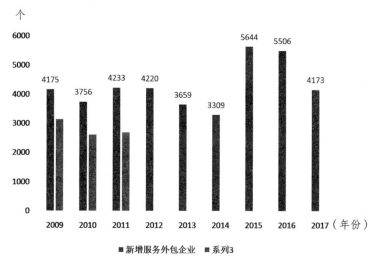

图 6-8　中国服务外包企业发展情况

资料来源：商务部。

（四）中国外包市场日趋多元化

中国服务外包企业国际化经营能力不断增强，国际业务覆盖范围不断拓展。特别是随着"一带一路"倡议落实，中国与"一带一路"沿线国家经贸交流和合作不断加深，国际服务外包业务逐渐从美欧日和中国香港拓展至东南亚、大洋洲、中东、拉美和非洲等 200 多个国家和地区，市场多元化趋势明显，"中国外包"影响力遍及全球，获得更加广泛的客户认同。

美欧日等主要市场保持增长。中国服务外包发展初期呈现出近岸外包的特征，但迅速突破了地域的限制，向美国、欧盟等离岸市场拓展。美国、欧盟、中国香港和日本是中国国际服务外包的主要发包市场，近年来保持了稳定的发展。2016 年中国企业承接美国、中国香港、欧盟、日本四大主要发包市场的服务外包业务分别为 154.3 亿美元、116.8 亿美元、116 亿美元和 57.8 亿美元，分别同比增长 2.5%、22.9%、60.0%、5.4%，合计占中国国际服务外包业务执行金额比重 63.2%。2017 年，中国企业承接来自这四个主要市场的服务外包执行金额 491.4 亿美元，同比增长 10.5%，占中国国际服务外包业务比重 61.7%。这四大服务外包来源地业务稳步增长的同时，也发生了一些变化，中国香港日益成为中国企业承接国际业务的重要交付地，业务规模已经超越欧盟，成为中国国际服务外包业务的第二大来源地。随着日本服务外包业务模式转变和中国服务供应商能力提升，对日外包市场则呈现回暖向好趋势。2017年，中国企业承接日本发包业务同比增长 19.5%（见图 6-9）。

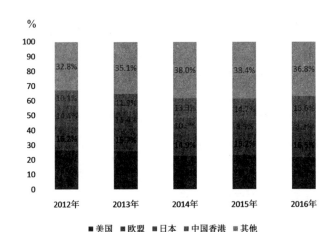

图 6-9 中国服务外包市场分布情况

资料来源：商务部。

"一带一路"市场发展势头良好。"一带一路"倡议的推进加深了中国与沿线国家经贸往来，为服务外包领域合作带来了重要契机。自2013 年以来，中国承接"一带一路"沿线国家服务外包业务规模增长一倍以上，占中国国际服务外包业务的比重由 15.9% 提升至 19.2%。2017 年中国企业承接"一带一路"沿线国家的服务外包合同执行额152.7 亿美元，同比增长约 26%，成为国际服务外包业务发展的亮点，占国际服务外包执行总额的比例比前一年提升 2 个百分点。其中，东南亚 11 国是规模最大的区域，承接该区域合同执行额 78.81 亿美元；西亚北非 16 国是增长最快的区域，合同执行额同比增长 44.9%。随着"一带一路"倡议的深入推进，中国将进一步加强与沿线国家在信息技术、工业设计、工程技术等领域的服务外包合作，有助于带动中国高铁、核电、通信、移动支付等世界领先的技术和标准加快走出去，为中国国际服务外包业务转型发展注入持久动力（见图 6-10）。

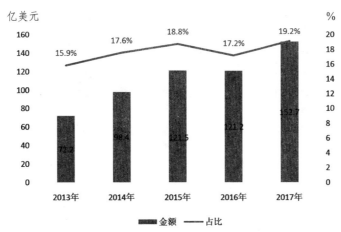

图 6-10 "一带一路"沿线市场业务占比情况

资料来源：商务部。

（五）中国外包在全球服务外包市场占据重要地位

自 20 世纪 90 年代以 IT 为代表的新经济热潮以来，服务外包作为一种资源配置的新方式迅速兴起，并大规模向离岸市场扩散。印度、爱尔兰等新兴经济体抓住机遇，将服务外包作为经济发展的战略重点，利用区位、语言文化、人力资源等优势，在全球服务合作和竞争中取得骄人成绩。进入 21 世纪，随着中国加入世界贸易组织 (WTO)，中国经济更加深入地融入经济全球化进程。依托丰富的人力资源、持续改善的信息基础设施、创新驱动发展能力提升等优势，中国服务供应商在国际服务合作与竞争中受到广泛认可。2010 年中国国际服务外包业务规模占全球服务外包市场比重便达到约 17%，跃升为第二大全球服务外包承接国。自 2014 年至 2017 年，中国国际服务外包业务占全球服务外包市场比重连续四年超过 30%（见图 6-11）。

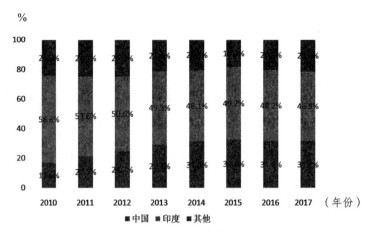

图6-11　中国国际服务外包业务占全球市场份额情况

资料来源：中华人民共和国商务部，IDC，NASSCOM。

第七章 "一带一路"与中国对外贸易

第一节 "一带一路"对中国外贸的机遇

四年多来,"一带一路"经贸合作取得积极进展。中国与相关国家贸易往来发展态势良好、投资合作不断深入、自由贸易伙伴拓展,对外援助日渐扩大,重大项目建设成果丰硕。中国产业转型升级、扩大内需和促进消费为"一带一路"相关国家提供了经贸合作新机遇。

中国与"一带一路"相关国家货物贸易稳步扩大,服务贸易亮点频现,贸易结构不断优化,新型贸易方式活性凸显,贸易伙伴黏性日益增强。

一、贸易往来持续扩大

(一)货物贸易稳步发展

"一带一路"倡议为中国与相关国家货物贸易发展注入新动力。2014—2017 年,中国与"一带一路"相关国家货物贸易总额基本保持约 10 000 亿美元规模。2017 年,中国与相关国家的货物贸易额达到 7.4 万亿元人民币,同比增长 17.8%,高于中国整体外贸增速 3.6 个百分点,占中国外贸总值的 26.5%。其中,出口 4.3 万亿元人民币,增长 12.1%;进口 3.1 万亿元人民币,增长 26.8%。

四年多来，中国与"一带一路"相关国家的双边货物贸易额虽然有所波动，但是占中国对外贸易总额的比重自2015年起呈稳步回升趋势，2017年达到了最好水平（见图7-1）。

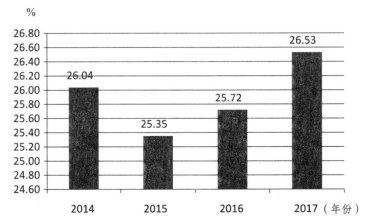

图7-1　2014—2017年中国与相关国家货物贸易占中国货物贸易比重

资料来源:《中国海关统计月报》2017年12月。

1. 贸易方式不断创新

四年多来，一般贸易和加工贸易等传统贸易方式在中国与"一带一路"相关国家的货物贸易仍发挥着积极作用。根据中国海关统计，2014—2017年一般贸易方式是中国与"一带一路"相关国家货物贸易的主要方式，贸易额占比高达60%，加工贸易占比保持在20%左右。与此同时，跨境电商作为一种新型贸易方式得到快速发展，成为"一带一路"贸易畅通的一大亮点。根据中国电子商务研究中心发布的《2015—2016年中国出口跨境电子商务发展报告》，2015年，中国出口跨境电商的主要目的国中，东盟占比11.4%，俄罗斯占比4.2%，印度占比1.4%，中国与俄罗斯和印度等"一带一路"相关国家跨境电商呈现高速增长态势。京东数据研究院发布的《2017"一带一路"跨境电商消费趋势报告》显示，通过电商平台，中国商品销往俄罗斯、乌克兰、波兰、泰国、埃及、沙特阿拉伯等54个"一带一路"相关国家。2017

年，阿里研究院与 DT 财经联合发布的《eWTP 助力"一带一路"建设——阿里巴巴经济体的实践》报告显示，东欧、西亚、东盟国家与中国跨境电商连接最紧密。俄罗斯、以色列、泰国、乌克兰、波兰、捷克、摩尔多瓦、土耳其、白俄罗斯和新加坡成为中国与"一带一路"相关国家 ECI 跨境电商连接指数最高的国家。

2. 中国与相关国家贸易商品结构互补性较强

能源产品和机电产品是中国与"一带一路"相关国家贸易的主要商品。根据 2016 年中国海关统计，中国对"一带一路"相关国家出口以机电产品和纺织服装商品为主，这两大类商品分别占中国对相关国家出口总额的 35.68% 和 14.53%，二者合计为 50.21%。中国自"一带一路"相关国家进口以矿产品和部分机电产品为主，2016 年，这两大类商品分别占中国自相关国家进口总额的 30.40% 和 27.41%，二者合计为 57.81%。中国与"一带一路"相关国家贸易结构互补性较强。

3. 中国与亚洲和欧洲地区货物贸易潜力逐渐显现

中国与"一带一路"不同地区贸易增速不尽相同，与亚洲和欧洲地区贸易发展较快，其中亚洲为中国最大的贸易伙伴（见图 7-2），双边贸易在中国与"一带一路"相关地区贸易中占比高达 60% 以上，2017年增至 65%。欧洲地区贸易份额虽然不高，但增长态势良好，在中国

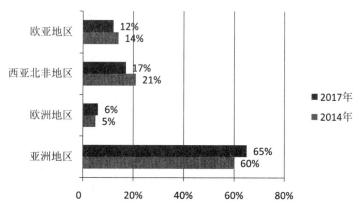

图 7-2　2014—2017 年中国与"一带一路"相关国家货物贸易地区结构

资料来源：《中国海关统计月报》。

与"一带一路"相关地区贸易中占比由 2014 年的 5% 增至 2017 年的 6%。2017 年西亚北非地区和欧亚地区的贸易占比较 2014 年虽然有所下降，但仍然保持了 17% 和 12% 的份额，发展潜力有待提升。

（二）服务贸易稳步发展

1. 服务贸易保持增长态势

"一带一路"倡议提出以来，中国与相关国家的服务贸易由小到大，迅速发展起来。2016 年，中国与"一带一路"相关国家和地区服务进出口额达 828.96 亿美元，同比增长 2.9% 以上，占中国服务贸易总额的 12.6%（见图 7-3）。

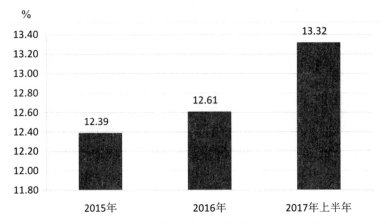

图 7-3　2015—2017 年上半年与相关国家服务贸易占中国服务贸易比重

资料来源：国家外汇管理局。

2. 服务贸易市场逐渐拓展

中国与"一带一路"相关国家广泛开展服务贸易。亚洲地区成为中国在"一带一路"地区最大的贸易伙伴，2016 年，中国与"一带一路"相关区域的服务贸易总额中，亚洲地区占比约为 69.8%。西亚北非地区占比 14.1%，同比增长 51.5%，发展潜力较大。欧亚地区和欧洲地区的服务贸易份额分别为 12.5% 和 3.6%，仍有较大合作空间。

传统服务贸易逐步提升。旅游、建筑和运输是中国的传统服务贸易产业，在"一带一路"合作的推动下实现快速发展。运输服务业突飞猛进，2017年，中国与"一带一路"相关国家运输服务贸易超过300亿美元，比2016年增长13%。得益于人文交流的深化旅游服务业实现快速发展。2015—2017年中国与"一带一路"相关国家和地区双向旅游服务贸易总额接近1000亿美元，其中，2017年增长至300亿美元。在对外承包工程和重大对外援助项目的带动下，中国与"一带一路"相关国家建筑服务贸易合作成效突出。根据中国商务部统计，2015—2017年，中国与"一带一路"相关国家建筑服务贸易稳步增长，其中2015—2016年建筑服务贸易额合计159.8亿美元，2017年达到87.2亿美元。

新兴服务贸易快速增长。中国与"一带一路"相关国家在教育、文化、医疗、外包、金融服务业等领域合作取得新突破。教育服务规模逐渐扩大。为配合"一带一路"国际经济合作，中方承诺，每年向"一带一路"相关国家提供1万个政府奖学金名额。中国教育部统计数据显示，截至2016年底，中国在相关国家共开设134所孔子学院和130家孔子课堂，相关国家来华留学生共20.77万人，同比增长13.6%，高于各国平均增速。截至2017年底，中国与"一带一路"相关国家共举办"国家文化年"等人文交流活动20次，签署了43项文化交流执行计划。中医药走出去步伐加快。截至2016年底，中国在"一带一路"相关国家和地区建立了17个中医药海外中心，在30多个国家和地区开办了数百所中医药院校。中医药已成为中国与各国开展人文交流、促进东西方文明互鉴的亮丽名片，成为中国与各国共同增进健康福祉、建设人类命运共同体的重要载体。服务外包增长势头强劲。服务外包成为深化"一带一路"合作的新渠道。2017年，中国与相关国家和地区加强在信息技术、工业设计、工程技术等领域的服务外包合作，服务外包执行额达到1029.3亿元，首次突破1000亿元，同比增长27.7%，对带动中国先进技术和标准"走出去"发挥了积极作用。

二、投资合作不断深化

"一带一路"相关国家以新兴经济体和发展中国家为主,利用外资是其经济发展的主要方向,因而对外投资成为"一带一路"国际经济合作的重点内容。2014—2017 年,中国对"一带一路"相关国家直接投资稳步增长,基础设施互联互通促进对外承包工程快速发展,产能合作成为对外投资的新方向,合作取得明显成效。

(一)非金融类直接投资规模逐渐扩大

2014—2017 年,中国对"一带一路"相关国家非金融类直接投资累计 622.9 亿美元。尽管自 2016 年以来,中国的投资规模有所下降,但总体看,降幅趋缓,且占中国非金融类对外直接投资总额的比重不断上升,2017 年占比达到 12%,较 2016 年增长 3.5 个百分点(见图 7-4)。

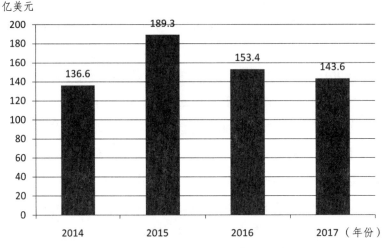

图 7-4 2014—2017 年中国对"一带一路"相关国家

非金融类直接投资情况

资料来源:《2016 年度中国对外直接投资统计公报》,2017 年数据出自商务部。

随着"一带一路"建设的推进,相关国家对中国投资的积极性逐渐提高,在中国注册企业的数量逐年增加。2014—2017 年,相关国家对中国投资总计 272 亿美元,注册企业的数量超过 10 000 家,呈稳步增长态势。

（二）直接投资产业日趋多元化

产能合作成为中国企业对外投资的重要方向。2014—2016 年，中国对"一带一路"相关国家和地区制造业投资累计 126.8 亿美元，占同期中国对相关国家非金融类直接投资总额的 28.5%，成为中国企业在相关国家投资最集中的行业。

基础设施互联互通带动了建筑业的境外投资，2014—2016 年，建筑业境外投资占中国在"一带一路"相关国家直接投资总额的 9.8%。

在"一带一路"框架下中国积极拓展农业领域合作，开展农林牧渔业、农机及农产品生产加工等领域深度合作，积极推进海水养殖、远洋渔业、水产品加工、海水淡化、海洋生物制药、海洋工程技术、环保产业和海上旅游等领域合作。农、林、牧、渔业在中国对"一带一路"相关国家直接投资总额中占比达到 7.2%。

矿产资源开发及深加工是深化"一带一路"投资的重要方向之一。中国积极推动在"一带一路"相关国家开展煤炭、油气、金属矿产等传统能源资源勘探开发合作，积极推动水电、核电、风电、太阳能等清洁、可再生能源合作，推进能源资源就地就近加工转化合作，形成能源资源合作上下游一体化产业链。加强能源资源深加工技术、装备与工程服务合作。采矿业境外投资在中国对"一带一路"相关国家直接投资总额占比达到 5.9%。

（三）直接投资国家不断拓展

2014 年以来，中国对"一带一路"大部分相关国家与地区的非金融类直接投资流量，除个别年份外，均高于 2013 年的水平。其中亚洲地区与欧亚地区变化更为突出，这两个地区也成为中国在"一带一路"相关国家投资最多的区域。截至 2016 年底，中国对上述两个地区非金融类直接投资存量占对"一带一路"相关国家非金融类直接投资存量的比重分别为 69.1% 和 18.0%（见图 7-5）。

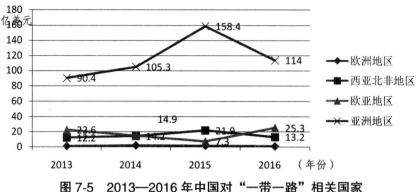

图7-5　2013—2016年中国对"一带一路"相关国家

非金融类直接投资流量变化情况

资料来源:《2016年度中国对外直接投资统计公报》。

（四）园区建设成为新型合作模式

中国企业根据自身发展的需要，按照市场化运作的模式，并结合所在国家资源禀赋、市场需求和发展战略等因素，在相关国家开展各类园区建设。境外经贸合作区以其聚集效应成为"一带一路"新型投资模式。截至2017年底，中国企业在"一带一路"相关国家正在建设的75个经贸合作区，累计投资超过270亿美元，吸收入区企业近3500家，上缴东道国税费22亿美元，为当地创造近21万个就业岗位。中国—白俄罗斯工业园、中国—马来西亚"两国双园"项目和埃及苏伊士经贸合作区成为合作典范。农业合作示范区成为推进"一带一路"农业合作的重要平台。截至2017年底，农业部在中亚、非洲和南亚地区建设了首批10个境外农业合作示范区，打造了农产品生产加销一条龙，农工商一体化的产业化经营模式，形成规范、可持续发展的产业链，带动对象国农户增产增收，促进了当地经济发展。为了带动边境地区参与"一带一路"国际合作，中国在边境省区建立了17个边境经济合作区，促进区域产业集聚，拉动经济增长。

（五）承包工程成为合作亮点

在"一带一路"框架下推动基础设施互联互通，极大地促进了对外承包工程的快速发展，使其成为"一带一路"国际合作的新增长点。

2014—2017 年，中国在相关国家无论承包工程营业额，还是新签承包工程合同额一直保持上升势头，其中新签合同额增幅更为明显。四年间，新签承包工程合同额总计达到 4466.9 亿美元，完成营业额总计 2096.6 亿美元，且在中国对外承包工程新签合同额和完成营业额中占比均保持在 50% 以上，发展态势积极。

第二节　中国与"一带一路"相关国家和地区的货物贸易

货物贸易是"一带一路"合作的重点内容，四年多来，随着"一带一路"倡议的深入推进，"一带一路"相关国家在中国货物贸易中的比重愈益提升，增速加快，国别地区结构、国内省区分区、商品结构、贸易方式结构以及贸易主体结构呈现明显特点。

一、货物贸易占比提高、增速加快

受世界经济形势的影响，中国与"一带一路"相关国家和地区的货物贸易在 2015 年和 2016 年出现了连续两年的下降。2017 年，中国与相关国家和地区的货物贸易实现了恢复性增长。总体来看，中国与相关国家货物贸易规模大、占比高、增速快、潜力大，"一带一路"相关国家和地区已经成为中国货物贸易的重要增长点。

2014 年，中国与"一带一路"相关国家和地区货物贸易进出口总额达到 11 206.31 亿美元，其中出口额和进口额分别达到 6370.70 亿美元和 4835.61 亿美元。2017 年，中国与"一带一路"相关国家和地区货物贸易进出口总额、出口额和进口额分别达到 10 888.98 亿美元、6353.07 亿美元和 4535.91 亿美元。在"一带一路"倡议的推动下，相关国家在中国货物贸易中的比重日趋提高。2014 年，中国与"一带一路"相关国家和地区进出口总额和出口额占中国货物贸易的比重分别为 26.04% 和 27.19%。2017 年，二者的比重分别提高到 26.53% 和 28.07%，分别增加了 0.49 个和 0.87 个百分点。中国从"一带一路"相关国家和地区进口额所占的比重出现了微小幅度的下降,从 2014 年的 24.67% 下降到了 2017 年的 24.64%,下降了 0.03 个百分点。目前,"一带一路"相关国家和地区已经成为中国货物贸易新的重要增长极(见图 7-6)。

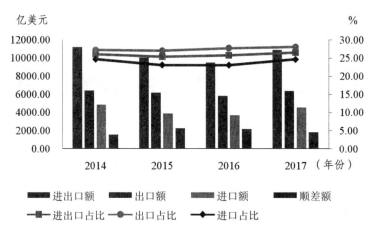

图 7-6 中国与"一带一路"相关国家和地区货物贸易情况

资料来源:中国海关。

2017 年,以美元计,中国与"一带一路"相关国家和地区货物贸易进出口总额同比增长 14.89%,出口额和进口额同比分别增长 9.21% 和 23.92%,较中国与全球货物贸易总额、出口额和进口额的增长率分别高出 3.52 个、1.33 个和 7.95 个百分点。总体来看,随着"一带一路"倡议的深入推进,中国与"一带一路"相关国家和地区的货物贸易发展潜力巨大。

从国别地区来看,2017 年,中国对欧亚地区的出口增速最快,达到 16.14%;对欧洲地区出口的增速也较快,达到 13.14%;对亚洲地区的增速为 9.98%。从进口来看,中国从西亚北非地区的进口增速最快,达到 24.09%,显示出中国从该地区进口的巨大增长潜力。中国从欧亚地区、欧洲地区和亚洲地区的进口增速也都有不俗的表现,分别达到 24.09%、24.00% 和 21.65%(见图 7-7)。

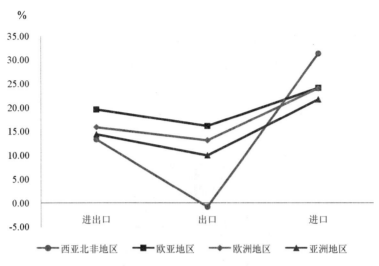

图7-7　中国与"一带一路"相关国家和地区
货物贸易分地区增长率情况

资料来源：根据中国海关统计数据计算。

二、贸易结构较不均衡，特点明显

中国与"一带一路"相关国家和地区货物贸易结构较不均衡，地区和国别差距较大，亚洲地区在中国与"一带一路"相关国家和地区的货物贸易总额中占据重要地位。从商品结构来看，中国对"一带一路"相关国家和地区的出口主要集中在机电产品和纺织品上，中国从"一带一路"相关国家和地区的进口则主要集中在原油等产品上。国内省区分布、贸易方式结构和贸易主体结构也都呈现出明显的特点。

（一）地区分布差距较大，亚洲占据绝对优势

中国与"一带一路"相关国家和地区的货物贸易呈现出不均衡的特点，亚洲地区占据绝对优势。从进出口总额来看，亚洲地区和欧洲地区所占的比重有所上升，分别从2014年的60%和5%增加到2017年的65%和6%。西亚北非地区和欧亚地区所占的比重有所下降，分别从2014年的21%和14%下降到2017年的17%和12%。从中国对相关地区的出口来看，亚洲地区和欧洲地区所占的比重分别从2014年的63%

和7%增加到 2017 年的 67% 和 8%；西亚北非地区和欧亚地区分别从 2014 年的 16% 和 14% 下降到 2017 年的 14% 和 11%。从中国从相关地区的进口来看，亚洲地区和欧洲地区所占的比重分别从 2014 年的 55% 和 3% 增加到 2017 年的 62% 和 4%；西亚北非地区和欧亚地区分别从 2014 年的 28% 和 14% 下降到 2017 年的 21% 和 13%（见图 7-8）。

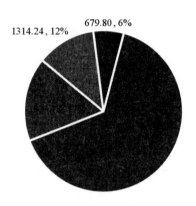

679.80，6%

1314.24，12%

■ 亚洲地区　■ 西亚北非地区　■ 欧亚地区　■ 欧洲地区

图 7-8　2017 年中国与"一带一路"相关国家和地区

货物贸易进出口总额地区分布情况

资料来源：根据中国海关统计数据计算。

（二）国别分布差距明显，规模增速较不均衡

从国别来看，中国与"一带一路"相关国家和地区货物贸易分布较不均衡，国别差距较大，2017 年，中国对老挝和哈萨克斯坦等国出口增速相对较快，中国从东帝汶和也门等国进口增速相对较快。

1. 中国与相关国家货物贸易国别分布较不均衡

中国与"一带一路"相关国家和地区的双边货物贸易分布较不均衡，国别差距较大，贸易规模和增长速度有明显的不同。从集中度来看，2014 年，中国与"一带一路"相关国家前十位伙伴进出口总额占中国与"一带一路"相关国家进出口总额的 66.33%，2017 年这一比重提高到 68.96%，集中度进一步提高。从国别分布来看，差距更加明显。

2017年，中国与越南的双边货物贸易总额最大，为1 213.24亿美元；中国与不丹的双边货物贸易总额最小，仅为0.06亿美元。中国与越南的双边货物贸易总额是中国与不丹双边货物贸易总额的18 913倍。从出口来看，中国对越南的出口额最大，达到709.94亿美元；中国对不丹的出口额最小，仅为0.06亿美元。从进口来看，中国从马来西亚的进口额最大，为543.02亿美元，中国从不丹的进口额最小，仅为0.001 2亿美元。

2. 中国从东帝汶等国进口增速较快

从中国从"一带一路"相关国家和地区的货物贸易进口增速来看，2017年，中国从58个国家的进口出现了增长，从6个国家的进口出现了下降。中国从东帝汶、也门、马尔代夫、埃及和黑山五国进口增速超过了100%，分别达到365.41%、297.50%、160.92%、142.44%和104.02%。中国从巴林、前南马其顿、文莱、保加利亚、卡塔尔和立陶宛的进口增速也均超过了50%。与此同时，中国从巴勒斯坦和叙利亚的进口额下降超过50%，分别达61.81%和59.14%（见图7-9）。

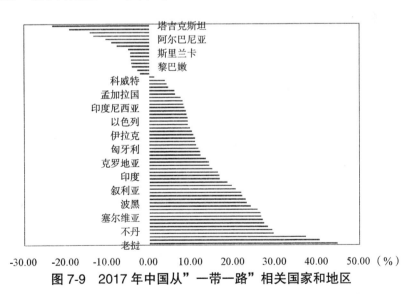

图7-9　2017年中国从"一带一路"相关国家和地区

货物贸易进口增速情况

资料来源：中国海关。

3. 中国对哈萨克斯坦等国出口增速较快

从中国对"一带一路"相关国家和地区的出口增速来看，2017 年，中国对 50 个国家的出口实现了增长，对 14 个国家的出口出现了下降。中国对老挝和哈萨克斯坦的同比增速超过 40%，分别达到 44.71% 和 40.46%。中国对乌兹别克斯坦、亚美尼亚、不丹和摩尔多瓦的出口增速也分别达到 37.16%、29.53%、29.18% 和 28.11%。与此同时，中国对部分国家的出口出现了下降。中国对塔吉克斯坦和东帝汶的出口增速下降较快，分别下降了 23.22% 和 19.24%。中国对白俄罗斯、前南马其顿和阿尔及利亚出口下降幅度也较大，分别下降了 14.28%、13.38% 和 11.29%（见图 7-10）。

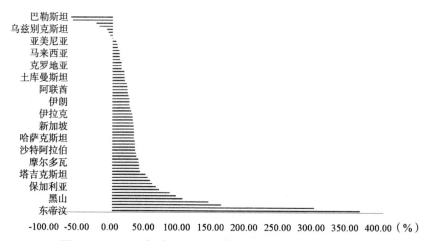

图 7-10　2017 年中国对"一带一路"相关国家和地区

货物贸易出口增速情况

资料来源：中国海关。

三、商品结构较为集中，机电、纺织、原油为主

中国与"一带一路"相关国家和地区的进出口商品结构虽然范围广泛、品种繁多，但占比较高的商品主要集中在机电、纺织及原油等几大类产品上。

（一）出口主要集中在机电等产品上

从中国对"一带一路"相关国家和地区出口商品类别来看，主要集中在机械电子、纺织、金属制品、化学品、交通运输设备以及塑料橡胶等商品上。2016 年，中国对"一带一路"相关国家和地区机械电子产品出口额为 2075.07 亿美元，占比 35.67%；纺织品出口额 844.68 亿美元，占比 14.52%；金属制品出口额 626.58 亿美元，占比 10.77%；化学品出口额 361.54 亿美元，占比 6.21%；交通运输设备出口额 271.13 亿美元，占比 4.66%；塑料橡胶产品出口额 252.06 亿美元，占比 4.33%（见图 7-11）。

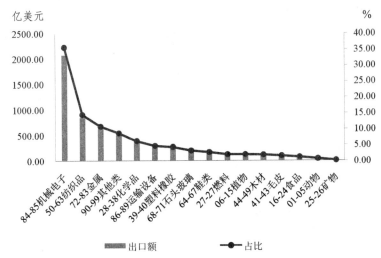

图 7-11　2016 年中国对"一带一路"相关国家和地区
出口商品类别分布情况

资料来源：UN COMTRADE。

从六位码商品来看，中国对"一带一路"相关国家和地区的出口商品集中度较低，前十类六位码商品合计占中国对相关国家出口的比重仅为 13.91%，中国对世界前十类六位码商品出口占比为 19.62%。从前十类商品的集中度来看，中国对"一带一路"相关国家和地区的出口商品集中度较中国对世界低 5.71 个百分点。中国对"一带一路"相关国家和地区出口额较高的商品主要集中在手机、电话机，便携式电脑以及部分鞋靴、合金钢条、液晶装置和光学器具上（见表 7-1）。

表 7-1　2016 年中国对"一带一路"相关国家和地区出口的前十类六位码商品分布情况

单位：亿美元，%

HS 编码	商品名称	金额	占比
851712	用于蜂窝网络或其他无线网络的电话机	169.88	2.92
851770	电话机，发送或接收声音、图像等数据用设备的零件	137.52	2.36
847130	重量≤10kg 的便携自动数据处理设备	92.73	1.59
901380	未列名液晶装置和其他光学仪器及器具	78.59	1.35
640299	未列名橡胶或塑料制外底及鞋面的鞋靴	64.05	1.10
722830	其他合金钢热轧、热拉拔或热挤压条、杆	60.33	1.04
851762	接收、转换且发送或再生声音等数据的设备	56.80	0.98
271019	重油及其制品	56.70	0.97
854140	光敏半导体器件；发光二极管	46.53	0.80
854231	处理器及控制器	45.93	0.79
合计		809.07	13.91

资料来源：UN COMTRADE。

（二）进口主要集中在原油等产品上

从中国从"一带一路"相关国家和地区进口商品的类别分布来看，中国从相关国家的进口主要集中在燃料、机械电子、塑料橡胶、化学品、矿产品以及植物类等商品上。2016 年，中国从"一带一路"相关国家和地区燃料品进口额为 1110.85 亿美元，占比 30.33%；机械电子品进口额为 1004.60 亿美元，占比 27.43%；塑料橡胶品进口额为 245.38 亿美元，占比 6.70%；化学品进口额为 212.40 亿美元，占比 5.80%；矿产品进口额为 157.44 亿美元，占比 4.30%；植物类产品进口额为 140.11 亿美元，占比 3.83%。情况表明，中国从"一带一路"相关国家和地区的进口仍然以能矿产业产品以及部分机械电子配套产业产品为主（见图 7-12）。

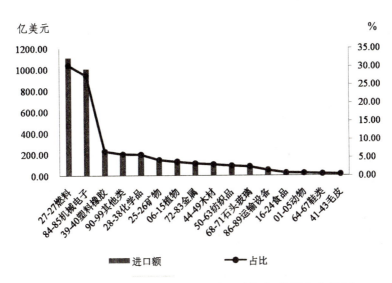

图 7-12 2016 年中国从"一带一路"相关国家和地区
进口商品类别分布情况

资料来源：UN COMTRADE。

从六位码商品来看，中国从"一带一路"相关国家和地区的进口商品较为集中，前十类六位码商品占中国从相关国家进口总额的 42.76%，仅原油一项就占到中国从相关国家进口总额的 21.31%。中国从世界前十类六位码商品进口占比为 37.21%。从前十类商品的集中度来看，中国从"一带一路"相关国家和地区的进口商品集中度较中国从世界的进口高 5.55 个百分点。中国从"一带一路"相关国家和地区进口的商品主要集中在原油、处理器和控制器及其他集成电路（见图 7-2）。

表 7-2 2016 年中国从"一带一路"相关国家和地区
进口的前十类六位码商品分布情况

单位：亿美元，%

HS 编码	商品名称	金额	占比
270900	石油原油及从沥青矿物提取的原油	780.55	21.31
854231	处理器及控制器	309.67	8.46

HS 编码	商品名称	金额	占比
854239	其他集成电路	98.83	2.70
847170	存储部件	84.57	2.31
271121	天然气	75.54	2.06
851770	电话机，发送或接收声音、图像等数据用设备的零件	49.06	1.34
390120	初级形状的聚乙烯，比重在 0.94 及以上	44.27	1.21
260300	铜矿砂及其精矿	43.53	1.19
271111	液化天然气	40.26	1.10
740311	未锻轧的精炼铜阴极及阴极型材	39.66	1.08
合计		1565.95	42.76

资料来源：UN COMTRADE

（三）贸易方式有所侧重，一般贸易占据绝对优势

从中国与"一带一路"相关国家和地区的贸易方式来看，无论出口还是进口，一般贸易都占据绝对优势。从中国对"一带一路"相关国家和地区的出口来看，中国一般贸易出口所占的比重从 2014 年的 63.84%下降到 2017 年的 62.74%；加工贸易所占的比重从 2014 年的 20.98% 减少到 2017 年的 20.09%。从进口来看，中国一般贸易进口所占的比重从 2014 年的 60.98% 下降到 2017 年的 59.74%；加工贸易进口所占的比重从 20.36% 下降到 19.09%。其他贸易方式所占的比重呈现出上升趋势，其他贸易方式出口所占的比重从 15.18% 增加到 17.17%，进口所占的比重从 18.66% 增加到 21.17%。

第三节　中国与"一带一路"相关国家和地区服务贸易

服务贸易不仅是"贸易畅通"的重要内容，也与"政策沟通""设施联通""资金融通"和"民心相通"紧密相关。"一带一路"倡议为服

务贸易合作提供了机遇，加强服务贸易合作也是更高质量推进"一带一路"建设的必然选择。

一、服务贸易概括

自"一带一路"倡议提出以来，中国与相关国家和地区服务贸易合作持续推进、势头良好，并呈现出巨大的合作空间与潜力。

（一）服务贸易发展势头良好

规模稳步扩大。中国与"一带一路"沿线国家的服务贸易保持了较快增长。2017年，中国与"一带一路"沿线国家服务贸易总额达977.6亿美元，同比增长18.4%，占中国当年服务贸易总额的14.1%。其中，服务出口额为308.9亿美元，同比增长6.2%，占中国服务出口总额的13.5%；服务进口额为668.7亿美元，同比增长25.1%，占中国服务进口总额的14.3%。服务贸易逆差额为359.8亿美元，比上年扩大116.2亿美元，占中国服务贸易总逆差额的比重由上年的10.0%上升至15.0%。中国正成为"一带一路"沿线国家服务出口的重要市场（见图7-13）。

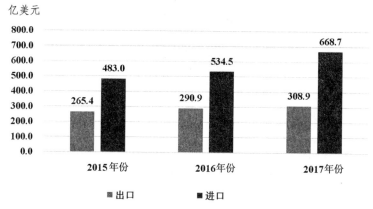

图7-13 2015—2017年中国与"一带一路"沿线国家和地区服务贸易额

资料来源：商务部。

服务贸易质量不断提升。中国与"一带一路"相关国家和地区服务贸易合作仍以传统的旅行、运输、建筑三大类为主，2016年上述三大类服务贸易占比74.8%，与2015年的73.9%相比有所下降。与相关国家和地区的"民心相通"带动旅行服务贸易快速增长，2016年旅行服务贸易额为263.6亿美元，增速高达15.7%，占比由上年的30.5%上升到32.7%。服务领域新技术、新业态、新商业模式不断涌现，带动高技术、高附加值的新兴服务贸易快速增长。2016年中国与"一带一路"相关国家和地区专业和管理咨询服务，电信、计算机和信息服务，保险，知识产权费，文化和娱乐服务六大新兴领域的服务贸易总额达到83.49亿美元，所占比重上升至13.4%。2016年，中国主动承接"一带一路"相关国家和地区服务外包执行额121.29亿美元，占全国总规模的11.39%，以数据处理、呼叫中心和供应链管理服务等为主的业务流程外包快速增长（见图7-14）。

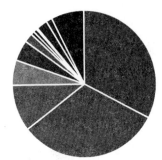

图7-14　2016年中国与"一带一路"相关国家和地区
服务贸易行业分布

资料来源：商务部。

重点国别地区服务贸易增长迅猛。2016年，中国与"一带一路"相关四大区域服务贸易总额中，份额最大的为亚洲地区，占比约为

69.8%。中国与西亚北非地区服务贸易份额位列第二，约占 14.1%，比上年增长 51.5%，增速较快。与欧亚地区服务贸易份额约占 12.5%；与中东欧国家服务贸易额占比较小，仅约为 3.6%（见图 7-15）。

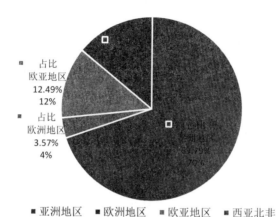

占比
欧亚地区
12.49%
12%

占比
欧洲地区
3.57%
4%

■ 亚洲地区 ■ 欧洲地区 ■ 欧亚地区 ■ 西亚北非

图 7-15　2016 年中国与"一带一路"四大区域服务贸易市场占比

资料来源：商务部。

服务业扩大开放推动双向投资。中国与"一带一路"相关国家和地区积极商签双边自由贸易协定，开展服务贸易具体减让谈判，降低服务业投资壁垒与准入门槛，扩大服务市场相互开放水平，带动服务业双向投资快速增长。2016 年，中国外向服务业附属机构在"一带一路"相关国家和地区销售收入合计 8929 亿元人民币（1352.9 亿美元），占比为 19.4%。其中，中国在新加坡、沙特阿拉伯、巴基斯坦和哈萨克斯坦四国的外向服务业附属机构销售收入排名居中国当年外向服务业附属机构销售收入排名前 10 位，且同比增速均在 30% 以上。

（二）服务贸易发展空间较大

服务贸易市场需求大。工业化、城镇化、信息化、国际化是"一带一路"相关国家和地区发展的迫切要求，也是经济社会发展的必然方向。工业化为加强货物贸易、国际产能合作提供了机遇。城镇化、信息化则为加强服务业国际合作、发展服务贸易提供了机遇。同时，制造业领域的贸易投资合作也会带动国际运输物流、金融、人员往来和其他商务服务贸易发展。目前，"一带一路"相关国家和地区经济总体规模超过 11 万亿美元，且经济发展呈现服务化趋势，大多数国家服务业在国民经济中的地位持续上升；经济增长速度普遍较高，例如，印度经济增长速度超过中国，近五年东盟 GDP 平均增速达 7.6%；相关国家人口众多，对服务消费精细化、品质化与多样化的需求日益增多，为服务贸易发展提供了巨大的市场空间。

服务贸易互补优势强。中国与"一带一路"相关国家和地区在服务贸易领域具有较强的互补性。中国经济富有活力，科技创新实力雄厚，旅游与教育资源丰富，企业在计算机信息、通信、金融、建筑等服务领域具备竞争优势。在互联网和信息技术领域，华为、中兴等公司在相关国家设立研发中心、交付中心等，带动研发、专业咨询、电信计算机和信息服务出口迅速增长。在运输和建筑服务领域，扩大中国对"一带一路"地区的服务出口，将有利于相关国家推进基础设施建设和经济发展进程。同时，"一带一路"相关国家和地区在优势服务领域也可进一步扩大与中国的合作。例如，东盟在旅游、港口运输等领域，印度在软件和信息技术等领域，俄罗斯及中亚国家在医疗健康旅游领域与中国合作的前景看好。

服务贸易发展动力足。中国与"一带一路"相关国家发展战略与政策具有诸多共通性，相互间的契合度较高。中方提出的"六廊六路多国多港"的建设思路，与相关国家亟待发展完善公路、铁路、港口、信息等基础设施的愿意相符。中国正在实施的"互联网+""智慧城市"等战略，以及中国倡导的建设数字丝绸之路，与相关国家亟待缩小与发达国家数字鸿沟的意愿相契合。中国与"一带一路"相关国家和地区积极建立服务贸易双边工作组，签署服务贸易双边合作协议，开展服务贸易领域合作对话。推动与相关国家和地区商签自由贸易协定，将服务贸易自由化与服务业市场准入作为 FTA 谈判的重点领域，扩大服务业相互开放，推动技术、标准互认。中国国内自由贸易试验区与服务贸易创新试点地区正在积极探索服务贸易发展新模式，提升服务贸易自由化与便利化水平，这一切都将为中国与"一带一路"相关国家和地区发展服务贸易注入强大动力。

二、服务贸易合作重点领域

中国与"一带一路"相关国家和地区服务贸易合作不仅总体势头良好，且重点领域服务贸易合作也取得了积极进展。旅行、运输、建筑传统三大领域保持持续增长，中医药服务、服务外包等高附加值的新兴领域服务贸易合作也取得了显著成绩。

（一）旅行服务

旅行服务涉及领域广、经济带动性强，受到世界各国的普遍重视。近年来，旅行服务在"一带一路"合作中的地位也日益凸显。2015—2017 年，中国与"一带一路"相关国家和地区旅行服务贸易总额为718.71 亿美元，保持稳步增长。其中 2017 年为 314.27 亿美元，比 2016年增长 19.04 %（见图 7-16）。

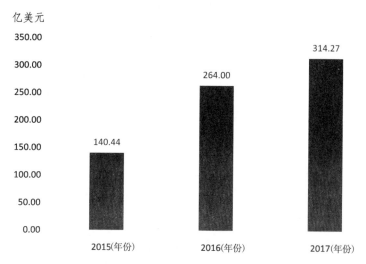

图 7-16　2015—2017 年中国与"一带一路"相关国家和地区
旅行服务贸易额

资料来源：商务部。

　　近年来，中国政府不断加大境外宣传推广力度，努力实现"互联互通，旅游先通"。在世界各国的知名国际旅游交易会上，全力塑造中国旅游新形象，力争吸引更多的国际游客前来体验中国丰富的旅游景观和历史文化资源的独特魅力。多个省市旅游部门正打造一批"一带一路"国际经典旅游线路和旅游产品。例如，新疆作为丝绸之路经济带核心区，面向中亚、南亚、西亚及欧洲，全力打造丝绸之路旅游经济带。海南加大海南国际旅游岛的开放力度，进一步加强和各国的旅游线路合作。

　　"一带一路"相关国家和地区人口众多，汇集了80%的世界文化遗产，旅行服务领域合作潜力较大。"十三五"时期，中国将为"一带一路"国家输送1.5亿人次中国游客、2000亿美元中国游客旅游消费，同时还将吸引相关国家和地区8 500万人次游客来华旅游，拉动旅游消费约1 100亿美元。目前，每年有超过2 500万中国游客赴"一带一路"国家旅游，超过日韩等国家，成为中国游客第一大海外旅游目的地区域。在"一带一路"相关国家和地区中，已经有超过20个国家对中国实现了免签和落地签，还有近10个国家出台了有条件免签、电子签证等优惠政策，有效促进了中国与"一带一路"相关国家和地区的旅行服务的发展。

专栏 7-1　中国游客带动相关国家和地区消费繁荣

　　"一带一路"出境游方面，泰国、菲律宾、越南、新加坡、印度尼西亚是游客最喜爱的五大热门目的地。数据显示，东南亚海岛游依然是最受中国人欢迎的旅游类型，占比达八成，其中普吉岛、长滩岛、巴厘岛是游客最爱的"看海地"。目前，中国已经成为泰国、印度尼西亚、越南的最大客源国，是新加坡、柬埔寨、缅甸第二大客源国。"中国—东盟旅游合作年"和"一带一路"国际合作高峰论坛的接连举办，大幅提升了中国人赴东南亚旅游的意愿。2016年中国赴中东欧出境游人次同比2015年上涨229%,波兰、捷克、匈牙利、塞尔维亚、斯洛伐克位列中国游客人次增长最快的五大目的地。同时,"一带一路"相关国家和地区还出台政策积极吸引中国游客。目前,已经有十多个"一带一路"相关国家对中国护照实施了不同程度的免签、落地签及电子签政策,这些便利化举措增强了对中国游客的吸引力。中国游客在"一带一路"相关国家的旅游消费有效带动了当地经济增长和就业,还促进了民间交流和经贸合作。

(二)运输服务

运输服务贸易是"一带一路"合作的重要内容。受货物贸易增长的提振影响,2015—2017年,中国与"一带一路"相关国家和地区运输服务贸易总额785.78亿美元,其中2017年为332.19亿美元,比2016年增长26.04%。目前,我国与丝路相关国家和地区的海陆空立体丝路网络初步形成,有效带动了运输服务贸易的发展(见图7-17)。

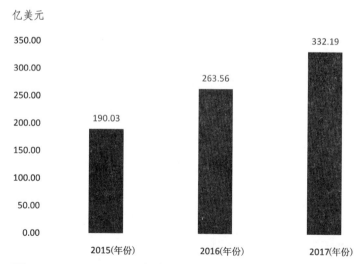

亿美元

图 7-17　2015—2017 年中国与"一带一路"相关国家和地区
运输服务贸易额

资料来源:商务部。

"海上丝绸之路"作用凸显。海上丝绸之路是构建中国与"一带一路"相关国家和地区贸易网络的主要支撑。以中远海运集团、中外运、招商局集团等为代表的航运央企，积极布局"一带一路"相关国家和地区港口运输网络，加密国际航运线路，为支撑中国与相关国家和地区商品进出口贸易发挥了重要作用。据交通运输部统计，中远海运集团已在"一带一路"沿线投入约 131 艘船、120 万 TEU 运力，占其船队总规模的 68%；航线方面，中远海运集团在"一带一路"沿线实现全覆盖，布局 118 条航线。同时，马士基等世界知名航运企业也积极投身中国与"一带一路"相关国家和地区的运输服务，共同构建现代版的"海上丝绸之路"。

"陆上丝绸之路"迅速崛起。在铁路方面，依托西伯利亚大陆桥和新亚欧大陆桥，中国已初步形成东中西三条"中欧班列"运输通道，并成为沿途国家促进互联互通、提升经贸合作水平的重要平台。截至 2017 年底，中欧班列已累计开行 7000 多列，覆盖中国 35 座城市，到达欧洲 12 个国家的 34 个城市。在公路方面，中国与毗邻 11 个国家的 70 对边境口岸开通客货运输线路，线路总长度 4 万千米左右，基本建成了以重点城市为中心、边境口岸为节点、覆盖沿边地区并向周边国家辐射的国际道路运输网络。

"空中丝路"已渐显雏形。中国民航已与 43 个"一带一路"相关国家和地区实现空中直航，新开辟航线 240 条。截至 2016 年底，我国已与 120 个国家和地区签署了双边政府间航空运输协定。其中，"一带一路"相关国家和地区占一半以上。随着这些新航线的开辟，"一带一路"国际客运量在国际旅客中的占比呈逐年提升的态势，已从 2015 年的 39.8% 提升至 2017 年 1—4 月的 47.1%。

（三）建筑服务

中国建筑服务是传统优势领域。在对外工程承包和重大对外援助项目的带动下，中国与"一带一路"相关国家和地区建筑服务贸易合作成效突出。2015—2017 年，中国与"一带一路"相关国家和地区建筑服务贸易总额为 224.02 亿美元，增速平稳，其中 2017 年为 91.24 亿美元，比 2016 年增长 7.69%（见图 7-18）。

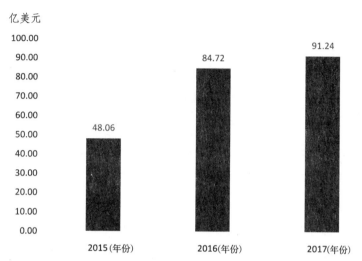

图 7-18　2015—2017 年中国与"一带一路"相关国家和地区建筑服务贸易额

资料来源：商务部。

在"一带一路"建设过程中，涌现了一批重点企业和标志性工程。这些重点企业和工程的质量及施工效率赢得了各国政府和人民的广泛赞誉，有效提升了"中国服务"和企业品牌的美誉度。例如，中国海外港口控股有限公司在瓜达尔自由区的建设开发中，创造了大量就业机会，有效拉动当地经济增长。由中国建筑工程总公司承建的埃及新首都建设项目、巴基斯坦白沙瓦至卡拉奇高速公路项目等成为"一带一路"建设中的标志性工程，有效提升了中国建筑服务的国际品牌影响力。

专栏 7-2　中国建筑服务推动"一带一路"相关国家和地区设施联通

中国建筑工程总公司在"一带一路"沿线承建的一批基础设施工程项目，有效推动了相关国家和地区的基础设施互联互通，为当地经济社会发展做出了重要贡献。在非洲的刚果（布），首都布拉柴维尔到经济中心黑角距离 500 多千米，交通不便严重制约当地经济发展。2015 年，由中国援助，用中国技术、中国标准、中国施工企业来建设的刚果（布）国家 1 号公路建成通车。由此，两地交通时间缩短到 1/4，运输量增加了 10 倍。在巴基斯坦，白沙瓦—卡拉奇高速公路（苏库尔—木尔坦段）的建设，有效解决了当地政府和人民的发展瓶颈。这条公路全长 392 千米，合同金额 29 亿美元，是中巴两国领导人直接推动的"中巴经济走廊"最大的交通项目，建成后将成为连接巴基斯坦南北的经济大动脉。仅这一个项目就给当地提供了一万多个就业岗位，并出资培训当地劳务工人，而且大量使用当地的建筑材料，成为中国企业融入当地，实现"本土化"的典范。

（四）中医药服务

中医药学凝聚着深邃的哲学智慧和中华民族几千年的健康养生理念及其实践经验，是中国古代科学的瑰宝。自古以来，中医药就是中国与古丝绸之路相关国家和地区交流合作的重要内容。近年来，中医药在预防常见病、多发病、慢性病及重大疾病中的疗效得到国际社会越来越多的认可。中医药进入"一带一路"相关国家和地区，为当地民众解除病痛、提高医疗健康水平、节省治疗成本等方面带来了实实在在的福利。中医药的合作也成为中国与"一带一路"相关国家和地区共建"健康丝绸之路"的重要内容。

中国与"一带一路"相关国家和地区充分利用现有政府间的合作机制，加强传统医学交流沟通和经验分享，推动中医药在相关国家和地区得到更多认可，积极营造有利于中医药发展的良好环境。目前，中国已经同国际组织、外国政府和地区签署了 86 个中医药的合作协议。中医药先后在新加坡、越南、泰国、阿联酋等"一带一路"相关国家和地区以国家立法形式得到了认可。在中国已经签署的中外自贸协定中，绝大多数都含有中医药的内容，一些自贸协定还给予中医医生执业人员数量配额。

中国政府积极推动中医药机构、产品、服务、标准和人员"走出去"，进入相关国家和地区医疗卫生体系。根据中国相关部门发布的《中医药"一带一路"发展规划（2016—2020 年）》，到 2020 年，中国政府将在"一带一路"相关国家和地区合作建设 30 个中医药海外中心，颁布 20 项中医药国际标准，注册 100 种中药产品，建设 50 家中医药对外交流合作示范基地，这是打造"健康丝绸之路"的重要支撑，必将造福相关国家和地区人民。同时，中国政府相关部门还推动医疗旅游示范区、中医药服务贸易基地等建设，吸引相关国家和地区居民来华接受医疗保健服务，促进中医药服务贸易，扩大民间交流交往，助力"民心相通"。

专栏 7-3 中捷中医药服务合作成绩斐然

作为中东欧首家政府支持的中医中心，中国推动"一带一路"建设的首个医疗项目，中捷中医中心自 2015 年 9 月正式运营起，就受到捷克当地民众的广泛关注和欢迎。截至目前，医疗团队已接诊捷克患者 8000 多人次，不仅让当地人收获了中医治疗的非凡疗效，还让他们领略到博大精深的中医药文化及养生哲学。2017 年 2 月底，中捷中医中心大楼项目已正式启动，该中心将集科研、教学、诊疗于一体，旨在更好地为捷克及周边国家提供中医治疗方案和诊疗服务，让更多的当地民众切身体会中医药的显著疗效。2015 年 12 月 15 日，北京同仁堂中医门店在捷克布拉格开业。北京同仁堂捷克有限公司是北京同仁堂和德尔塔资本合作成立的一个具有鲜明中医药特色优势的民众健康机构，致力于推广中医文化、中医推拿、养生茶饮等传统中医项目。北京同仁堂捷克有限公司的开业，标志着同仁堂在欧盟市场又有了新的发展，为捷克民众防病治病、养生保健选择中医医疗服务提供了新的平台。

（五）服务外包

服务外包产业是现代高端服务业的重要组成部分，国际服务外包业务发展速度快且覆盖区域广。据商务部统计，2014—2017 年，中国承接"一带一路"相关国家和地区累计服务外包合同金额 777.7 亿美元，累计执行金额 493.8 亿美元，其中 2017 年中国承接"一带一路"相关国家和地区服务外包合同金额 312.5 亿美元，执行金额 152.7 亿美元，同比分别增长 93.57% 和 25.98%（见图 7-19）。

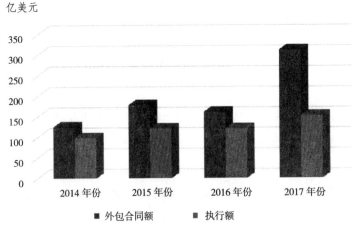

图 7-19　2014—2017 年中国与"一带一路"相关国家和地区

服务外包合同额与执行额

资料来源：商务部。

随着新兴服务贸易的快速增长，服务外包逐渐成为深化"一带一路"合作、共建"数字丝绸之路"的新渠道。在"一带一路"建设深入推进过程中，中国与"一带一路"相关国家和地区经贸交流合作日益密切，在不断扩大国际产能合作的同时，服务领域合作不断拓展。以华为、中兴、中软国际、软通动力等为代表的领军型服务企业纷纷在"一带一路"相关国家和地区设立研发中心、交付中心、共享中心，通过服务外包等方式带动电信、计算机和信息服务、研发设计、专业咨询等出口迅速增长，带动了我国高铁、核电、通信、移动支付等世界领先的技术和标准加快走出去。

(年份)

第八章　扩大进口促进贸易平衡发展

第一节　扩大进口对我国经济与社会发展的作用

改革开放 30 多年，中国通过积极参与国际分工和竞争，迅速由一个贸易小国成长为世界贸易大国。然而，由于国内经济发展阶段、国际产业转移、政策体制等方面的原因，中国对外贸易领域长期存在重出口、轻进口的倾向，形成了进口长期低于出口，进出口贸易结构严重失衡，贸易差额不断扩大的局面。2008 年爆发的金融危机带来全球经济的调整与变革，也给我国转变经济发展方式和对外贸易发展方式带来机遇。后危机时代世界经济、贸易、投资相对放缓，国际市场竞争更加激烈，全球贸易与投资保护主义势头增强，贸易摩擦的领域、范围、对象更加广泛。从国内环境看，我国已进入了全面建设小康社会的关键时期，经济和社会可持续发展的任务更加繁重，国内市场、资源和环境问题日渐突出，产业调整和升级压力增大，经济发展方式亟待转变，客观要求外贸发展方式必须随之改变。在此背景下，实施适度的积极进口政策，对于促进我国经济可持续增长、实现产业结构升级、提高居民生活质量、缓解贸易保护主义压力、维护国家经济安全、提升我国的国际竞争力与影响力具有重大意义。

一、有助于共享发展成果，提升我国负责任大国形象

自英国公投脱欧以来，"逆全球化"开始成为一个全球热门话题；而特朗普上台，其贸易保护、边境修墙、控制移民等政策更是将"逆全球化"的风潮推向了顶点，自 2008 年金融危机后就初现端倪的贸易保护主义在全球范围内盛行。此轮贸易保护主义起源于危机也加深了危机。为应对国际金融危机，无论是发达国家还是发展中国家，都把采取贸易保护措施作为政府"救市"计划的组成部分，出台了许多有碍贸易流动的关税和非关税措施。目前世界经济重新走上缓慢增长通道，但各国并未大规模地放松或停止实施贸易限制措施。其实，这些贸易保护主义措施仅仅是通过刺激国内就业来缓解政府的短期压力，从长期来看，贸易保护主义对本国经济和全球经济均有害无益。

此次"逆全球化"风潮对中国来说是危机也是机遇。我们承认全球化确实产生了问题，同时也要指出，像特朗普还有欧洲的这些贸易保护主义不是解决问题的方法。我们要提出中国解决问题的方法，适应和引导好经济全球化，消解经济全球化的负面影响，让它更好地惠及每个国家、每个民族。如果中国能够引领新一轮的经济全球化浪潮，无疑能够展示我国负责任大国形象，同时中国在世界政治经济中将更有话语权。

作为全球化浪潮的最大受益者之一，中国近年来通过主导一带一路、AIIB、金砖银行为全球化进程提供了巨大推力，为世界发展带来了机遇的同时带动了其他发展中国家经济增长。面对强势的"逆全球化"风潮，中国应坚定不移地继续倡导并推动贸易自由化，通过扩大进口，为其他国家进入中国市场创造条件，在促进贸易平衡的同时，共享发展成果。在全球经济复苏乏力、国际贸易增长迟缓、发达国家和发展中经济体普遍需求低迷的背景下，扩大进口相当于向全球输出总需求，有助于推动全球经济复苏与繁荣。平抑经济全球化逆动，推动世界经济开放发展和强劲复苏，不仅是中国自身发展的需要，也是国际社会特别是发展中国家对中国的期待，是大国的责任担当。

随着我国国际地位迅速提升，国际政治外交经济环境发生了新的变化。一方面，很多发达国家，也包括一些新兴国家和发展中国家，对我国和平崛起心存疑虑，企图利用各种方式对中国进行遏制，进口也会成为它们可以利用的手段。例如为防止我国在高科技产业形成竞争力，发达国家不可能对华出口或转让真正先进、核心、高端的技术、设备、零部件。另一方面，如果我国通过扩大进口给其他国家带来益处，会在国际上树立负责任大国形象，消除国际威胁论影响，有助于国际社会接纳一个崛起的中国。

二、有助于促进科技创新，助推供给侧结构性改革

创新是经济增长的引擎，创新所带来的创造性破坏正是推动经济不断发展的动力。发展中国家，如果想在经济发展水平上赶上发达国家，就只有在技术创新的速度上比发达国家更快，才有可能实现这个发展目标。发展中国家一方面可以通过自身的经费与人力投入开展研发活动，进行自主创新；另一方面也可以模仿、吸收和消化其他国家尤其是发达国家的经验，以技术引进来降低创新的成本与风险，获得更多的收益。落后国家所具有的"后发优势"就是通过技术引进实现与发达地区的技术收敛，最终实现地区经济收敛。

作为一个发展中的贸易大国，技术引进对创新能力的促进作用不可忽视。在全国层面，自主创新与技术引进都促进了技术创新的发展，但技术引进仍然是主要的创新途径，自主创新的作用并不显著。[1]我国技术进口对企业创新能力产生正向的作用，但随着地区创新能力的增强其作用在逐渐减弱。[2]进口对促进我国企业技术创新能力的提升具有重要作用。

---

[1] 王青,冯宗宪,侯晓辉.自主创新与技术引进对我国技术创新影响的比较研究[J].科学学与科学技术管理,2010,31(06):66-71.

[2] 刘重力,黄平川.技术进口对我国企业技术创新能力的影响——基于中国省际数据的分位数回归.南开经济研究,2011(05):132-141.

第一，国际贸易能够为企业技术创新提供动力。发达国家的新产品进入市场后，会提高整个市场的竞争力，占据部分的市场份额，这必然会增大我国企业的竞争压力，迫使我国企业不断地加强技术以及产品方面的创新，以此增加自身产品的竞争优势，在激烈的国际市场中占取一席之地。由此可看出，国际贸易能够为我国技术创新提供动力。

第二，国际贸易能够为企业技术创新提供一定的契机。先进国家的新产品在通过贸易往来方式输送到我国的过程中，其产品所含有的工艺及技术水平也会伴随着产品传递到我国，受到技术溢出效应的影响，会给我国的企业提供一些模仿的契机，在模仿国外先进技术的过程中，我国的技术水平也会得到不断的创新和提高。

第三，先进设备的引入为企业带来有形和隐形的技术创新。目前，很多企业在生产过程中都是运用国外先进生产设备，这些被引进的设备本身就具有先进的技术水平，可以称之为有形的技术创新，同时还存在着各种形式的技术指导工作，企业的员工在经过技术培训及指导后，会掌握先进的外来技术，这就相当于给本土企业带来了一定的隐形技术创新。

第四，国际贸易能够促进企业在意识及管理机制方面的创新。受到不同国家和地区先进技术及产品的冲击，我国企业逐渐认识到技术创新对于企业以及产品的重要性，进而增强自身创新意识，对于引入先进技术的企业来讲，为了更好地运用先进技术，企业在管理方面也必然要做出一定的调整和改变，由此可见，国际贸易能够促进我国企业在意识以及管理机制方面的创新和发展。

第五，谈判阶段的技术扩散促使着进口国技术的创新。在贸易谈判的过程中，出口国为了让进口国更好地了解自身产品，达到实现交易的目的，会积极地向进口国展示产品的性能、所运用到的先进技术等方面，在这种情况下，即使交易失败，出口国的相关技术也会存在着技术扩散的情况，而这种技术扩散必然也会给进口国带来一定的启示和借鉴，促使着进口国技术方面的创新。

第六，国际技术贸易促使着国家间技术的交流及创新。国际技术贸易是国家间最直接的技术交流方式，能够有效地促使双方技术的不断创新。作为进口国家，不仅在技术贸易的过程中能得到来自先进国家的新技术，还能够直接地感受到同先进国家在生产水平以及人力资本方面的差距，从而促使进口国家各方面的完善和适应性创新。

中国现在正处于供给侧改革、经济转型升级的关键时期，创新作为引领发展的第一动力，也是助推供给侧结构性改革的重要突破口。在此背景下中国更应该积极扩大技术进口，通过促进科技创新助力供给侧改革。

三、有助于促进贸易平衡，缓解贸易保护主义压力

中国作为最大的发展中国家，一直是贸易救济调查的最大目标国。2016 年，我国共遭遇来自 27 个国家（地区）发起的 119 起贸易救济调查案件，其中反倾销 91 起，反补贴 19 起，保障措施 9 起；涉案金额 143.4 亿美元，案件数量和涉案金额同比分别上升 36.8%、76%。2015 年，中国共遭遇来自 22 个国家（地区）发起的贸易救济调查 85 起，涉案金额 80 亿美元；2014 年，22 个国家（地区）对中国出口产品发起 97 起贸易救济调查案，涉案金额 104.9 亿美元；2013 年（至 12 月 24 日），19 个国家（地区）对我国发起贸易救济调查 89 起，涉案金额 36.19 亿美元；2009 年至 2012 年的四年间，我国共遭受贸易救济调查 328 起，涉案金额 531 亿美元。

根据中国加入世贸组织的议定书规定，到 2016 年 12 月 11 日中国将自动获得市场经济地位，而美国、欧盟、日本等国家（地区）却拒绝承认中国市场经济地位。2017 年 1 月特朗普上台，他与其经贸团队将贸易保护主义视为贸易政策制定和决策的"指针"——将贸易逆差摆放在"威胁国家安全"的高位，"减少贸易逆差"成为制定一切贸易政策的出发点和归宿。2017 年 8 月，特朗普签署对华知识产权贸易政策调查备忘录。美国作为对中国发起反倾销、反补贴调查最多的国家之

一，其强势的贸易保护政策意味着中国对外贸易将会出现更多的不确定性。

虽然针对中国的贸易救济调查案件金额只占中国出口总额不到1%的比例，但这些贸易救济调查案件对中国外贸的整体影响却远不止如此。据测算，在1995—2011年之间，反倾销使相关行业总出口的国内增加值率降低4.5%～28.7%；使相关行业最终产品出口的国内增加值率降低3.4%～17%；使相关行业中间产品出口的国内增加值率降低1.2%～8.5%；反倾销措施还会使相关行业参与GVC地位指数下降8.2%～28.6%。[①]同时反倾销不仅对中国企业的出口数量产生了不利影响，对中国企业的出口质量也产生了显著的抑制作用，使得反倾销对中国出口的损害进一步扩大。[②]

中国长期以来的"重出口，轻进口"政策取得了巨大的成功，出口规模的急剧扩张，推动经济高速发展。而与此同时西方国家经济普遍不景气，为保护本国产品的国内市场，应付国际收支危机，必然把拥有巨额贸易顺差的中国列为反倾销的主要对象之一。为缓解贸易保护主义压力，除了尽快获得各国对中国"市场经济地位"的承认外，还应该适当扩大进口，促进贸易平衡。

同时，长期贸易顺差带来大量的外汇储备给本国经济带来了通胀的压力，也带来如何保值增值的压力。解决这个问题，有两种办法，即抑制出口和扩大进口。众所周知，抑制出口将会给中国农村剩余劳动力的转移、就业和相当多的外向型中小企业的生存带来极大影响，不符合中国国情，且代价太大，那么扩大进口就成为比较可行的途径。通过扩大先进设备、技术、资源的进口，既能提高中国产业升级和经济发展的能力，又能平衡国际收支状况，促进国民经济健康稳定发展。

---

① 王孝松，吕越，赵春明.贸易壁垒与全球价值链嵌入——以中国遭遇反倾销为例.中国社会科学，2017(01):108-124+206-207.

② 谢建国，章素珍.反倾销与中国出口产品质量升级：以美国对华贸易反倾销为例.国际贸易问题，2017(01):153-164.

第二节　我国进口贸易发展之路

一、我国进口贸易发展历程

（一）改革开放初期到加入世贸组织（1978—2001 年）

党的十一届三中全会，开辟了我国历史发展的新时期。1978 年进口总值首次突破百亿达到 111.3 亿美元，1979 年进一步扩大至 156.2 亿美元，在加入世贸组织之前，2001 年中国贸易进口达到 2435.53 亿美元。这一期间，随着中国步入社会主义市场经济发展阶段，外贸体制改革不断深化，大力推动了我国进口贸易飞速增长，在 24 年间增长将近 20 倍，年增长率达到 87.4%，进口世界占比从 1978 年的不到 1% 到 2001 年达到 3.8%（见图 8-1）。

图 8-1　中国进口世界占比（1978—2001 年）

资料来源：WTO 数据库。

与飞速增长的进口总量相比，改革开放初期中国的进口依存度很低，1978 年仅为 7.4%，到了 1984 年也只有 8.7%，这表明当时中国国内经济基本上仍在传统的封闭经济框架下运行，进口贸易的宗旨是调剂余缺，对中国经济增长作用极为有限。随着中国开放型经济的发展，国内进口贸易体制发生了重大变化，进口贸易从传统的调剂余缺的模式转变为满足国内产业升级和需求变化的进口替代模式，大量进口了国内急需的先进设备、半成品和原材料，支持了国内经济的快速增长。1985年进口依存度为 14%，1993 年已达到 23%。1994 年汇率并轨，人民币大幅贬值，导致进口成本相对增加，因此 1994—1998 年进口依存度的下降是进口贸易对于货币贬值的一个调整期。从 1999—2001 年，中国外贸进口依存度恢复快速上升的趋势，于 2001 年达到 18.2%，这表明进口贸易与我国国内经济增长之间关联性大幅提高。

值得注意的是，1995 年以来，加工贸易成为我国第一大贸易方式，由于加工贸易增值率低、对国内产业结构与技术进步带动有限，因此在考虑扣除加工贸易方式进口因素以及我国多年来采取汇率低估政策之后，实际进口依存度可能进一步降低（见图 8-2）。

图 8-2　中国进口依存度（1978—2001 年）

资料来源：WTO 数据库。

从进口商品结构来看，改革开放之前，国民经济各部门之间比例严重失调，因此工业生产所需原材料以及成套设备和新技术进口增幅较大，这一时期我国主要贸易伙伴是日本、欧共体和东南亚国家。改革开放以来，我国进口总值连年增加，进口商品结构也不断优化，随着我国工业化向纵深发展，不必要的重复引进和盲目进口得到了有效控制，先进技术、关键设备所占的比重逐步提高。20世纪90年代以来，我国进口商品结构中，用于生产其他产品的中间产品一直维持在七成左右，资本品进口比重基本维持在20%左右，消费品所占比重较低（见表8-1）。

表8-1　进口商品结构

单位：%

年份	1995	1996	1997	1998	1999	2000	2001
食品及活动物	4.67	4.09	3.02	2.70	2.18	2.11	2.04
饮料及烟类	0.30	0.36	0.22	0.13	0.13	0.16	0.17
非食用原料（燃料除外）	7.73	7.70	8.43	7.64	7.69	8.89	9.09
矿物燃料、润滑油及有关原料	3.90	4.95	7.24	4.83	5.38	9.17	7.17
动植物油、脂及蜡	1.98	1.22	1.18	1.06	0.82	0.43	0.31
初级品进口	18.58	18.32	20.10	16.36	16.20	20.76	18.78
化学成品及有关产品	12.97	13.04	13.55	14.37	14.50	13.42	13.18
按原料分类的制成品	21.60	22.61	22.63	22.16	20.71	18.57	17.22
机械及运输设备	40.02	39.45	37.07	40.53	41.92	40.84	43.94
杂项制品	6.17	6.04	5.99	6.03	5.84	5.63	6.19
未分类的商品	0.65	0.54	0.66	0.54	0.83	0.77	0.69
工业制成品进口	81.42	81.68	79.90	83.64	83.80	79.24	81.22

资料来源：WTO数据库。

（二）加入世贸组织至2011年

加入世界贸易组织以后，随着我国关税总水平的逐步降低、非关税壁垒的不断减少、国内市场的进一步开放以及外贸经营权的放开，我国进口贸易高速增长，规模迅速扩大。2001年我国进口贸易总额2435.5亿美元，到2009年已突破万亿美元，达到10 055.6亿美元，占世界进口的比重上升至 8%，超过德国成为世界第二大进口国，仅次于美国。
2012 年进口占比上升到接近 10% 并在此后保持相对稳定（见图 8-3）。

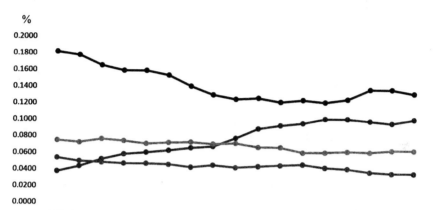

图 8-3　2001—2017 年中、美、日、德进口世界占比

资料来源：WTO 数据库。

金融危机以前进口额和出口额都保持 2 位数的高速增长，2009 年
由于金融危机的冲击，全球经济衰退，进出口额大幅下降，之后随着经
济回稳，在 2010 年和 2011 年继续快速增长，而 2012 年之后由于贸易
保护主义抬头，全球经济复苏乏力等问题，进出口增速降至个位数（见
表 8-2）。

表 8-2　2008—2011 年我国进出口情况

单位：亿美元，%

年份	GDP	贸易总额	出口额	进口额	贸易差额	贸易差额占 GDP 比重	贸易差额占贸易总额比重
2001	13 393.96	5096.51	2660.98	2435.53	225.45	1.68	4.42
2002	14 705.50	6207.66	3255.96	2951.70	304.26	2.07	4.90
2003	16 602.88	8509.88	4382.28	4127.60	254.68	1.53	2.99

续表

年份	GDP	贸易总额	出口额	进口额	贸易差额	贸易差额占GDP比重（%）	贸易差额占贸易总额比重（%）
2004	19 553.47	11 545.55	5933.26	5612.29	320.97	1.64	2.78
2005	22 859.66	14 219.06	7619.53	6599.53	1020.00	4.46	7.17
2006	27 521.32	17 604.39	9689.78	7914.61	1775.17	6.45	10.08
2007	35 521.82	21 765.72	12 204.56	9561.16	2643.40	7.44	12.14
2008	45 982.06	25 632.60	14 306.93	11 325.67	2981.26	6.48	11.63
2009	51 099.54	22 075.35	12 016.12	10 059.23	1956.89	3.83	8.86
2010	61 006.20	29 740.01	15 777.54	13 962.47	1815.07	2.98	6.10
2011	75 725.54	36 418.65	18 983.81	17 434.84	1548.97	2.05	4.25

资料来源：根据 WTO 数据库、世界银行 WDI 数据库及相关数据计算。

受进口政策调整的影响，我国不仅在进口商品结构上进一步优化，而且，进口商品的地区分布也更为合理，呈现多元化发展趋势。亚洲、欧洲、北美洲一直是我国的主要进口来源地，入世后，我国进口来源开始向发展中国家转移。2001 年亚洲、欧洲和北美洲合计占我国进口的比重达到 93.7%，到 2011 年下降到 80% 左右（见表 8-3）。

表 8-3　中国进口前十大来源国

单位：亿美元，%

排名	2001 年			2006 年			2011 年		
	国家（地区）	金额	占比	国家（地区）	金额	占比	国家（地区）	金额	占比
1	日本	427.87	17.57	日本	1156.73	14.62	日本	1945.68	11.16
2	美国	262.17	10.76	韩国	897.24	11.34	韩国	1627.17	9.33
3	韩国	233.77	9.60	美国	593.14	7.49	美国	1231.24	7.06
4	德国	137.72	5.65	德国	378.79	4.79	德国	927.26	5.32
5	中国香港	94.22	3.87	马来西亚	235.72	2.98	澳大利亚	826.67	4.74
6	俄罗斯	79.59	3.27	澳大利亚	193.23	2.44	马来西亚	621.37	3.56
7	马来西亚	62.04	2.55	泰国	179.62	2.27	巴西	523.87	3.00

排名	2001 年			2006 年			2011 年		
	国家（地区）	金额	占比	国家（地区）	金额	占比	国家（地区）	金额	占比
8	澳大利亚	54.26	2.23	菲律宾	176.75	2.23	沙特阿拉伯	494.68	2.84
9	新加坡	51.28	2.11	新加坡	176.73	2.23	俄罗斯	403.63	2.32
10	泰国	47.14	1.94	俄罗斯	175.54	2.22	泰国	390.40	2.24

资料来源：根据联合国商品贸易统计数据库及相关数据计算。

（三）党的十八大以来我国进口贸易

2012 年以来，相关经济体对华出口迅速增加，增速大都远超其对外出口总体增速，中国的进口也对各国的经济发展提供了巨大的推动力。中国约占韩国出口的 25%，约相当于其 1/10 以上的 GDP。2016 年中国从韩国进口的货物总额达 1589 亿美元，占进口总额的 10.0%，由此韩国连续四年成为中国最大进口来源国，来自中国的大量需求为韩国经济注入强大的动力。而近期由于政治经济原因，韩国进口产品则在中国市场所占比重自 2016 年开始快速下滑，导致韩国经济动荡。泰国 12% 以上的出口对象是中国，相当于泰国 7% 的 GDP。巴西是重要的农业出口国，中国占巴西出口总量的 18%，也是巴西最大的出口国。中国也约占日本出口的 19%，相当于其 3% 的 GDP。出口铁矿石已使中国占澳大利亚全球出口比重高达 34%，约占澳大利亚 GDP 总量的 6%，中国是澳大利亚最大的贸易伙伴（见表 8-4）。

表 8-4　2012 年以来我国进口贸易发展状况

单位：亿美元，%

年份	GDP	贸易总额	出口额	进口额	贸易差额	贸易差额占 GDP 比重	贸易差额占贸易总额比重
2012	85 605.47	38 671.19	20 487.14	18 184.05	2303.09	2.69	5.96
2013	96 072.24	41 589.95	22 090.05	19 499.9	2590.15	2.70	6.23

年份	GDP	贸易总额	出口额	进口额	贸易差额	贸易差额占GDP比重	贸易差额占贸易总额比重
2014	104 823.7	43 015.2	23 422.9	19 592.3	3830.6	3.65	8.91
2015	110 646.7	39 530.4	22 734.7	16 795.7	5939.0	5.37	15.02
2016	111 909.9	36 855.6	20 976.3	15 879.3	5097.0	4.55	13.83
2017	122 377.0	41 071.6	22 633.7	18 437.9	4195.8	3.43	10.22

资料来源：根据 WTO 数据库、世界银行 WDI 数据库及相关数据计算。

　　而通过观察进出口依存度我们可以发现，相对于国民总收入，进出口的变化趋势是很直观的：从加入 WTO 到 2005 年（2006 年）之间，进口（出口）占国民收入的比例呈上升趋势，而在此之后，一直下降并在 2015 年基本回到加入世贸组织时的水平，2016、2017 两年基本保持平稳（见图 8-4）。

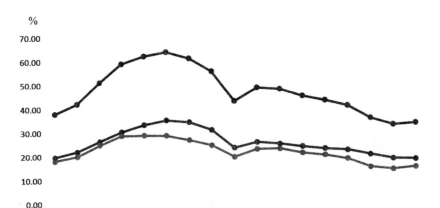

图 8-4　2001—2017 年我国贸易依存度变化

资料来源：根据 WTO 数据库、世界银行 WDI 数据库及相关数据计算。

　　进口商品结构是一国参与国际分工的体现，与其经济发展水平相适应，反映出一定时期内一国的进出口贸易政策。入世后，随着改革开放的深化，以及各项进口调整政策的实施，我国工业化建设的步伐加快，经济结构不断升级，进口商品结构进一步优化，特别是在我国加强了加工贸易的分类管理、取消了加工贸易中部分"两高一资"出口产品的优惠政策、对外资企业和内资企业实行平等待遇之后，更加起到了优化进口产品结构的作用，高新技术、原料和能源进口快速增加。2015 年在进口额大幅下降的背景下，中国先进设备、关键零部件进口基本稳定。2015 年中国高新技术产品进口额同比基本持平，占进口总额的 32.6%，比 2001 年的 21% 上升了 11.6 个百分点。2015 年，中国部分大宗商品进口量保持增长。其中，进口铁矿砂 9.53 亿吨，增长 2.2%；进口原油 3.36 亿吨，增长 8.8%。由于大宗商品进口价格下降较多，2015 年中国贸易条件指数为 112.1，表明中国出口一定数量的商品可以多换回 12.1% 的进口商品，贸易条件进一步改善。而机电产品进口增速放缓，机电产品进口占比从 2001 年的 54% 降至 2015 年的 48%，表明我国进口商品结构向着高新技术领域转化（见表 8-5）。

表 8-5　2017 年各国进口结构比较

单位：%

	中国	巴西	德国	印度	日本	韩国	新加坡	泰国	英国
食品及活动物	0.03	0.05	0.06	0.02	0.08	0.05	0.03	0.05	0.08
饮料及烟类	0.00	0.00	0.01	0.00	0.01	0.00	0.01	0.00	0.11
非食用原料（燃料除外）	0.15	0.03	0.03	0.05	0.06	0.06	0.01	0.03	0.01
矿物燃料、润滑油及有关原料	0.13	0.14	0.08	0.27	0.21	0.23	0.22	0.14	0.02
动植物油、脂及蜡	0.01	0.01	0.00	0.03	0.00	0.00	0.00	0.00	0.00
初级品进口	0.33	0.23	0.19	0.37	0.37	0.35	0.27	0.22	0.22

	中国	巴西	德国	印度	日本	韩国	新加坡	泰国	英国
化学成品及有关产品	0.11	0.25	0.13	0.11	0.10	0.10	0.08	0.11	0.11
按原料分类的制成品	0.09	0.11	0.13	0.15	0.09	0.11	0.07	0.18	0.10
机械及运输设备	0.37	0.34	0.37	0.23	0.29	0.34	0.48	0.37	0.35
杂项制品	0.07	0.07	0.13	0.04	0.14	0.10	0.10	0.07	0.14
未分类的商品	0.03	0.00	0.06	0.09	0.02	0.00	0.01	0.05	0.07
工业制成品进口	0.67	0.77	0.81	0.63	0.63	0.65	0.73	0.78	0.78

资料来源：根据联合国商品贸易统计数据库及相关数据计算。

二、我国进口贸易的主要特点

在我国进口大幅增长的背后，依然存在着不少值得关注的问题：

一是对进口对国民经济的促进作用仍认识不足。长期以来，在评价对外贸易对经济增长的贡献时，几乎都把关注的焦点放在出口或是贸易顺差上，似乎只有出口才对经济增长起推动作用，而对进口对于经济增长的作用谈之甚少。不可否认，出口的快速增长对改善我国国际收支、拉动 GDP 增长和吸纳大量就业发挥了重大作用。但与此同时，也造成了经济增长过分依赖外需，国内资源以较低收益净流出和国民收入的损失，同时也加剧了人民币升值压力和与主要贸易伙伴的贸易摩擦。尤其近年来，"逆全球化"风潮盛行，贸易保护主义重新抬头并大有愈演愈烈之势，由于巨额贸易顺差，中国成为国际贸易制裁的最大受害者。发达国家的实践表明，在工业化进程中后期，开放国内市场，外国产品的大量输入并未对经济增长、就业和出口造成重大负面影响。进口产品的竞争推动了生产要素由不再具有优势的产业向新兴产业转移，催生了新兴产业发展，也推动一些传统出口产业转型和升级，由此带来了新的就业机会。同时，大量的进口和贸易逆差使国内消费者可以更多地消费外国便宜的商品，同时将本国的要素成本上升压力和通货膨胀压力输送出去。比较一下经济合作与发展组织（OECD）主要成员的经济增长、就业和贸易差额情况，可以发现，经济增长、就业与一国贸易是顺差或逆差并没有必然联系。只要进口是合理和有效的，逆差并不会影响国民经济发展。

二是初级产品进口依赖程度上升。2001—2016 年，我国初级产品的进口由 457.4 亿美元增加至 4416.7 亿美元，年均增幅为 16.3%；工业制成品的进口由 1978.1 亿美元增至 11 462.5 亿美元，年均增幅为 12.4%，其中，机电产品的进口由 1205. 亿美元增至 7714.3 亿美元，年均增幅为 13.1%，初级产品的年均进口增幅高出工业制成品 3.9 个百分点，机电产品的进口增幅则低于总体进口增幅 0.2 个百分点。这些数据显示我国初级产品进口的依赖程度在急剧上升，显示了我国经济发展过度依靠规模扩张的路径，其结果不仅造成环境保护和排放控制的难度，同时也为我国治理粗犷发展带来新的压力。

三是先进技术设备进口滞后。进口结构与一个国家产业结构的发展有着基本的一致性。长期以来，为了满足制造业加工发展的需要，初级产品及原材料的进口大幅上升，目前我国原油、铁矿石等重要能源一半左右通过进口供应，2016 年我国粮食进口量高达 1.14 亿吨，相当于黑龙江和吉林两省的粮食总产量，相比之下，先进技术设备的进口却低于原材料的进口增幅，这种状况反映了我国企业技术改造升级的步伐依然滞后，我国制造业劳动生产率和竞争力的提升仍面临相当的压力。首先，以美国为代表的西方发达国家仍对我国实施了较为严格的高新技术产品出口管制，例如，西方发达国家生产的机床关键零部件在稳定性、可靠性和功能上都比国产机床强，因此，我国中高端机床的关键零部件大多依赖进口，对先进技术设备的市场需求巨大，但是，西方发达国家一直对航空领域关键零部件制造装备限制出口，致使我国机床行业、航空工业以及高新技术相关行业发展遭遇瓶颈。其次，我国对待技术知识产权、专利保护上的法制意识还比较淡薄，对惯例的理解和遵守也还远远不够，有时有意无意地会造成对知识产权的侵害，随意模仿甚至剽窃的现象时有发生，这样一来，欧美国家对中国企业则更不信任了。没有知识产权就没有技术贸易，想要进口高新技术，中国在加强知识产权法制建设上还有很长的路要走。

四是消费类产品进口不足。进口发达国家的实践表明，人均 GDP 达到 3000 ~ 5000 美元时，居民消费结构将会有相应的升级调整，对高质量消费品和服务的需求将快速攀升。2016 年我国人均 GDP 已超过 8000 美元，到 2020 年将实现全面建成小康社会的目标。随着国民收入提高，国内消费不断增长，消费结构逐渐升级，消费品市场空间广阔，发展潜力巨大。同时我国对外开放度日益提高，也将促进进口消费品需求的迅速增长。实际上，21 世纪以来中国消费品进口基本保持稳定增长态势，且增速大于货物贸易总进口的增速。按照联合国商品贸易 BEC（Broad Economic Catalogue）分类，2001—2015 年，中国消费品进口额由 86 亿美元增长为 1031 亿美元，年均增速 19.4%，高于同期商品总进口 14.8% 的平均年增速。尽管如此，我国消费品进口在总进口中所占比例仍偏低。2015 年中国消费品进口占进口总额的比例仅为 6.1%，但依然不到主要发达国家的消费类进口比例的 1/3，在主要经济体中，仅略高于印度的 5.1%。

五是进口定价话语权缺乏。金融危机以来，国际商品市场价格有所回落，为我国扩大进口提供了一定的机遇。但我国对进口产品的定价权与我国的进口需求却表现严重分离的现象，许多产品的进口只能被动地接受国际市场价格，最明显的例证就是铁矿石的进口。2015 年，中国的铁矿石进口对外依存度超过 80%。正因如此，国外的矿企一直掌控着铁矿石的定价权。目前，我国大宗商品对外依存度普遍较高，其中，主要商品原油、铁矿石、天然橡胶、铜 2016 年对外依存度分别为 65%、44%、81%、27%，高依存度也意味着高风险度，如果我国不能在国际商品定价机制方面获得相应的话语权，进口的不确定性风险也同样不容忽视，我国将会成为全球大宗商品价格过度波动的受害者。

第三节 我国进一步扩大进口的未来趋势

"十三五"时期,我国进入由贸易大国向贸易强国迈进的关键阶段,应充分发挥我国在国际经济分工中的比较优势,培育新的竞争优势,实现国际经贸合作的包容性增长与互利共赢。牢固树立创新、协调、绿色、开放、共享的发展理念,统筹国内国际两个大局,制定开放、平衡、适度、多元的进口战略,发挥进口对宏观经济平衡和经济结构调整的重要作用。坚持出口和进口并重,优化进口结构,扩大进口规模,大力鼓励先进技术设备和关键零部件进口,稳定资源性产品进口,合理增加一般消费品进口,促进对外贸易趋向平衡,实现对外贸易可持续发展,为带动世界贸易的复苏和增长注入动力。"十三五"期间,我国将进一步扩大进口规模,我国将从 2018 年起举办中国国际进口博览会。未来 5 年,将从"一带一路"沿线国家和地区进口 2 万亿美元的商品。

一、加快外贸发展方式转变

后危机时代,我国对外贸易发展更加注重平衡发展,在竞争与合作中达至互利共赢之结果。这就要求进一步实行贸易自由化与便利化,开放市场,扩大准入,增加进口,公平贸易。而加快转变外贸发展方式,在继续发展加工贸易的同时,不断强化一般贸易的发展,使之逐渐占据主导地位,才是真正解决贸易不平衡之道。目前,在国际分工中,我国还未完全改变受支配的被动地位,加工贸易进口带来的经济和社会效益还比较低。我国加工贸易的快速增长动力基本来自外资,从事的加工贸易基本上是跨国公司全球资源配置的一个环节,许多加工贸易的初级产品——原料进口加工要消耗大量的电力、煤炭等不可再生资源,并且对环境造成了较大的污染;还有些加工贸易,主要从事最终产品的组装和低端零部件的配套生产,技术含量较低,处在加工贸易价值链的最低端。而核心技术、关键零部件配套、关键设备以及品牌等其他价值链环节如销售网络被跨国公司的母公司所控制。因此,加工贸易数量上的扩张不能与我国资源环境发展相适应，不能与我国的经济效益和社会效益相结合。有必要进一步加强对加工贸易的管理，调控加工贸易增长速度；调控利用外资规模的扩大速度，优化引资结构，发展技术高精尖型的加工贸易。同时，我国一般贸易整体上国际竞争力不高，一直是处在逆差状态，应积极扩大一般贸易进口。一方面要科学地调控初级产品的进口数量，通过大力推进技术进步和技术创新，提高国内现有资源和矿物能源的使用效率；积极发展现代农业开发新的可再生资源和能源，鼓励和支持科学养殖和种植，走内涵式扩大再生产的道路；另一方面要充分发挥市场的调节功能，激励国内广大的中小企业大力进口高新技术、关键技术和设备，加快生产设备的更新换代，提高生产效率，创造更多的社会财富，提高广大人民的生活水平。

二、调整和优化进口商品结构

积极鼓励进口国内经济社会发展和人民生活需要的消费品与技术，特别是国内短缺的资源、先进技术和关键装备等。

扩大资源性产品进口。优化进口管理程序，给予企业一定的进口自主权，以便企业在国际大宗商品价格出现大幅回落时，国际油价、粮价、有色金属等初级产品价格下跌时，抓住时机组织进口，同时，政府还可以组织相关职能部门、企业、机构形成进口预案，以政府采购和民间购买相结合的方式，择机购入石油、矿石、有色金属等稀缺资源。

扩大高新技术产品进口。适应国内经济结构调整和产业进步的需要，扩大先进、适用的机器和设备进口，扩大国外具有优势的新技术、新材料和优质零部件进口，扩大环保节能材料和用品进口，积极开拓中小企业、民营企业投资品进口市场，加快提高企业的竞争力。制定有效政策鼓励企业加大对高新技术产品的进口，加快企业机器设备的折旧，技术改造投入是保持企业技术进步的关键，而加大引进关键技术设备是一条有效的捷径，与此同时，应鼓励企业形成消化吸收和自主配套能力，对此应有明确的政策支持，如对提前进行设备折旧的企业提供低息或贴息贷款，对进口的关键设备提供减免关税的政策等。

放宽高档消费品进口，将利益留在国内。奢侈品咨询公司FortuneCharacter 报告显示，2015 年中国消费者在奢侈品上花费达 1168亿美元，占全球奢侈品消费的 46%。此外，910 亿美元以上的奢侈品消费发生在海外，这意味着 78% 的中国消费者并未在中国购买奢侈品。2015 年中国出境游客人数超过 1.17 亿人次，中国游客在国外消费了 2150 亿美元。高档消费外流的主要原因是税率高，使国内外价差大。国家可以"两害相权取其轻"，为保住我国实际利益，对部分国内没有产能但有需求的高档商品，如高档手表、音响、乐器、化妆品、服装和公务飞机等，适度下调关税和消费税。

高度重视战略性新兴产业的技术设备进口。根据国务院最新发布的《加快培育和发展战略性新兴产业的决定》，未来我国将进一步通过加快培育和发展战略性新兴产业，提升我国自主发展能力和国际竞争力。应加强我国鼓励发展的战略性新兴产业的技术设备进口，特别是节能环保型设备的生产和制造能力，通过引进高端技术装备等，逐步形成我国自主的研发制造能力，促进我国战略性新兴产业加快发展。

三、优化进口市场结构

继续推动进口市场多元化，为转变外贸增长方式，及外贸持续稳定发展创造良好的环境。目前，我国进口市场主要集中在亚洲地区。2015年，自亚洲进口占我国进口总额的 56.8%，其中，日本、韩国分别占我国进口总额的 8.5% 及 10.4%，而欧盟、美国则分别占 11.2% 及 8.8%。由于美欧对我实行出口管制等多种原因，导致其占我国进口比重相对较低，对我贸易逆差较大，贸易摩擦持续增加。因此，应继续优化进口市场结构，推动进口来源地多元化。另外，还可以开拓"一带一路"沿线国家的新兴市场，积极挖掘沿线国家的市场潜力，使得进口来源国别更加丰富。

从产品层面看，一些中等以及中高技术工业制成品，美国、德国、法国等发达国家具有绝对优势，因此，高技术商品的进口必须从这些技术领先的国家进口，这有利于促进企业创新能力。但是一些资源性产品、农产品的进口可以协调，通过积极开辟新的进口来源地，实现进口渠道多元化、进口市场分散化。目前，美欧等发达国家既是我国主要贸易顺差来源地，也是技术创新和高新技术产品生产地。要通过强化贸易协商对话机制，规范知识产权保护制度，推动美国与欧盟逐步解除高新技术产品对我国出口的限制，促进双边贸易协调发展。同时也要扩大从其他相关贸易伙伴的进口，以降低我国技术进步和对外贸易的环境成本。

积极参与多双边合作。加快推进"一带一路"建设，发挥中国与沿线国家各自的比较优势，挖掘合作潜力，拓展合作领域，抓紧收获早期成果，鼓励企业到沿线国家投资加工生产并扩大加工产品进口。积极签订服务贸易合作协议，提升对外经贸合作水平。通过民间多双边经贸合作机制，加强中外贸促机构、商会间的交流，促进和组织企业开展对接活动，扩大贸易合作机会。

四、着力提高贸易便利化水平

除了优化进口关税结构，引导企业扩大进口外，还应在降低关税水平的基础上，进一步清理非关税措施，对当前不符合经济发展需要的政策措施进行修改和完善。继续简化和放宽部分进口管理措施，减少进口环节和手续，降低进口费用和成本。同时加强边境贸易基础设施建设。进一步改善边境口岸基础设施、查验监管设施和边境经济合作区基础设施条件，构建集物资运输、仓储、加工为一体的现代物流体系，提高口岸吞吐能力。改善边民互市点配套设施，便利边民互市，全面落实促进边境地区经济贸易发展相关政策，扩大与周边国家和地区的经贸往来。开展国别进口促进活动，组织国内进口商到美欧参展或召开供需见面会，邀请其出口商到我国了解市场。培训国外中小企业，指导进入中国市场。向国外出口商提供信息服务平台，介绍我国的贸易规则、管理制度和市场需求信息，提供在线帮助。

针对在进口贸易中日渐重要的跨境电商，应在予以鼓励的同时加强监管。跨境电子商务是新常态下推动经济转型发展的重大战略。继杭州设立跨境电子商务综合试验区以后，我国又在宁波、天津、上海、重庆、合肥、郑州、广州、成都、大连、青岛、深圳、苏州12个城市新设一批跨境电子商务综合试验区。我国跨境电子商务进入井喷式发展时期，目前居于全球领先地位。然而跨境电商在高速发展的同时也出现了避开海关监管，无法作为货物贸易结汇等问题。尤其是数字化产品的跨境贸易没有纳入海关等政府有效监管、统计、报检、关税收缴范围。对此，应加强电子商务企业、电子商务交易平台企业或物流企业与海关的对接，实现进口商品交易、支付、物流电子信息"三单"比对的跨境电子商务。

同时为进口企业提供多元化融资便利。对符合国家产业政策和信贷条件的进口合理信贷需求，积极提供信贷支持。鼓励商业银行开展进口信贷业务，支持先进技术设备、关键零部件和能源原材料的进口。鼓励政策性银行在业务范围内支持高新技术产品和资源类商品进口。进一步拓宽进口企业融资渠道，鼓励和支持符合条件的企业通过发行股票、企业债券、短期融资券、中期票据等扩大直接融资。研究完善战略资源国家储备体系，支持和鼓励企业建立商业储备。

五、建立风险防范与协调机制

我国进口规模的扩大，标志着我国市场开放度增大，贸易自由化进程加快，也意味着国内同类产业或进口替代产业面临更加激烈的国际竞争。正常的竞争会迫使落后产业，产能过剩行业、低效率企业逐步退出市场。激励具有比较优势的企业加快自主创新，提高生产经营效率，增强国际竞争能力，也有利于加快外贸增长方式的转变。但是，进口规模的扩大有可能导致不公平贸易的出现，使公平竞争秩序遭到破坏，损害国内产业利益。

对于我国经济发展急需的从外部进口的各类不可再生资源能源、技术含量较高的制成品或者是半制成品，这些产品的进口对维护中国经济的平稳运行、转变经济发展方式等都至关重要，但是，这些产品在国际市场上一般具有卖方垄断的特征，资源能源等产品出口国凭借资源禀赋垄断、高技术产品出口国凭借对核心技术和关键零部件的垄断向我国索要高价、垄断价格，作为买方的我国企业就会在交易过程中处于被动地位，失去在国际市场中的价格话语权。

对于不同商品来说，加强进口定价权有不同的措施。①针对非农业型初级产品，我国要想提高进口商品的定价权，必须降低国际运输成本。②针对农业型初级产品，必须完善国内期货交易市场，提高期货交易规模。③针对高技术产品，由于发达国家对高端技术的控制日益严格，发达国家对出口高科技产品到我国的出口限制越来越多，我国要想获得经济发展所需的高技术是很困难的，打破发达国家的技术垄断，必须依靠提高自身的技术水平，增加自主供给。这就要求我国增加研发经费的投入，培养大批高端研发人员。

同时，应建立进口风险防范机制，对重点进口商品进行跟踪监测。建立有效的大宗进口商品协调机制，应对不公平贸易，适时运用贸易救济措施，保护国内产业发展及维护企业权益。

六、实施积极的进口政策

我国长期以来实施以出口为导向的对外贸易战略，虽然近年来加强了对进口的重视，但仍未建立起明确的进口战略以及配套的进口促进政策体系。放眼未来，只有建立长远的进口促进战略，形成系统、稳定、有效的进口政策体系，才能更好地扩大我国进口份额、调整贸易平衡，从而有的放矢、富有成效地发挥进口贸易对国民经济的促进作用。

今后一个时期，应继续实施积极的进口政策。加大财税政策支持力度，助力进口规模扩大、结构优化。我国工业品平均关税率9.8%，比发达国家高一倍左右，仍有下调空间。着力优化关税结构，降低部分能源原材料的进口关税，适当降低部分与人民群众生活密切相关的日用消费品进口关税，适时调整部分先进技术设备、关键零部件进口关税，重点降低初级能源原材料及战略性新兴产业所需的国内不能生产或性能不能满足需要的关键零部件的进口关税。增加进口促进资金规模，在现有外经贸发展专项资金的基础上，增加安排进口促进支持资金。为国家鼓励类产品的进口提供贴息支持。

另外，地方政府应当吸收各地区的先进经验，因地制宜地建立起符合当地实际情况的进口促进体系。广东、上海、重庆等地建立进口商品城、进口交易中心、大宗商品进口平台、线上线下国别商品中心等新载体，推进进口货物集散中心、保税物流中心、跨境电子商务直销体验中心等平台建设，修订完善鼓励进口技术和产品目录，进口结构进一步优化。

七、完善进口促进平台

平台的建设不容忽视。应搭建进口促进平台，建立和完善进口公共信息服务体系，宣传介绍中国有关进口法律法规，提高政策透明度，设立进口商品供求信息平台，为国内外企业营造公平、公正、公开的贸易环境。一方面，配合领导人高层访问，举办境外贸易签约及对接洽谈活动，既要宣传中国产品，又要做好进出口企业对接平台的搭建工作；另一方面，也要定期举办各类进口商品展览会、博览会、推介会，积极为扩大进口搭建更多的平台。加强同世界各国和国际组织的合作，调动部门、地方、企业积极性，努力把 2018 年开始举办的中国国际进口博览会打造成国际一流的博览会，让其成为各国的贸易政策制定者、贸易管理和促进机构以及成千上万家制造商和服务商进行有效沟通、双向交流、共同促进贸易便利化的崭新平台。

发挥行业中介作用，推动建立进口促进专门网站等公共服务平台，加强信息发布、政策介绍、信息查询、贸易障碍投诉、知识产权保护等公共服务。培育国家进口贸易促进创新示范区，充分发挥进口贸易集聚区对扩大进口的示范和带动作用。定期举办进口论坛，交流市场信息，加强进口政策宣传。支持与我国贸易逆差较大的国家和地区来华举办商品展览会、洽谈会等推介活动。发挥行业中介组织作用。鼓励支持贸易促进机构、进出口商会、行业协会等中介组织根据需要开展进口咨询和培训服务。发挥中介组织作用，加强同大宗商品出口国相关组织和企业的对话与沟通。加强与国际证券期货机构的联系合作，提高大宗商品国际市场话语权和定价权。加强对重点进口企业和行业的指导，及时发布相关信息，加大进口促进力度。

第九章 对外贸易对国民经济社会发展的贡献

第一节 拉动国民经济增长

对外贸易是我国开放型经济体系的重要组成部分和国民经济发展的重要推动力量。我国对外贸易 40 年的发展成就，不仅仅表现为对外贸易自身的巨大变化，还表现为对外贸易对我国国民经济和社会发展的巨大贡献。作为与投资、消费并驾齐驱的"三驾马车"之一，对外贸易在拉动国民经济增长、促进产业结构升级、创造税收与就业、改善国际收支、提升综合实力与影响力等方面做出了重要贡献。对外贸易充分利用国际国内两个市场、国际国内两种资源，认真学习借鉴国外好的政策和制度，不断深化国际交流合作机制，大力推动国内经济与世界经济的接轨与融合，逐步形成陆海内外联动、东西双向互济的开放格局。

一、从统计计算角度来衡量

改革开放以来，对外贸易在我国国民经济中的地位和影响不断提高，越来越成为拉动我国经济增长的重要引擎。直观地看，我国对外贸易与 GDP 的增长具有较高相关性。从 1978—2017 年，我国 GDP 从 3645 亿元增加到 827 122 亿元，增长 225.9 倍，现价 GDP 年均增速 9.5%，已于 2010 年跃居全球第二位。同时，外贸规模从 206 亿美元增加到了 47 986 亿美元，增长 232.9 倍，年均增速达 9.6%，位居全球第二。但是，对外贸易对我国经济增长的贡献到底有多大？又应怎样用数学的方法来衡量？目前，我国理论界的不少学者和实际经济部门的同志提出了多种方法，以下介绍两种较为常见的方法：

（一）净出口增量分析法

在支出法的国民经济核算中，GDP= 国内消费 + 资本形成 + 货物和服务净出口（出口 – 进口），因此 GDP 增量 = 国内消费增量 + 资本形成增量 + 净出口增量。由此我们可以推导出，净出口增量对 GDP 增长的贡献率 = 净出口增量 ÷GDP 增量 ×100%。进一步计算可以得出，净出口对 GDP 增长的拉动度 = 净出口贡献率 ×GDP 增长率。

但是，这种方法将进口当成对 GDP 增长的"漏斗"，显然与进口的实际作用并不相符，因此，得出的结论低估了对外贸易对 GDP 增长的贡献。以 2011 年为例，当年我国商品和服务对外贸易总额的增速为 22.5%，属于高速增长。但若以净出口增量来算，外贸对 GDP 增长的贡献率则为 7.4%，外贸对 GDP 增长的拉动度仅为 1.8 个百分点，远低于对外贸易实际对 GDP 增长的拉动作用和人们的预期值。

（二）出口增量分析法

出口增量分析法是在第一种方法——净出口增量分析法的基础上，使用更能代表外部需求的出口增量，来代替净出口增量，以此计算外贸对 GDP 增长的贡献度。由于中国出口包含着进口原辅料和零部件价值，大体估算在 50% 左右，因此出口增量应当除以 2，为实际的出口增量（外部需求增量）。相对而言，出口增量的分析方法比净出口增量分析方法更加客观、更加贴近实际工作中外贸对经济增长的贡献度，因而易于为广大理论和实践工作者所接受。由出口增量分析方法的思路得知，GDP 增量 = 国内消费增量 + 资本形成增量 + 实际出口增量（即出口增量 /2，下同）。我们由此可以进一步推导出：实际出口增量对 GDP 增长的贡献率 = 实际出口增量 ÷GDP 增量 ×100%。进一步计算可以得出，实际出口增量对 GDP 增长的拉动度 = 净出口贡献率 × GDP 增长率。按此计算方法得出的对外贸易对 GDP 的贡献率和拉动度如表 9-1 和图 9-1 所示。

表 9-1　1978—2017 年外贸出口对 GDP 的贡献率和拉动度

单位：%

年份	货物和服务出口增量 /2	GDP 增量	外贸贡献率	GDP 增幅	外贸拉动度
1978	–	/	/	/	/
1979	19.5	464	4.2	21.5	0.9
1980	22	431	5.1	16.4	0.8
1981	19.5	−145	−13.4	−4.7	−0.6
1982	14.5	−41	−35.4	−1.4	−0.5
1983	0.5	210	0.2	7.3	0.01
1984	21	89	23.6	2.9	0.7
1985	6	−40	−15	−1.3	−0.3
1986	20.5	−93	−22	−3	−0.7
1987	44	270	16.3	8.9	1.5
1988	46	816	5.6	24.7	1.4
1989	30.5	492	6.2	11.9	0.7
1990	57	−625	−9.1	−13.6	−1.2
1991	56	170	32.9	4.3	1.4
1992	80.5	801	10	19.3	0.2
1993	44	1274	3.5	25.7	0.9
1994	174	−566	−30.7	−9.1	−2.8
1995	158	1704	9.3	30	2.8
1996	32	1303	2.5	17.7	4
1997	190.5	981	19.4	11.3	2.2
1998	−41.5	673	−6.2	7	−0.4
1999	77.5	645	12	6.2	0.7
2000	298.5	1178	25.3	10.7	2.7
2001	104.5	1292	8.1	10.6	0.9
2002	333.5	1334	25	9.9	2.5

续表

年份	货物和服务出口增量 /2	GDP 增量	外贸贡献率	GDP 增幅	外贸拉动度
2003	588.5	1936	30.4	13.1	4
2004	881	2951	29.8	17.7	5.3
2005	902	3426	26.3	17.4	4.6
2006	1128	4655	24.2	20.2	4.9
2007	1417.5	7972	17.8	28.7	5.1
2008	1222	10 328	11.8	28.9	3.4
2009	−1275.5	5174	−24.6	11.2	−2.8
2010	2055	9446	21.8	18.4	4
2011	1717.5	14 558	11.8	24	2.8
2012	753	10 482	7.2	13.9	1
2013	827.5	10 647	7.8	12.4	1
2014	728	8995	8.1	9.3	0.8
2015	−346.5	6917	−5	6.6	−0.3
2016	−926	−80	0	−0.1	0
2017	926	10 321	9	9.2	0.8

资料来源：根据国家统计局、中国海关和联合国统计司数据计算得出。

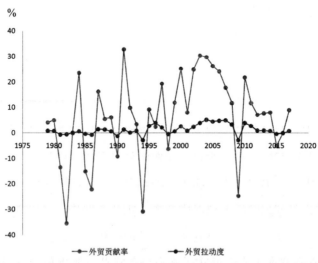

图 9-1　1978—2017 年外贸出口对 GDP 的贡献率和拉动度

资料来源：根据国家统计局、中国海关和联合国统计司数据计算得出。

按照出口增量分析法计算，只要出口保持一定增长，我国外贸对 GDP 的贡献率就是正的。从表 9-1 和图 9-1 可以看出，在 1978—2017 年间，从外贸对经济增长的贡献率来看，除了 1981、1982、1985、1986、1990、1994、1998、2009、2015、2016 这 10 个年份的出口为负增长或零增长之外，其余 31 年均呈增长态势，贡献率较多集中在 5%～30% 区间之中。尤其是 2001 年底我国加入 WTO 以来，外贸对 GDP 的推动作用明显加强，17 年中仅有 2009、2015 这两年出现出口的负增长，贡献率大多在 10%～30% 的区间之中。从外贸对经济增长的拉动度来看，除了上述 10 个年份的拉动度为负数或零之外，其余 30 年均为正数，拉动度较多集中在 1～5 个百分点之间，其中 1999—2008 年这 10 年间的拉动最为高速和平稳，平均拉动度为 3.1 个百分点，表明外贸对经济增长有较强的拉动度，尤以我国加入 WTO 前后 10 年（1999—2008 年）的拉动作用最为有力和平稳，后因 2008 年国际金融危机的影响，外贸对经济增长的拉动作用也有所减缓和波动。由此可知，改革开放 40 年来，出口增量分析法揭示了外贸出口增长与我国国内经济增长的高度相关性，充分体现了对外贸易对我国国民经济增长的重要拉动作用，有力推动了我国于 2010 年 GDP 总值跃居全球第二，成为仅次于美国的全球第二大经济体。

但以上两种方法有一个共同的缺点，就是在计算时将进口做了负面考虑或没有考虑进口的作用。这与经济现实显然不符。因此，又有人提出进口分解法、内需外需综合分析拉动法、投入产出法等，试图将进口的贡献考虑进去。但由于在统计上无法将中间投入品完全分解出来，故很难实际应用。

目前计算出来的外贸对 GDP 增长贡献度的说法，都只是从静态角度，衡量某一年 GDP 构成中对外贸易或出口的贡献。它仅是分析对外贸易对 GDP 增长贡献的参考，不是精确的量化概念，不能完全概括对外贸易对国民经济的所有贡献。

二、从综合贡献角度来衡量

实际上，阐释对外贸易对我国经济增长的贡献大小，不仅仅是一个计算问题，还有较多难以计算的方面，这些只有在理论和实践中才能被深刻认识和体会。出口对拉动我国经济增长的作用不言而喻，但进口也绝不是拖累经济增长的负面因素，它对经济增长的作用主要体现在经济结构的改善和经济增长质量的提高方面。改革开放40年来，关于对外贸易尤其是进口对于我国经济增长的经验共识，主要有以下五点：

（一）对外贸易可以实现资源的相互转换和优化配置

在对外开放初中期，对外贸易可以充分运用国际国内两种市场、两种资源，一方面发挥我国劳动力资源丰富、质优价廉的比较优势，另一方面着重引进、借鉴和吸收国外先进技术和管理经验、丰厚资本和良好的市场渠道，实现资源的相互转换和优化配置。40年来，我国通过实行出口导向型的经济发展战略，经历了沿海、沿江，再到西部内陆和沿边地区的渐次开放开发，从整体上促进资源的相互转换和优化配置，有力推动了我国国民经济和对外贸易发展的快速发展。

（二）出口可以直接带动国内消费、投资的增加

出口能够带动国内工人就业和收入提高，有利于拉动消费。此外，出口扩大所形成的规模经济和产业集聚效应，在一定程度上有利于降低我国中、高档消费品的价格，促进国内消费结构转型升级。出口能够推动企业生产适销对路的出口产品以满足国外用户需求，继而扩大生产规模、改进经营管理，进一步增加企业利润，从而有利于拉动社会投资。同时，外商投资企业的高技术产品出口一方面有利于增加我国相关产业及其上下游产业的投资需求；另一方面高技术产品出口易产生技术外溢效应和学习效应，能带动国内技术进步和产业结构转型升级。

（三）进口可以有效保障国内的资源供给和消费结构的转型升级

在对外开放的初中期，进口的主要作用在于缓解中国经济发展的资源和要素瓶颈，确保国家正常生活和经济发展重要方面的需要。为此，改革开放初期的历年政府工作报告都要提到，要保证先进技术、关键设

备和国内重要生产建设物质的进口，并优先安排用汇需求。在对外开放的中后期，我国国民经济历经了 40 年的快速发展，居民生活水平有了显著提升，人均 GDP 已突破 8000 美元大关，我国社会的主要矛盾已经转化为人民日益增长的美好生活需要和不平衡不充分的发展之间的矛盾。此时进口的主要作用是提供丰富多样的优质供给，以此满足居民个性化、特色化、多样化的消费需求，进而客观上推动了我国消费结构的转型升级。

（四）对外贸易可以促进国内竞争和有效提升产业技术水平

通过对外贸易尤其是进口，有助于对国内企业产生竞争与激励作用，激励国内企业改进管理，开展技术创新，在竞争中提高自己。引进先进技术是技术落后国缩小与技术先进国家差距的一条捷径，有利于快速提升一国的技术水平。资本品的进口有助于提高国内生产设备的技术含量和技术水平，推进国内产业结构的深化和升级。

（五）进口有利于减少贸易摩擦，创造良好的外贸环境

适度扩大进口是保持贸易平衡、缓和贸易摩擦的有效途径之一。20 世纪 90 年代中期至今，20 多年来我国外贸一直处于顺差态势，外汇储备持续增加，我国已成为全球外汇储备第一大国。这一方面显示我国经济和综合实力的逐渐走强，在全球的知名度和影响力明显提升，但其弊端也不少：一是容易造成国家货币政策投放的被动性，因受我国外汇结售汇制度的影响，我们需要投放大量基础货币来被动买卖以美元计价的增加的外汇储备，这容易导致货币发行过多，从而使通货膨胀的压力有所增加；二是容易加大人民币升值的压力，削弱了中国产品的出口竞争力。随着与其他国家的贸易不平衡，贸易摩擦呈现高发态势，目前中国已成为世界上反倾销和贸易保护措施的最大受害国。适度扩大进口可以有效利用外汇资源，减缓外汇储备积累速度，缓解贸易失衡，减少贸易摩擦，为出口创造宽松的市场环境。

第二节　促进产业结构升级

对外贸易对国民经济发展的贡献不仅仅体现在经济增长的数量上，更重要的是体现在优化产业结构、提高经济增长质量上。对外贸易与产业结构二者之间相辅相成、相互促进：一个国家或地区的比较优势及其国内产业结构，是影响进出口商品结构优劣的关键性因素；反过来看，优化进出口商品结构，增加高技术含量和高附加值的工业制成品在出口产品中的比重，也可以推动产业结构的优化升级。对外贸易促进产业结构升级的途径如下。

一、促进商品和服务结构优化

我国充分利用国际产业转移契机，大力发展和出口劳动密集型商品，并应出口商要求，积极改进产品工艺和流程，大力提升出口商品质量和水平，努力促进我国出口商品结构由初级产品为主向工业制成品为主转变，由此推动我国商品结构进一步优化。21世纪以来，我国又大力加强与各国的运输、旅游、保险服务的贸易往来以及对外经济合作（包括对外承包工程、对外劳务合作、对外设计咨询等），丰富服务贸易内容，创新服务贸易方式，积极优化服务贸易结构，以此推进我国服务结构的进一步优化。

以商品结构优化为例，改革开放40年来，我国初级产品的出口比重由1978年的53.5%降到1998年的30.4%再降到2017年的4.8%，同期工业制成品的比重则由1978年的46.5%升到1998年的69.6%，再升到2017年的95.2%，出口商品结构不断优化。而出口商品的结构优化又在一定程度上推动我国由初级产品的生产加工向工业制成品的生产加工转变，由此促进了商品结构质量和水平的"双提升"。

二、提升产品和产业附加值

我国从国外引进先进设备、技术和生产线，逐步扩大生产型资源产品的进口，明显填补了中国的技术空白，促进了产业结构升级和国民经济的发展。资本和技术是我国 20 世纪末期经济发展的瓶颈，有的放矢地进口高新技术则是打破这一瓶颈的有力手段。改革开放以来，我国的家电、纺织等行业正是通过引进先进技术设备，实现了跨越式发展，已成为全球知名的生产基地。

在改革开放的初中期，由于加工贸易可以有效利用外国资金、技术、设备和销售渠道，提高本国产品在国际市场上的占有率，而且加工贸易通过中间投入品的本地化，能够带动上游工业品的生产和出口，因此我国通过发展高新加工贸易来提高加工贸易的技术含量，增加加工深度，扩大中间投入品的本地化比例，可以较快地促进我国产业结构升级。在改革开放的中后期，我们既要创新加工贸易模式，推动出口产品由产业链低端的加工向研发、品牌、分拨和结算中心等产业链高端的加工迈进，提升加工贸易的产品和产业的附加值，又要扩大一般贸易规模，增加一般贸易的品牌出口，提升一般贸易的产品和产业的附加值。

三、带动高新技术产业发展

通过实施科技兴贸、以质取胜以及调整加工贸易、培育外贸竞争新优势等进出口战略，加强企业创新能力建设，鼓励和支持具有自主品牌、自主知识产权、自主营销渠道以及高技术、高附加值、高效益的产品扩大出口，在推动对外贸易高质量发展的同时也带动了高新技术产业发展。鼓励国内科技企业以进口、招才引智、境外并购、国际招标等方式引进先进技术，促进消化吸收再创新，提升质量和水平。

进入 21 世纪以来，我国抓住加入 WTO 和以 IT 产业为代表的高新技术产业制造环节向中国转移的机遇，大力实施科技兴贸战略，形成以高新技术产品和机电产品拉动外贸增长的新格局。入世以来，我国机电产品出口在出口贸易总量中的主导地位更加明显，从 2002 年的 1571 亿美元增长到 2017 年的 1.3 万亿美元，增长了 7.27 倍，占商品出口总额的比重由 48.2% 升至 58.4%；高新技术产品出口从 679 亿美元增长到

9352 亿美元，增长了 12.77 倍，占商品出口总额的比重由 20.9% 升至 41.3%。

四、推动产业结构不断演进

从产业结构的演进顺序来看，产业结构由第一产业向第二产业再向第三产业发展的各个阶段是难以逾越的，后一阶段的产业发展需以前一阶段产业的充分发展为基础，但各个阶段的发展过程可以缩短。换句话说，只有第一产业的农林牧副渔得到充分发展了，第二产业的轻纺等产业才能得到应有的发展。在第二产业内部，只有原料、燃料、动力等基础工业充分发展了，加工组装型重化工业才得以良好发展。同理，只有第二产业全面快速健康发展好了，第三产业的发展才具有成熟的条件和基础[1]。由图 9-2 可知，改革开放 40 年来，我国的产业结构一直沿着第一产业为主→第二产业为主→第三产业为主的产业演进规律行进（见图 9-2）。

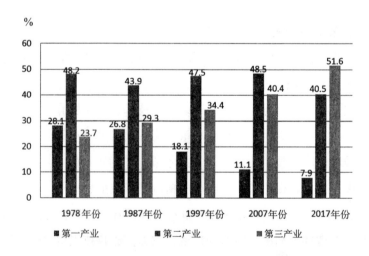

图 9-2　1978—2017 年我国产业结构变化

资料来源：根据国家统计局的数据计算得出。

---

① 苏东水 . 产业经济学 . 北京：高等教育出版社，2000：236 ～ 237.

在我国产业结构演进的发展轨迹中，对外贸易是推动产业结构演进的重要抓手。对外贸易着重通过扩大机电产品、高新技术产品等工业制成品的出口以及增加对紧缺矿产资源、原材料的进口，以此优化不同产业间的进口结构和出口结构以及同一产业间的进出口结构来间接影响产业结构。在出口方面，如前所述，我国机电产品和高新技术产品出口所占比重快速提升，大力带动了在制造业和服务业中占据绝对比重的高新技术产业发展。在进口方面，我国扩大了对紧缺原材料和矿产资源的进口，UN Comtrade 统计数据显示，2012—2016 年间，我国累计进口了324.57 万美元的"蓝纹乳酪和娄地青霉生产的带有纹理的其他乳酪"、5686.36 万美元的"钍矿砂及其精矿"、24.22 亿美元的"带毛的绵羊或羔羊生皮"[1]，有力弥补了短板产业的不足。

第三节　创造税收与就业

一、促进海关税收增多

海关税收（包括海关关税和海关进口环节税收，简称"两税"）是财政收入的重要和稳定的来源，在中央财政收入中占有重要地位。海关税收占全国税收的 15% 左右，加上外资企业税收，涉外经济税收占全国税收的 40% 左右。这为经济建设提供了可观的财政资金，为平衡国家财政和提高国家宏观调控能力提供了保证。

关税和进口环节税的主要税基是一般贸易进口额，因此一般贸易进口对于海关税收的增加尤为重要。一般贸易进口额从 1981 年的 203.7 亿美元增加到 2017 年的 12 300.9 亿美元，增长了 59.4 倍，这是中国海关关税增长的主要原因。

20 世纪 90 年代以来，两税收入呈现持续、稳定增长态势。除 1998 年收入额下降 1% 以外，其余年份均有不同程度的增长，且增长速度基

---

① 在 2012—2016 年间，我国对上述三类产品均只有进口、没有出口。

本在 10% 以上，个别年份如 1999 年更是以 80% 以上的速度增长。

近年来，尽管关税总水平逐年降低，但优化的税制结构和合理的关税调整，促进了中国外贸快速健康发展，确保了重点税源商品进口的稳定增长。加入 WTO 后的首年即 2002 年，在大幅降低关税的情况下，全国两税净入库 2590.57 亿元人民币，同比增长 3.9%，比年初财政预算计划多收 190.57 亿元。2007 年全国征收两税共 7584.8 亿元，比上年增收 1480.5 亿元，同比增长 24.3%，占当年税收总收入的比重为 16.6%。其中关税入库 1432.5 亿元，增收 290.8 亿元，增长 25.5%；进口环节税入库 6152.2 亿元，增收 1189.7 亿元，增长 24.0%。2017 年，我国海关关税实际税率为 2.48% 左右，进口环节增值税和消费税实际则为 12.18%，全年两税征收额为 12 784 亿元，是 2007 年的 1.7 倍。两税的持续增长为对国家的改革、发展和稳定做出了重要贡献。

二、实现充分就业增加

促进就业是我国宏观调控的四大目标之一，不仅关系到人民生活水平的提高，更关乎社会稳定与和谐。长期以来，外贸企业有着很强的吸纳就业的能力，对外贸易在促进劳动力就业方面发挥着重大作用。

货物贸易是不出国门的劳务输出，缓解了国内就业压力。经济学理论认为，发展对外贸易，扩大出口，可以扩大国内就业，而扩大进口则是维持国外的就业。20 世纪 90 年代以来，我国外贸基本连年顺差。因此，出口对就业的促进作用大于进口对就业的冲击作用。目前，外贸出口吸纳的就业人数接近 8000 万人。

服务贸易同样也促进了就业。对外承包工程是货物贸易、技术贸易和服务贸易的综合载体，是在更大范围、更广领域、更高层次参与国际经济合作与竞争的必然要求，也是劳务输出的重要形式之一。劳务输出属于服务贸易的第四种方式，即自然人流动。它能直接增加就业，实质是劳动力在世界范围的重新配置。改革开放以来，中国的境外劳务输出从无到有、从小到大，不断发展壮大，已经成为开展服务贸易中的一个优势项目。2017 年，我国对外劳务合作外派劳务 52.2 万人，年末在外劳务人员 97.9 万人。其中承包工程项下派出 22.2 万人，占 42.5%，劳务合作项下派出 30 万人，占 57.5%。截至 2017 年 5 月底，外派劳务累计派出各类人员超过 868 万人次，有力促进了国内人员就业和国外当地经济发展。

第四节　改善国际收支

外汇储备是一国或地区对外经济实力增强的重要标志和客观反映。保持较为充足的外汇储备，能够促进经济发展，提高应对风险能力，增强国家综合实力。与此同时，外汇储备可以增强一国或地区在国际金融市场上的信心，提升其经济竞争力和吸引力。

一、促进外汇储备增加

国家外汇管理局的统计数据显示，1978 年，我国外汇储备仅为 1.67 亿美元，到 1980 年甚至降为 –12.96 亿美元。此后，我国外汇储备开始逐渐增加，但年均增长数量有限，从 1981 年的 27.08 亿美元增加至 1995 年的 735.97 亿美元，年均增加近 50.64 亿美元。1996 年外汇储备迈上千亿美元大关，为 1050.49 亿美元。21 世纪以来，外汇储备快速累积，数量不断增加。2006 年，我国外汇储备 10663.44 亿美元，首次突破 1 万亿美元大关，跃居全球第一。2000—2017 年，我国外汇储备高速增长，已由 2000 年的 1655.74 亿美元迅速增长到 2017 年的 31399 亿美元，年均增加近 1749.6 亿美元，占全球外汇储备的比重从 8.5% 升至 30%。在此期间，2014 年的外汇储备为改革开放 40 年来的最高点，达到 38430 亿美元。2015—2017 年间外汇储备有所下降，但均在 3 万亿美元以上（见图 9-3）。

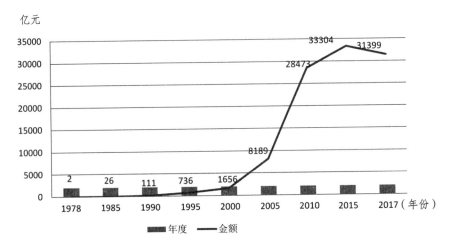

图 9-3　1978—2017 年中国外汇储备变化情况

资料来源：根据国家外汇管理局网站数据整理得出。

经常项目包括货物和服务贸易、收益和经常转移。货物和服务贸易顺差构成经常项目顺差的主体，是我国外汇储备的主要来源之一。改革开放 40 年来，我国经常项目收支情况可分为三个阶段：第一阶段为 20 世纪 90 年代以前，以经常项目逆差为主。1982—1990 年间，有 4 年为逆差，年均逆差 11.7 亿美元。其中 1985 年逆差的绝对值最大，为 125 亿美元。第二阶段为 90 年代到入世以前，这一时期以经常项目顺差为主。1991—2000 年间，经常项目的顺差由 116 亿美元增加到 288 亿美元，年均顺差 187.8 亿美元；除 1993 年出现 118 亿美元的外贸逆差之外，其余年份均为顺差。第三阶段为 2001 年到 2017 年，也即加入WTO 以来至今。这一期间，我国的对外贸易呈现两大特点：一是货物贸易出现大额顺差。2001—2017 年，货物贸易顺差从 282 亿美元增加到 4761 亿美元，年均顺差 2637.9 亿美元。二是服务贸易基本处于逆差状态。2001—2017 年，服务贸易逆差从 1 亿美元增加到 2654 亿美元，年均逆差为 708.1 亿美元，尤以 2013—2017 年的逆差值最为明显（见表 9-2）。

表 9-2 2001-2017 年经常项目顺差对外汇储备增长的贡献

单位：亿美元，%

年份	经常项目顺差	货物差额	服务差额	外汇储备增加额	经常项目顺差对外汇储备的贡献率
2001	174	282	−1	466	37.3
2002	354	377	−3	742	47.7
2003	431	398	−40	1168	36.9
2004	689	514	−2	2067	33.3
2005	1324	1243	3	2089	63.4
2006	2318	2068	21	2475	93.7
2007	3532	3028	52	4619	76.5
2008	4206	3445	44	4178	100.7
2009	2433	2355	−153	4531	53.7
2010	2378	2381	−151	4482	53.1
2011	1361	2287	−468	3338	40.8
2012	2154	3116	−797	1304	165.2
2013	1482	3590	−1236	5097	29.1
2014	2360	4350	−2137	217	1087.6
2015	3042	5762	−2183	−5127	159.3
2016	2022	4889	−2331	−3199	163.2
2017	1649	4761	−2654	1294	127.4

资料来源：根据 2018 年中国外汇管理局网站数据整理得出。

经常项目顺差是外汇储备增长的重要因素。可以看出，2001—2017年间，经常项目顺差对外汇储备的贡献率基本都在 30% 以上，有的年份甚至高达 160% 以上。如：2001—2008 年间，经常项目顺差对外汇储备的贡献率由 37.3% 增加到 100.7%，基本呈不断增长的态势，不仅表现出经常项目顺差对外汇储备的重要贡献，更显示出这一时期贡献率的增长与我国加入 WTO 的政策利好、出口导向型的发展战略以及劳动力、土地等资源要素偏低等因素密切相关。2008—2011 年间，经常项目顺差对外汇储备的贡献率由 100.7% 降为 40.8%，除了说明我国经常项目顺差外汇储备增长的重要作用之外，也表明这一时期的贡献率受到 2008 年国际金融危机以及我国国际市场份额锐减的影响而有所减少。2012—2017 年以来，经常项目顺差对外汇储备的贡献率由 165.2% 到 127.4% 之间反复，这与其说是贡献率飙升，不如说是经常项目顺差由于受到国际市场锐减和汇率升值的双重影响而有所减少和出现波动。

二、调节国际收支失衡

一国或地区的国际收支失衡一般有结构性、周期性、收入性、货币性和政策性等多种失衡类型。其中，结构性失衡是指一国或地区的国内生产结构及相应要素配置未能及时调整或更新换代，以致不能适应国际市场的变化而引起的国际收支失衡。周期性失衡是指与经济周期有关，因经济发展的变化而使一国或地区的总需求、进出口贸易和收入受到影响而引发的国际收支失衡。收入性失衡是指一国国民收入结构发生变化如进口消费增加抑或国际支付增加而引起的国际收支失衡。货币性失衡是指一国或地区的币值发生变动而引发的国际收支失衡。当一国或地区的物价普遍上升或通胀严重时，在其他条件不变的情况下，国际收支发生逆差；反之，就容易出现顺差。政策性失衡是指一国或地区推出的重要的经济政策或实施重大改革而引发的国际收支失衡。一般而言，结构性、周期性和收入性失衡较为常见，货币性失衡和政策性失衡[1]则相对不大常见。

对外贸易政策是调节国际收支失衡的重要方式之一。[2]对外贸易政策一般是通过"奖出限入"的方式加以调节的。在奖出方面，主要推行出口信贷、出口信贷国家担保制和出口补贴。在限入方面，主要是实行关税壁垒、进口配额制和进口许可证制。改革开放 40 年来，我国在对外开放初期曾经采取"限入"方式，如对一些纺织品等轻工产品发放进

---

① 2018 年的中美贸易摩擦以及由此所导致的互相加征特别关税的行为在一定程度上属于政策性失衡，需要中美双方采取多种措施加以纠偏。

② 其他调节国际收支失衡的方式还有：财政政策（扩大或缩减财政支出和调整税率）、金融政策（利率调整、汇率调整和外汇管制）、国际金融（国际金融市场筹资、国际金融机构筹资或政府间贷款）等。

口配额，后来随着我国对外贸易的快速增长尤其是加入 WTO 之后，我国在对外贸易中更多采用"奖出"方式，尤其以推行出口补贴中的出口退税制度最为典型。1985 年 4 月 1 日，我国开始实行对出口产品退税政策。所谓出口退税，简而言之，就是产品加工后在出口时，不同行业的产品可以按照政策，根据一定比例退还当时缴纳的增值税。从 1985 年至今，我国一直实行出口产品退税政策，以此激发出口企业的主动性和积极性，客观上起到了调节国际收支失衡的作用。以 2008 年为例，由于国际金融危机的影响，我国出口遭遇重创。自 2008 年 8 月份起，我国连续 7 次上调出口退税率，加快出口退税进度，同时取消或降低部分产品出口关税，重点支持了纺织、轻工和部分高新技术产品出口，客观上起到了一定的调节国际收支失衡的作用。从出口退税的具体金额来看，以 2006—2010 年间为例，我国出口退税金额占出口额的比重基本在 4% ~ 6% 之间，对于促进出口、对于因出口受阻而导致的失衡起到了一定的缓解作用。

第五节　提升综合实力与影响力

综合实力与影响力是体现一国或地区对外经济实力增强的关键性标志。一国或地区综合实力与影响力的提升，有利于加强我国与世界各国的经济贸易合作与政治互信，提升我国国际地位，增进我国对世界经济的影响力，促进全球经济持续健康发展。

一、稳固贸易大国地位

改革开放 40 年来，我国商品和服务贸易持续高速增长，已由 1978 年的 206 亿美元增加到 2017 年的 47 986 亿美元，年均增加 1194.5 亿元，年均增速 14.3%。2004—2010 年，我国商品和服务贸易相继突破 1 万亿、2 万亿和 3 万亿美元大关，2011—2017 年，我国基本在 4 万亿到 5

万亿之间波动。2013 年，我国货物进出口总额 4.16 万亿美元，世界贸易组织发布，跃居世界第一货物贸易大国，这是我国对外开放历史进程中的一件大事，成就来之不易。同时，我国也存在出口产品附加价值低和缺乏核心竞争力、服务贸易发展比较滞后、贸易体制机制还不完善、外贸营商环境还不优化等问题（见图 9-4）。

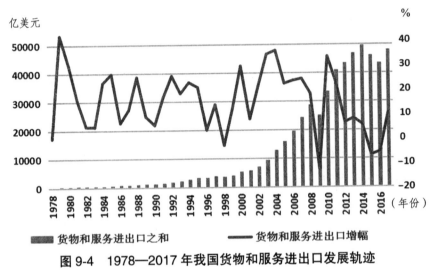

图 9-4　1978—2017 年我国货物和服务进出口发展轨迹

资料来源：根据国家统计局、中国海关数据整理得出。

为稳固我国贸易大国地位，我们还需做到以下三点：一是坚持开放发展思维，加强对外贸质量和效益的关注。二是实施创新驱动，提升劳动密集型产品的科技内涵和时尚内涵，推动科技创新、商业模式创新、贸易业态创新，加快培育以技术、质量、服务、品牌为核心的外贸竞争新优势。三是全面深化改革，建立质量效益导向型的贸易促进体系，加快进口促进政策体系建设，清理进口环节的不合理限制，构建外贸可持续发展的新机制。

二、增强国际竞争力

一个国家或地区的国际竞争力是指该国或地区在维持甚至提高其公

民的实际收入水平的基础上，能够生产和提供经得住国际市场考验的商品和服务，这是一国或地区国家竞争优势的标志和综合国力的重要体现。①其中，产业的国际竞争力主要包括该产业产品的国际市场占有率、所属产业的劳动生产率，因为它代表着该行业的技术水平、产业的相互关联和支持程度；企业的国际竞争力着重指出其产出更多财富的能力，主要包括企业营销能力、技术和管理水平、生产的品质多样化程度、产品品牌化程度等。

为增强国际竞争力，我们要做到以下四点：一是切实提高外贸出口产品质量。加强重要产品追溯体系建设，建立完善出口产品质检公共平台，支持出口企业开展质量管理体系认证。建立国际认可的产品检验检测和认证体系，鼓励企业按照国际标准组织生产和质量检验。二是推动外贸出口迈向中高端。运用现代技术改造传统产业，推动传统产业提档升级。壮大装备制造业等新的出口主导产业，着力扩大资本品出口。鼓励战略性新兴产业开拓国际市场，推动高新技术产品出口。三是提升外贸企业跨国经营能力。积极培育跨国公司，加快形成一批能在全球范围内配置要素资源、布局市场网络的跨国大企业。鼓励中小外贸企业发展，积极参与国际分工，大力开拓国际市场。四是提升与"一带一路"沿线国家的贸易合作水平。抓住沿线国家基础设施建设机遇，推动我国大型成套设备及技术、标准和服务出口。顺应沿线国家产业转型升级要求，加快我国机电产品和高新技术产品的出口。

三、提升全球经济治理话语权

全球经济治理话语权是一国或地区国家竞争力的重要表现。国际贸易规则的制定、议题的设置往往取决于对国际性话语的掌控和主导。美国凭借其世界经济强国地位而长期占据全球经济治理的主导性话语权，

---

① 梁逊.提高我国绿色国际竞争力.合作经济与科技，2007（13）.

这种话语权又反过来促进美国经济发展并巩固其国际地位。[1]我国自加入 WTO 以来积极在全球经济治理中贡献力量，对世界经济秩序稳定和促进世界经济增长起到了重要作用。但目前中国在全球经济治理中的话语权优势并未突显，西方国家仍然是全球经济治理话语权的主导者。

为提升全球经济治理话语权，稳定世界经济秩序和促进世界经济增长，我们要力求做到以下两点：一是向国际社会提供全球公共产品。[2]"一带一路"倡议和亚洲基础设施投资银行的设立既属于能促进世界各国尤其是发展中国家基础设施建设的重要开放战略，也具有国际社会公共产品的属性，还应大力推行和发展。二是加强对国际性、区域性等多边国际组织的影响力和引领力。中国作为世界第二大经济体和最大的发展中国家，近年来在 WTO 以及二十国集团、世界银行、国际货币基金组织、亚太经济合作组织、中国—东盟自由贸易区、金砖国家、亚投行、中非合作组织等国际组织中的影响力、引领力不断增强，成为国际合作组织不可或缺的重要成员。今后，我国还需要通过不断提升其在国际合作组织中的影响力和引领力来增强在全球经济治理中的话语权。

---

① 黄刚，姚雪峰.中国在全球经济治理中的话语权及其建构.人民论坛网，2017-3-13.

② 世界银行认为，全球公共物品是指那些具有很强跨国界外部性的商品、资源、服务以及规章体制、政策体制，它们对发展和消除贫困非常重要，也只有通过发达国家与发展中国家的合作和集体行动才能充分供应此类物品。

第三部分　展望篇

第十章　建设贸易强国的未来展望

第十章　建设贸易强国的未来展望

第一节　新时代进一步扩大开放

以习近平新时代中国特色社会主义思想为指导，深入贯彻党的十九大和十九届二中、三中全会精神，按照高质量发展的要求，统筹推进"五位一体"总体布局和协调推进"四个全面"战略布局，坚持以供给侧结构性改革为主线，坚持创新、协调、绿色、开放、共享发展理念，以培育外贸发展新优势为重点，以提高综合效益为目标，以互利共赢为宗旨，货物贸易与服务贸易并重，促进外贸与投资、科技、产业、规则制定协同发展，力争到 2030 年初步建成规模大、结构优、经济效益好、国际影响力强的世界贸易强国，更好地为实现"两个一百年"奋斗目标和中华民族伟大复兴的中国梦做出新的贡献。

一、坚持对外开放的基本国策

中国坚持对外开放的基本国策，坚持打开国门搞建设。改革开放是社会主义现代化建设取得历史性成就的强大动力。习近平总书记在党的十九大报告中强调："中国开放的大门不会关闭，只会越开越大。"改革开放 40 年来，从农村到城市，从试点到推广，从经济体制改革到全面深化改革成功实现从封闭半封闭到全方位开放的伟大转折；从经济特区到沿海开放，从内陆到沿边，从"引进来"到"走出去"，从加入世界贸易组织到共建"一带一路"，成功实现从封闭半封闭到全方位开放的伟大转折。中国已经成为世界第二大经济体、第一大工业国、第一大货物贸易国、第一大外汇储备国。40年来，按照可比价格计算，中国国内生产总值年均增长约9.5%；以美元计算，中国对外贸易额年均增长14.5%。中国人民生活从短缺走向充裕、从贫困走向小康，现行联合国标准下的7亿多贫困人口成功脱贫，占同期全球减贫人口总数70%以上。中国在对外开放中也展现了大国担当，为应对亚洲金融危机和国际金融危机做出重大贡献，连续多年对世界经济增长贡献率超过30%，成为世界经济增长的主要稳定器和动力源。

实践证明，过去40年中国经济发展是在开放条件下取得的，未来中国经济实现高质量发展也必须在更加的开放条件下进行。这是中国基于发展需要做出的战略抉择，同时也是在以实际行动推动经济全球化造福世界各国人民。只有改革开放才能发展中国、发展社会主义、发展马克思主义。新时代，要全面深化改革开放，不断推进国家治理体系和治理能力现代化，坚决破除一切不合时宜的思想观念和体制机制弊端，突破利益固化的藩篱，吸收人类文明有益成果，构建系统完备、科学规范、运行有效的制度体系，充分发挥我国社会主义制度优越性，推动建设社会主义现代化强国。以"一带一路"建设为重点，推动东中西协同开放；坚持"引进来"和"走出去"相结合，提高双向开放水平；坚持以开放促发展，加强内外联动，着力形成陆海内外联动、东西双向互济的全面开放新格局，发展更高层次的开放型经济。

二、推进贸易强国建设

当前，我国外贸发展的国际环境和国内发展条件发生了深刻变化，加快培育参与国际经济合作和竞争新优势，推进贸易强国建设成为有关我国发展全局的重大问题。国际产业分工深度调整，发达国家加快"产业回归"，发展中国家积极承接产业转移，国内综合要素成本持续上涨，经济发展由高速增长阶段进入高质量发展阶段，我国外贸发展面临调结构、转动力、提质量的新要求，在巩固贸易大国的基础上，要着力推进贸易强国建设。党的十八届五中全会制定的"十三五"规划提出了从外贸大国迈向贸易强国的战略任务。习近平总书记在党的十九大报告中指出要"拓展对外贸易，培育贸易新业态新模式，推进贸易强国建设"。

贸易强国一般指外贸规模位居世界前列、国际竞争力强、外贸质量效益好、在国际市场拥有重要产品定价和经贸规则制定话语权乃至主导权的国家。建设贸易强国，是习近平新时代中国特色社会主义经济思想的重要组成部分。要以提高发展质量和效益为中心，以供给侧结构性改革为主线，大力巩固提升外贸传统优势，培育竞争新优势，力争实现五个转变。一是推动出口由货物为主向货物、服务、技术、资本输出相结合转变；二是推动竞争优势由价格优势为主向技术、标准、品牌、质量、服务为核心的综合竞争优势转变；三是推动增长动力由要素驱动为主向创新驱动转变；四是推动营商环境由政策引导为主向制度规范和法治化国际化转变；五是推动我国在全球经济治理的地位由遵守、适应国际经贸规则为主向主动参与国际经贸规则制定转变。推进贸易强国建设，是一项战略性工作、系统性工程，商务部已成立贸易强国建设工作领导小组，统筹推进各项工作。

第二节　建设贸易强国面临的国内外环境

一、国际环境

从国际看，和平发展仍然是时代主题，合作共赢是大势所趋，相互联系、相互开放、相互依存是大潮流。世界多极化、经济全球化、文化多样化、社会信息化深入发展，新一轮科技革命和产业变革蓄势待发，国际产业分工格局正在深刻演变，全球生产要素流动日益自由，市场融合程度加深，跨境产业链、价值链、供应链加速整合，资源配置效率不断提高，规模经济效应不断增强，各国机遇共享、风险共担、命运与共的利益交融关系更加紧密。

国际金融危机深层次影响在相当长时期依然存在，世界经济在深度调整中曲折复苏，全球经济贸易增长新动力仍需强化。跨国投资波动较大，投资流向发生变化，随着智能制造技术发展，一些跨国公司从离岸外包转向近岸外包甚至在岸生产，部分中高端制造业向发达国家回流，替代部分跨境贸易和投资。国际金融市场持续动荡，国际经贸规则体系加速演变并深刻调整，多边贸易谈判进展缓慢，区域经济合作方兴未艾，发达经济体积极主导制定新的国际贸易投资规则。围绕市场、人才、资源的争夺更趋激烈，贸易投资保护主义加剧。地缘政治关系复杂变化，传统和非传统安全威胁交织，对世界经济产生深刻影响。外部环境中不稳定、不确定因素增多，我国发展面临的挑战加大。

二、国内环境

中国特色社会主义进入新时代，中国经济由高速增长阶段进入高质量发展阶段，经济长期向好基本面没有改变，经济发展转向形态更高级、分工更复杂、结构更合理的趋势更加明显，供给侧结构性改革深入推进为经济发展和结构调整增添了新动能。"一带一路"建设全面推进，促进我国与相关国家全方位合作，为我国经济发展创造新空间。随着中等收入群体不断扩大，中高端消费需求快速增长，消费结构升级步伐将持续加快，服务消费比重不断提升，消费分层化、个性化、多样化特征日趋明显，消费市场空间广阔；信息技术创新与应用对流通业发展产生深刻影响，流通升级面临新要求。我国劳动力资源丰富，资金供给充裕，产业体系完备，创新累积效应正在显现，培育国际合作和竞争新优势的基础更加坚实。我国已成为全球第二大经济体、第一货物贸易大国和主要对外投资大国，外汇储备规模世界第一，综合国力和国际地位持续上升，在世界经济中的重要性和影响力显著上升，参与国际事务的能力明显增强，比以往更有条件主动谋划新的对外开放战略布局，更有条件为国内发展营造良好的外部环境。

第三节　建设贸易强国的目标与路径

一、建设贸易强国的总体目标

建设贸易强国的总体目标是，贸易硬实力与软实力双强，贸易规模大、结构优、效益好，国际分工地位高，掌握贸易利益分配权，在国际重要商品市场和金融货币市场拥有重要影响，具备制定国际经贸规则的话语权和主导权。

我国经贸总量和质量均位居世界前列，成为国际经贸"金字塔"型体系顶端的强国之一。经济规模、贸易规模、涉外投资规模均位居世界第一，人均 GDP、人均贸易规模、优势领域商品和服务国际竞争力达到经贸强国水平。资本密集型、技术密集型、知识及知识产权密集型产品和服务居于主导地位，我国整体上进入世界技术前沿之列，在全球价值链中位居中高端。服务贸易占对外贸易比重达到经贸强国水平，服务贸易和货物贸易发展更加协调，人均贸易额居世界前列。人民币成为国际储备货币的重要组成，成为国际上普遍接受的"硬通货"，亚洲基础设施投资银行成为与世界银行互补协调发展的全球性金融机构。我国在国际技术标准制定、国际经贸议题设定、国际经贸规则制定与修订中享有充分的话语权和参与决策权。

二、建设贸易强国的阶段性目标

根据党的十九大决胜全面建成小康社会、分两个阶段实现第二个百年奋斗目标的战略安排，结合商务实际，努力提前建成经贸强国。

2020 年前，进一步巩固我国贸易大国地位。基本建成贸易强国的开放型经济体系，有力支撑全面建成小康社会目标的实现。我国贸易大国地位更加巩固，贸易强国进程加快；成为世界第二利用外资大国，外资结构进一步优化；成为世界第二对外投资大国，对外投资水平进一步提高；对外援助综合效应提升，服务国家战略能力进一步增强；全球经济治理能力增强，提出更多中国主张、中国方案、中国倡议。

2035 年前，基本建成贸易强国。我国贸易强国目标基本实现，货物贸易和服务贸易总额稳居全球第一；成为世界第一利用外资大国，高端制造和现代服务利用外资居主导地位；成为世界第一对外投资大国，全球要素资源配置能力显著增强；中国特色对外援助体系更加完善；成为全球经济治理重要引领者、贡献者。

2050 年前，全面建成经贸强国。我国贸易强国目标全面实现；利用外资质量全面提升；对外投资全球影响力全面形成；中国特色对外援助成为国际发展合作的重要力量；成为全球经济治理主要引领者、贡献者。

三、建设贸易强国的路径

建设贸易强国，一方面要推进外贸转型升级，另一方面要推动外贸外延式发展，构建横向协作关系，把对外贸易、国际投资、国际金融和国际规则制定结合起来，联动发展，硬实力与软实力建设同步推进。为此，应从以下四个方面推进经贸强国建设。

建设对外贸易强国。要在外贸领域深入贯彻落实国家创新驱动发展战略，要着力推进外贸集约式发展，走质量、效益之路，不断培育技术、品牌、质量、服务新优势。目前，我国已经成为世界第一大制造国和第一大货物贸易国，许多商品已经占据国际市场份额的第一位。与此同时，我国也已成为世界第二大服务贸易国。今后贸易发展的任务主要是走内涵式集约发展道路，在巩固现有货物规模份额的同时，扩大服务贸易规模；在提高出口商品附加价值和出口价格的同时，优化服务贸易结构，着力提高贸易发展的质量和效益。为此，要着力推进以下五个方面的创新。一是出口商品和服务的技术、专利创新，二是出口商品和服务中的研发设计创新，三是贸易主体的质量管理创新，四是商业业态和模式创新（如电子商务），五是营销网络和服务体系创新。

建设国际投资强国。由商品输出向构建国际经贸综合竞争优势转变。从商品输出转向资本、技术输出，是建设经贸强国的本质要求。目前，我国在制造加工环节和货物贸易领域已经初步构建起了全球竞争优势，尽管这种优势更多体现为价格竞争优势。但同时，作为建设经贸强国的要求，我国必须拓展外贸优势，形成商品和服务输出、资本和技术输出的综合优势。这就要求对外贸易要与国际投资联动发展，以海外直接投资和国际经济技术合作，带动国内产品和服务的输出。因此，要通过对外直接投资，加快我国与世界其他国家的产能合作，推动我国装备制造业走出去，带动零部件出口和中间产品出口以及技术输出。

建设金融强国。经贸强国建设离不开强大的具有国际竞争力的金融体系支撑。要着力推进金融国际化水平，提升金融对外经贸的支撑能力。推动我国人民币和金融机构"走出去"，提高人民币作为国际定价、国际结算、国际储备货币的功能。支持我国金融机构在全球范围布点、设立分支机构，为我国"走出去"企业提供高效低成本的金融综合服务。

进入国际经贸规则主导国行列。积极参与国际经贸规则制定，提升参与全球经贸治理的能力。以"一带一路"倡议为统领，积极开展经济外交，深度参与全球经贸治理，在多边、区域和双边层面的国际经贸规则制定中更多发出中国声音，体现中国利益。积极塑造中国负责任大国形象，在关乎人类发展和全球经贸健康发展的重大议题上，勇于担当，积极提供国际公共产品，不断扩大国际经贸事务中的话语权和主导权，提升我国经贸软实力。在全球经贸治理中，充分发挥作为发展中国家的优势，代表广大发展中国家利益，形成具有中国特色的参与全球经贸治理的模式。在多边、区域和双边经贸规则谈判，国际气候变化，知识产权保护等领域形成具有中国特色的主张和观点，影响世界经贸规则的走向。

提升对外援助水平。坚持正确义利观，加大对发展中国家特别是最不发达国家援助力度，促进缩小南北差距。加强援外战略谋划和工作统筹，推动各领域对外援助形成合力，增强服务对外工作大局和国家战略的能力，提升对外援助综合效应。

第四节　贸易强国建设的主要任务

全面深化改革开放，加快完善现代市场体系，着力建设国家创新体系，抢抓科技革命和产业变革机遇，积极构建全方位、高水平开放型经济新体制，加快推进实现贸易强国建设目标。

一、建设货物贸易强国

实施知识产权强国战略。知识产权已经成为决定国际贸易利益分配的关键制度因素。进一步加强知识产权保护对贸易强国的支持作用，大力培育外贸领域的知识产权竞争优势。发挥国家知识产权局能动性作用，做好知识产权宣传、推广及协调等工作，建立方便快捷的知识产权司法渠道。加强各地知识产权法庭权威，大幅提高知识产权违法机会成本，加大对违法侵权者的处罚力度。在侵权惩罚、行政处罚、刑事执法等方面加强执法，把法律的威慑作用充分发挥出来。鼓励中国企业在国外加强知识产权保护，同时保护在华外资企业合法知识产权。提高全民维护与保护知识产权的意识与能力，倡导创新文化，强化知识产权创造、保护、运用。

构建以我为主的全球价值链分工新体系。促进我国产业迈向全球价值链中高端，培育若干世界级先进制造业集群。鼓励进出口企业加大研发投入和技术改造力度，实施"科技兴贸"战略。加强企业与高等院校、科研机构协同创新，形成深度产学研合作，提高生产自动化、智能化、现代化水平。鼓励加工贸易企业落地生根、转型升级。推动劳动密集型产业优先向内陆沿边地区梯度转移，实现一体化集群发展。推动加工贸易企业由单纯的贴牌生产（OEM）向委托设计（ODM）、自有品牌

（OBM）方式发展。

深化外贸供给侧结构性改革。建设现代化外贸经济产业体系，把提高外贸供给质量作为努力方向，显著增强我国货物贸易质量优势。加快建设制造强国，加快发展先进制造业，推动互联网、大数据、人工智能和外贸供给体制的深度融合，在中高端消费、创新引领、绿色低碳、共享经济、现代供应链、人力资本服务等领域培育新的外贸增长点，形成外贸新动能。坚持外贸质量第一、效益优先，以外贸供给侧结构性改革为主线，推动货物贸易发展质量变革、效率变革、动力变革，提高货物贸易全要素生产率。

构建绿色产业基础推动绿色贸易。绿色发展是新阶段我国五大发展理念之一。加强顶层设计，加大绿色投入，为保护和改善环境质量提供丰富的科技创新成果。全面贯彻落实关于绿色发展的新理念，重视科技创新对绿色贸易的引领和支撑作用。积极参与国际绿色贸易规则制定。在自由贸易协定中推动设立环境条款或环境章节。建立健全绿色投资与绿色贸易管理制度体系，落实对外投资合作环境保护指南。大力开展绿色贸易技术交流与合作。构建市场导向的绿色技术创新体系。从研发伊始保证技术、工艺、产品均符合绿色发展理念，从科技创新成果的供给源头贯彻落实。推动新能源和节能环保产业快速壮大，发展绿色金融，壮大节能环保产业、清洁生产产业、清洁能源产业。以绿色装备制造为核心，加强绿色制造领域关键核心技术的研发。瞄准绿色设计、绿色工艺、绿色回收资源化等技术，发展新能源、新材料、高端装备制造等产业，为可持续发展提供动力。

推行品牌建设，实施品牌战略。积极树立本土优质品牌，提升货物贸易出口产品档次和附加值。加大对实施出口品牌战略企业的扶持力度。支持企业创建和收购品牌，拓展营销渠道，从被动接单转向主动营销。在全国范围内引导货物贸易出口企业开展商标境外注册、进行国际质量管理体系认证、设立境外营销机构等出口品牌建设基础性工作，鼓励扩大自主品牌出口，推动国内企业充分利用现有比较优势，积极转变发展战略，逐步走上创立自主品牌的道路。

二、建设服务贸易强国

开放引领服务贸易强国建设。借由自贸试验区和自贸港发展机遇打造对外开放新高地之际，实施更加积极主动的服务业开放战略，滚动推出新一轮服务业扩大开放措施，进一步加大对外资的服务业开放力度。进一步降低服务贸易市场准入，实施更加彻底的准入前国民待遇加负面清单管理制度，同时要改革国内服务业体制机制和政策体系，营造更加开放透明公平的营商环境，更彻底打破服务业开放中的玻璃门和弹簧门。力争服务出口增长速度持续快于服务进口增长速度，缩小服务贸易逆差规模，力争最终实现服务贸易顺差。

深化服务贸易创新发展试点。继续深入推进服务贸易创新发展试点建设，进一步探索服务贸易创新发展的体制机制和政策体系。要把试点地区打造成为服务贸易创新发展高地和服务贸易强国建设的先行区。要通过试点建设，营造各级政府重视服务贸易发展的政策环境和社会氛围。要建立服贸创新试点的动态评估机制，探索建立以试点绩效为依据的激励机制和淘汰机制，调动地方政府发展服务贸易的积极性、主动性。充分发挥国务院服务贸易发展部际联席会议办公室的作用，积极推进试点工作，确保任务落实，及时开展经验总结评估与复制推广。

深入推进服务外包示范城市建设。示范城市是我国服务外包的主要贡献力量，要充分发挥示范城市的引领作用。进一步完善服务外包示范城市评估评价机制，积极推进服务外包示范城市的转型升级，打造数字服务贸易示范城市。推动服务外包示范城市向服务贸易示范城市转变，以服务外包为先导，带动不同领域、不同提供模式的服务贸易全面发展。

促进重点领域服务贸易发展。重点培育运输、通信、金融、保险、计算机和信息服务、咨询、研发设计、节能环保、环境服务等资本技术密集型服务领域发展；积极推动文化艺术、广播影视、新闻出版、教育等承载中华文化核心价值的文化服务出口，大力促进文化创意、数字出版、动漫游戏等新型文化服务出口，加强中医药、体育、餐饮等特色服务领域的国际交流合作，提升中华文化的软实力和影响力。

打造"中国服务"品牌。走中国特色社会主义服务品牌发展路径，积极培育打造中国服务品牌，形成一批国际知名的服务品牌，培育"中国服务"国家品牌综合竞争优势。坚持改革创新，有效市场与有为政府并举，汇集各方力量和要素资源，建立"中国服务"国家品牌工作机制，构建"中国服务"国家品牌支持政策体系，优化"中国服务"国家品牌创新发展环境，加快树立"中国服务"新形象，积极培育"中国服务"国家品牌多层次体系。加强整体策划与营销推广，尽快树立"中国服务"新形象，与"中国制造"合力打造中国品牌。

三、提升国际投资合作水平

夯实外向型经济贸易产业基础。全面落实准入前国民待遇加负面清单管理制度，大幅度放宽市场准入，提升投资自由化水平。深化"放管服"改革，提升投资便利化水平，进一步下放外资审批权限，提升外国人才来华工作和出入境便利度。加强投资促进，提升引资质量和水平，优化外商投资导向，降低外商投资企业经营成本。提升投资保护水平，打造高标准投资环境。加大知识产权保护力度。保护外商投资合法权益，完善外商投资企业投诉工作部际联席会议制度，建立健全各地外商投资企业投诉工作机制。优化区域开放布局，引导外资投向中西部等地区。推动国家级开发区创新提升，强化利用外资重要平台作用。

构建由中国企业自己主导和引领的跨境产业链与全球价值链。借助并购或新建途径，通过合资、合作或独资等企业形式，设立境外分公司、子公司或代表处等分支机构，构建跨境产业链网点布局。在自身具有优势（比较优势、垄断优势、竞争优势、潜在优势）、产业链比较长、价值链环节比较多的行业构建跨境产业链。根据不同产业链对资源与要素的不同要求，选择适合建设产业链的国别或地区。抓住"一带一路"

沿线国家工业化加快发展的机遇，建设境外经贸合作园区，积极构建跨境产业链。在高铁、汽车、钢铁、家电等重点制造领域形成我国主导的全球产业链、供应链、价值链，培育一批贸易与投资一体化经营的跨国公司。

四、培育世界一流跨国公司

加强对企业引导，提升企业国际化水平和风险防控能力，打造一批具有长远性、稳定性、竞争性、系统性、协同性，国际化程度高，区域或全球影响力强，具备抵御风险能力的跨国公司。分类指导各类企业，使龙头企业具备参与国际大项目的竞争力，增强对重点国别市场、关键基础设施、重要战略资源的掌控力和影响力，在国际产业合作中发挥引领作用。发挥国有企业在装备制造、资源开发、金融、电信等领域的优势，民营企业在电子信息、互联网服务、轻工纺织、家电制造等领域的优势，培育一批国际竞争力强、市场影响力大、品牌知名度高的中国跨国公司，带动中国商品、资金、服务等协同"走出去"，提高我国在全球配置资源的能力。扩大生产性服务业对外投资力度。推动综合物流、金融服务、科技研发、教育培训、"互联网＋"等生产性服务业对海外制造业支撑体系的建设。通过企业"走出去"，培养一批具有国际视野的优秀企业家。

五、推进国际金融自由化

利用自贸试验区、自贸港建设契机，推进人民币资本项目开放。稳步扩大金融业开放，完善合格境外机构投资者制度，积极引入境外交易者参与原油、铁矿石等期货交易，支持外资金融机构更多地参与地方政府债券承销。扩大人民币在跨境贸易和投资中的使用，继续完善人民币汇率形成机制。支持符合条件的非金融企业通过跨境发行人民币债券或上市融资募集的资金根据需要在境内外使用。鼓励金融机构"走出去"，加快金融机构海外布局。提高我国金融服务实体经济水平。加强金融对贸易强国的支持作用，鼓励与引导金融机构创新金融服务产品，为贸易与投资提供更加细致化、多样化、综合化的产品支持和便利服务，提高金融服务对外贸易与投资水平，实现贸易、投资、金融一体化联动式发展。

六、营造开放竞争新环境

对标国际高标准提升营商环境。加强同国际经贸规则对接、增强政策制定与执行透明度、强化产权保护，坚持依法办事。全面推进负面清单管理模式扎实落地，实行外商投资准入前国民待遇。大幅度放宽市场准入，扩大服务业对外开放，保护外商投资合法权益。实行高水平贸易自由化、便利化政策。继续简化市场准入条件及政府的行政审批，提高政府对企业的服务水平。加快进出口贸易报关"单一窗口"管理，以及投资"一站式"服务，从贸易与投资便利化涉及的各个环节，减少贸易障碍、降低交易成本。继续推行自贸试验区，发挥制度创新先试平台作用，不断推广可复制经验。构建面向全球开放的高标准综合化自由贸易港，实行"境内关外"监管政策，打造对外开放新高地。

营造优胜劣汰的开放市场经济竞争环境。推动信息公开制度创新与公平竞争制度创新，建立符合国际惯例的公开公平的营商环境，建立统一开放、竞争有序的市场体系和监管规则。加快转变政府职能，完善经济管理体制和运行机制，逐步建立权力清单与责任清单制度。进一步全面落实国民待遇，国内外企业"一视同仁"，为有潜质的民营企业营造相对宽松的发展空间、深化国企的市场化改革，创造内、外资企业协同发展的良性竞争环境。建立商务、海关、质检、工商等部门协调机制，加强外贸企业诚信体系建设，探索建立进出口企业信用评价体系，建立诚信守法便利和违法失信惩戒机制。加强知识产权保护和反垄断制度建设，推动知识产权保护制度创新。完善专利、商标、版权等知识产权行政管理和执法体制机制，完善司法保护、行政监管、仲裁、第三方调解等知识产权纠纷多元解决机制，完善知识产权工作社会参与机制。进一步对接国际商事争议解决规则，优化仲裁规则，提高商事纠纷仲裁国际化程度。加快实施创新驱动发展战略,深化科技创新体制机制改革。深入推进"五个优化"和"三项建设",积极培育外贸竞争新优势。

加大知识产权保护力度。以中美贸易摩擦为契机,加强知识产权保护审视。切实加强知识产权保护力度,提升知识产权违法成本。推进专利法等相关法律法规修订工作,大幅提高知识产权侵权法定赔偿上限。严厉打击侵权假冒行为,加大对外商投资企业反映较多的侵犯商业秘密、商标恶意抢注和商业标识混淆不正当竞争、专利侵权假冒、网络盗版侵权等知识产权侵权违法行为的惩治力度。严格履行我国加入世界贸易组织承诺,外商投资过程中技术合作的条件由投资各方议定,各级人民政府工作人员不得利用行政手段强制技术转让。加强维权援助和纠纷仲裁调解,推进纠纷仲裁调解试点工作,推动完善知识产权保护体系。

七、构建制度性话语权体系

提升与经贸强国博弈的能力。通过中美贸易博弈发现短板增强我国国际贸易谈判实力。在大国强国竞争与合作博弈日趋激烈背景下,直面大国强国竞争,发挥后起国家优势,利用双边对话与合作机制,加快推进中美、中欧 BIT 谈判,深化中美省州经贸合作,推进与欧盟、金砖国家等建设自贸区,努力在新协议、新规则、新议题谈判中占据主动和有利地位。推动"一带一路"建设与欧洲投资计划对接,促进中欧地方合作。创新和提升中日经贸领域交流合作,为中日战略互惠关系发挥积极作用。深化中俄全面战略协作伙伴关系,深化能源和战略性大项目合作。联合金砖国家建立有利于发展中国家的治理体系。加强全球价值链集成研究,提出真正符合发展中经济体需要的做法,将其上升为国际倡议。深化中印战略合作,把我国向西开放与印度"东向政策"结合起来。推动中国—东盟经贸合作升级,进一步加强中非合作论坛、中阿合作论坛、中拉合作论坛、中国—中东欧国家合作机制建设等。

全面加强参与世界多边经贸治理。参与联合国、世界银行、国际货币基金组织、世界贸易组织等国际多边组织和机构的各项职能活动,积极承担与本国经济实力和发展水平相适应的责任和义务。增加在世界银行和国际货币基金组织中的份额和投票权，积极争取在全球金融稳定理事会、全球税收论坛、巴塞尔委员会、国际证监会合作组织、世界知识产权组织等机构中的影响力。积极支持中方人员赴国际机构和组织任职。推进 WTO 框架下全球贸易规则和贸易政策的合理化与完善化，努力推进构建多边共赢的全球贸易治理框架。积极参与新规则、新标准制定的多边谈判与诸边谈判，引领投资、竞争等新议题谈判，建立包容性国际贸易投资新规则。积极参与 G20 等多边对话机制，在议题设置、平台机制化运行等方面发出中国声音，在贸易增长、投资促进与便利化、全球经贸治理、发展中国家能力建设、中小企业融入全球价值链等领域提出中国方案，推动全球经贸包容联动式发展。

构建面向全球的高标准自由贸易区网络。积极推动和引领区域、次区域合作，努力争取区域性贸易规则制定主动权。深化实施自贸区战略，不断扩大我自贸区网络覆盖范围，努力提升自贸协定开放标准，力争引领高标准经贸规则制定，逐步形成立足周边、辐射"一带一路"、面向全球的高标准自由贸易区网络。加快区域全面经济伙伴关系协定（RCEP）、中日韩自贸区等谈判，推动亚太自贸区（FTAAP）等进程。参照国际通行规则及其发展趋势，结合我国发展水平和治理能力，加快推进自贸区知识产权保护、环境保护、电子商务、竞争政策、政府采购等新议题谈判。在区域经济合作中，积极倡导高标准、高水平、包容、开放的新规则体系。面向"一带一路"积极输出规则和标准。在与"一带一路"沿线国家合作中，积极主动输出中国的工业标准、技术标准、建筑标准、产品质量标准、环境保护标准等。积极提出区域经贸合作倡议的中国方案，在合作中努力形成制度性话语权和规则、标准制定主导权。深化大湄公河、泛北部湾、图们江等地区合作，全面主导次区域合作规则和标准。

鼓励民营企业、协会等非政府机构参与国际私营标准和规则制定。我国是国际标准化组织成员。鼓励不同类型的有实力企业、行业协会和学术团体积极参加国际标准化活动，从中学习发达国家大公司的标准信息。鼓励国内高科技企业参与国际非政府行业标准竞标，积极争取全球重大科技协议标准主导权。采取切实有效措施提高民营企业参与国际标准、国家标准、行业标准和标准制定的能力和积极性，尤其是积极创造条件，鼓励更多的企业、中介机构和行业协会参与国际标准的制定。促使中国标准为即将制定或修订的国际标准所采纳。加快结构调整和转变增长方式，增强在国际大宗商品市场的议价能力和定价能力。

参考文献

[1] 毛泽东. 毛泽东选集（第 4 卷）. 北京：人民出版社，1991.

[2] 周恩来年谱（1949—1976）（下卷）. 北京：中央文献出版社，1997.

[3] 邓小平. 邓小平文选（第 2 版，第 2 卷）. 北京：人民出版社，1994.

[4] 邓小平. 邓小平文选（第 3 卷）. 北京：人民出版社,1993.

[5] 习近平. 习近平谈治国理政（第 1 卷）. 北京：外文出版社，2017.

[6] 习近平. 习近平谈治国理政（第 2 卷）. 北京：外文出版社，2017.

[7] 习近平. 决胜全面建成小康社会 夺取新时代中国特色社会主义伟大胜利——在中国共产党第十九次全国代表大会上的报告 .2017-10-28，http://cpc. people.com.cn/n1/2017/1028/c64094-29613660.html.

[8] 钟山. 奋力谱写新时代对外开放新篇章. 求是，2018（9）.

[9] 石广生. 中国对外经济贸易改革和发展史. 北京：人民出版社，2013.

[10] 高虎城. 从贸易大国迈向贸易强国. 人民日报，2014-3-2.

[11] 傅自应. 中国对外贸易三十年. 北京：中国财政经济出版社，2008.

[12] 中华人民共和国商务部，"砥砺奋进的五年"综述稿件——从贸易大国向贸易强国迈进，2018-07-02，http://www.mofcom.gov.cn/article/ae/ai/201710/ 20171002656538.shtml.

[13] 商务部等. 服务贸易发展十三五规划 .2017-3-9.http://www.mofcom.gov.

cn/article/b/xxfb/201703/20170302530933.shtml.

[14] 商务部，国家统计局，国家外汇管理局 . 中国对外直接投资统计公报（2006—2017）. 北京：中国统计出版社，2018.

[15] 国家统计局 . 对外经贸跨越发展 开放水平全面提升——改革开放 40 年经济社会发展成就系列报告之三，2018-08-30，http://www.stats.gov.cn/ztjc/ztfx/ggkf40n/201808/t20180830_1619861.html.

[16] 隆国强 . 加工贸易——工业化的新道路 . 北京：中国发展出版社，2003.

[17] 隆国强 . 新形势下的对外开放战略调整 . 见吴敬琏等 . 中国经济体制改革新阶段的若干问题 . 北京：中国经济出版社，2014.

[18] 隆国强 . 构建开放型经济新体制 . 广州：广东经济出版社，2018.

[19] 国研中心 . 隆国强讲述中国对外贸易发展回顾与启示，2018-08-26，http://finance.sina.com.cn/china/gncj/2018-05-09/doc-ihaichqz1942927.shtml.

[20] 裴长洪 . 中国怎样迈向贸易强国：一个新的分析思路 . 经济研究，2017（5）.

[21] 裴长洪 . 中国对外贸易 65 年的基本线索：变革与增长 . 当代中国史研究，2014(1) .

[22] 贾康 . 将中国改革开放的现代化伟业进行到底——纪念改革开放 40 周年 [J]. 全球化，2017(10) .

[23] 李钢，李俊著 . 迈向贸易强国：中国外经贸战略的深化与升级 . 北京：人民出版社，2006.

[24] 李钢 . 加快实施"走出去"战略——我国境外加工贸易政策落实中的若干问题 . 国际贸易，2003（5）.

[25] 李钢 . 中国迈向贸易强国的战略路径 . 国际贸易问题，2018（2）.

[26] 陈文敬，李钢，李健 . 振兴之路——中国对外开放 30 年 . 北京：中国经济出版社，2008.

[27] 陈文敬 . 邓小平对外开放理论与我国的对外开放政策 . 北京：中国对外经济贸易出版社，2000.

[28] 李俊.中国服务贸易——理论、政策与实践.北京：时事出版社，2017.

[29] 商务部研究院.中国对外贸易30年.北京：中国商务出版社，2008.

[30] 商务部研究院.中国外贸转型之路.北京：中国商务出版社，2011.

[31] 中华人民共和国商务部综合司，国际贸易经济合作研究院.中国对外贸易形势报告（2018年春季），2018-09-05，http://zhs.mofcom.gov.cn/article/cbw/201805/20180502740111.shtml.

[32] 商务部跨国经营管理人才培训教材编写组.中国对外投资合作法规和政策汇编.北京：中国商务出版社，2009.

[33] 梁明.对外贸易：行走在中国体制改革的前沿，国际商报，2018-8-1.第A04版.

[34] 李西林.迈向贸易强国：国际经验及启示.国际贸易，2016（7）.

[35] 李西林.培育"中国服务"国家品牌：功能、路径和对策.国际贸易，2018（4）.

[36] 卢进勇，闫实强.中国对外投资促进与服务体系建设.国际贸易，2012（1）.

[37] 闫实强.构筑企业对外投资的"防火墙".中国外汇，2017（23）.

[38] 朱钟棣.新中国外贸体制改革的回顾与展望.财经研究，1999(10).

[39] 张培基，世界经济与中国对外经济贸易.北京：中国对外经济贸易出版社，1992.

[40] 金碚.论经济全球化3.0时代——兼论"一带一路"的互通观念.中国工业经济，2016(1).

[41] 袁欣，宁静.中国对外贸易管理体制的演化路径分析.广东外语外贸大学学报，2008,19(6).

[42] 陈利强，屠新泉.中国涉外经贸法治建构论——以中国入世与上海自贸区为视角.国际贸易问题，2015(3).

[43] 李小年.新中国60年外经贸法制建设的辉煌成就.国际经贸探索，2009(10).

[44] 余敏友，王追林.改革开放 30 年来中国对外贸易法制的建设与发展.国际贸易，2008(11).

[45] 刘庆林.建国以来中国对外贸易制度创新的路径分析.山东社会科学，2004(5).

[46] 蒋小荣，全球贸易网络研究及对中国地缘战略的启示，兰州大学硕士毕业论文，2018.

[47] 全毅.全球区域经济一体化发展趋势及中国的对策.经济学家，2015（11）.

[48] 徐元.中国国际贸易应从科技兴贸战略向创新强贸战略转变——谈国际贸易知识化趋势下我国对外贸易发展的战略选择.中国科技论坛，2008（9）.

[49] 王琴华.我国科技兴贸战略的若干问题.国际贸易，2007（3）.

[50] 刁德霖，张亮.实施科技兴贸战略发展高新技术产品出口.商业研究，2004（3）.

[51] 尤宏兵.科技兴贸：中国由贸易大国走向贸易强国的必由之路.经济工作导刊，2001（11）.

[52] 徐元.打造外贸发展战略升级版——新形势下我国外贸发展从"科技兴贸"向"创新强贸"转变的思考.国际贸易，2013（12）.

[53] 李锋.我国对外直接投资政策研究.全球化.2016（10）.

[54] 杨殿闯，温铁军.中国外向型经济发展道路选择的内在逻辑——基于沿海经济发展战略的分析.兰州学刊,2012(10).

[55] 吴思远.我国加工贸易政策变化影响与建议.对外经贸，2012(06).

[56] 崔大沪.外商直接投资与中国的加工贸易.世界经济研究，2002(06):9-15.

[57] 谢岷.关于沿海外向型经济发展战略实施问题的思考.国际贸易，1988(08):43-45+1.

[58] 苏东水.产业经济学.北京：高等教育出版社，2015.

[59] 梁逊.提高我国绿色国际竞争力.合作经济与科技，2007（13）.

[60] 郑京平.中国外贸进出口对税收的影响：理论与实证.财贸经济，2005

（4）.

[61] 王雪梅.新常态时期我国对外贸易税收政策的创新机制研究.劳动保障世界，2016（18）.

[62] 黄刚，姚雪峰.中国在全球经济治理中的话语权及其建构.人民论坛网，2017-3-13.